新时期大学生
思想政治教育引领与建构

卢保娣◎著

中国水利水电出版社
www.waterpub.com.cn
·北京·

内 容 提 要

本书以大学生思想政治教育的时代变化为根基,以对大学生思想政治教育的历史审思为起点,在对思想政治教育理论和经验借鉴吸收的基础上,对大学生思想政治教育的目标、理念、原则、内容、方法、路径和机制进行了研究探讨。希望本书能为大学生思想政治教育的发展贡献一点力量。

图书在版编目(CIP)数据

新时期大学生思想政治教育引领与建构/卢保娣著
. —北京:中国水利水电出版社,2016.10(2022.9重印)
　　ISBN 978-7-5170-4694-3

Ⅰ.①新…　Ⅱ.①卢…　Ⅲ.①大学生－思想政治教育
－研究－中国　Ⅳ.①G641

中国版本图书馆 CIP 数据核字(2016)第 211319 号

责任编辑:杨庆川　陈　洁　　　封面设计:崔　蕾

书　　名	新时期大学生思想政治教育引领与建构　XINSHIQI DAXUESHENG SIXIANG ZHENGZHI JIAOYU YINLING YU JIANGOU
作　　者	卢保娣　著
出版发行	中国水利水电出版社
	(北京市海淀区玉渊潭南路 1 号 D 座 100038)
	网址:www. waterpub. com. cn
	E-mail:mchannel@263. net(万水)
	sales@ mwr.gov.cn
	电话:(010)68545888(营销中心)、82562819(万水)
经　　售	全国各地新华书店和相关出版物销售网点
排　　版	北京鑫海胜蓝数码科技有限公司
印　　刷	天津光之彩印刷有限公司
规　　格	170mm×240mm　16 开本　16.5 印张　214 千字
版　　次	2016年10月第1版　2022年9月第2次印刷
印　　数	1501-2500册
定　　价	49.50 元

前　言

　　青年兴则国兴,青年强则国强。青年人才成为各国政府竞争的重要对象。大学生是十分宝贵的人才资源,是民族的希望,是祖国的未来。党的十八大报告提出了"把立德树人作为教育的根本任务""培养学生社会责任感、创新精神、实践能力""全面提升党的建设科学化水平"。习近平总书记强调"青年一代有理想、有担当,国家就有前途,民族就有希望"。在 2004 年 8 号文《中共中央国务院关于进一步加强和改进未成年人思想道德建设的若干意见》(简称中发〔2004〕8 号)的基础上,于 2015 年 1 月 19 日,中办、国办又印发《关于进一步加强和改进新形势下高校宣传思想教育工作的意见》,对加强高校宣传思想工作做出全面部署,为全面贯彻党的教育方针赋予了新的时代内涵,为加强大学生思想政治教育指明了方向。

　　高校思想政治教育是一项重要而长期的基础工程。新世纪现代化建设出现了新的特点,面临着新的任务。我们不仅要开展在国内的有中国特色的社会主义建设,而且要探索在全球化进程中的社会主义建设;我们不仅要推进"五大文明"的建设,而且要落实科学发展观以及习近平总书记的重要讲话精神,构建和谐社会,实现人的全面发展。为此,需要培养一大批政治强、观念新、业务精、作风正的高素质新型人才。高校是青年人才培养的主战场,是青年人才培养的主阵地,大学生思想政治教育事关现代化事业的继往开来和繁荣昌盛,是一项需要各方面高度关注常抓不懈的基础性工程。

　　本书以大学生思想政治教育的时代变化和历史审思为出发点,在对思想政治教育理论和经验借鉴吸收的基础上,对大学生思想政治教育的目标、理念、原则、内容、方法、路径和机制进行了研究探讨。本书在创作的过程中参考了大量资料,限于篇幅未能一一列出,在此对相关学术资料的作者和出版者表示衷心的感谢。由于我国大学生思想政治教育的实际状况和需求随着社会的发展不断变化,加上学术水平和个人精力的限制,书中难免存在一些缺陷,真诚的希望广大读者批评与指正。

作　者

2016 年 6 月

目　　录

第一章　大学生思想政治教育的
时代呼唤与历史审思

　　习近平在第二十次全国高等学校党的建设工作会议上强调，高校是教育培养青年人才的重要园地。大学生是祖国的未来、社会的希望，其思想政治素质的好坏将直接影响我国人才资源的质量，影响我国能否全面建成小康社会，影响我国社会主义现代化宏伟目标能否顺利推进，影响中国特色社会主义事业能否兴旺发达、后继有人，影响美丽中国梦是否能够实现。任何事物的发生都和它所处的社会和时代背景紧密相连，大学生思想政治教育也是一样。当今时代是个快速发展的时代，是一个社会急剧变革的时代，也是一个色彩斑斓、变化莫测的时代。生活在这样一个时代的大学生，他们的思想、个性和行为特征，无不打上深深的时代烙印。因此，只有把大学生思想政治教育放在当今的社会生活和社会主义市场经济大背景下考察，才能更好地把握大学生思想政治教育的变化和动态。

第一节　当代社会发展变化对大学生
思想政治教育的影响

　　当今世界，经济全球化、政治多极化、文化多元化进一步发展，我国社会改革开放的不断深化，在给大学生思想政治教育带来机遇的同时，也冲击着大学生的心灵，使许多大学生产生道德、信仰和理想上的困惑。

一、国际化发展的时代大趋势对大学生思想政治教育的影响

（一）经济全球化对大学生思想政治教育的影响

1.经济全球化

世界经济全球化既指各国在经济国际化的基础上已达到的相互依赖、相互渗透这一客观现状，又指世界各国在资源的开发、生产要素的配置和国际生产的分工、协作等方面进一步走向全球一体化的趋势。当今世界的经济全球化，不仅指生产要素在全球范围内的广泛流动，同时也意味着生产的国际化、资本主义生产方式的国际化、投资金融活动的全球化和跨国贸易不断扩大的发展空间。

经济全球化目前已经成为世界经济发展的趋势，也是各国经济发展依赖的外部环境。经济全球化不仅给人类的经济发展创造了条件和机会，而且也给经济发展带来了前所未有的挑战和风险。

习近平强调，"认识世界发展大势，跟上时代潮流，是一个极为重要并且常做常新的课题。中国要发展，必须顺应世界发展潮流。要树立世界眼光、把握时代脉搏，要把当今世界的风云变幻看准、看清、看透，从林林总总的表象中发现本质，尤其要认清长远趋势。"要想在社会主义初级阶段最大限度地发展经济，就必须要认清经济全球化给我国带来的机遇和挑战，认清经济全球化的发展现状。由此可以看出，经济全球化已经成为目前世界经济发展的特征，它是连接中国和世界的纽带和桥梁。

从本质上来看，经济全球化的产生基础是市场经济体制，先进的科学技术和社会生产力是经济全球化发展的手段和途径，经济效益的最大化是经济全球化的最终目标，经济全球化就是一个以国家为主体，利用发展手段，在市场经济的基础上实现经济效

益最大化的过程。

从现象上来看,经济全球化就是超越国界范围的经济活动,通过对外贸易、资本流动、服务交易等实现。在经济全球化的过程中,一国的经济震动就会给其他各国带来或大或小的影响。比如说,美国的经济危机就使得包括中国在内的很多国家发生了经济震荡。由于经济全球化,西方的政治强权能够对我国的政治和军事格局产生影响,同样也是由于经济全球化,我国能从西方国家处获得更多的经济发展的机会。

2.对大学生思想政治教育的积极影响

(1)市场经济为加强和改进思想政治教育提供了机遇。

世界经济的全球化进程是以世界市场的建立为起点的,市场经济体制的逐步建立为大学生思想政治教育创造了良好的环境。

首先,市场经济为大学生思想政治教育奠定了稳固的物质基础。自市场经济体制在我国建立以来,社会生产力快速发展,国民经济持续、健康、稳定增长,人民的生活水平有了大幅提高。这大大增强了思想政治教育的说服力和感染力,为思想政治教育奠定了稳定的物质基础。其次,市场经济为大学生思想政治教育注入了新的活力。传统的思想政治教育以马克思主义理论为指导,帮助教育对象树立正确的人生观、世界观、价值观,而在遵循经济价值规律和优胜劣汰的市场经济环境下,民主、自由与公平的观念成为思想政治教育的新内容。最后,市场经济导致的社会多极化要求思想政治教育更有针对性和层次性。

(2)经济全球化象征着资源在世界范围内的有效配置,也意味着教育资源的开放与共享,并为加强和改进思想政治教育提供了开放的环境。

首先,经济全球化赋予了大学生思想政治教育新的内涵。大学的思想政治教育不仅要着眼于中国实际,着眼于马克思主义理论的发展和创新,也要具有世界眼光,把握世界思想、文化和道德发展的前沿,接触多样化的世界文明。其次,经济全球化有利于帮助大学生树立开阔的视野、解放思想、更新观念、强化大学生的竞争意识和全球意识,为思想政治教育提供崭新的思想基础。同时,经济全球化也为我们学习和借鉴国外思想政治教育的先进理论和经验提供了渠道。

(3)知识经济为加强和改进大学生思想政治教育注入了强大的力量。

知识经济是指以知识阶层为主体,以知识和信息为主要资源,以高新技术产业和服务业为支柱产业,以人力资本和科技创新为动力,以可持续发展为宏观特征的新型经济。知识、智慧和创新是知识经济时代的关键词。正因为如此,知识经济条件下的大学生思想政治教育在其地位、方法和理论等方面迎来了前所未有的机遇。

首先,知识经济更加突出了大学生思想政治教育的地位。知识经济时代是真正以人为本的时代,它所需要和培养的是具有正确的政治方向、先进的思想、高尚的道德情操和高级智慧的知识型人才。这一目标要求正与大学生思想政治教育相吻合。随着知识经济的发展,大学生思想政治教育的地位将越来越突出。其次,知识经济优化了大学生思想政治教育的传统方法。数学模型构建、数据统计分析等方法在思想政治教育学科的广泛运用大大增强了思想政治教育的定量分析能力,定量与定性相统一的方法使得思想政治教育更具准确性。

3.对大学生思想政治教育的消极影响

(1)经济国际化对国家主权和民主政治的挑战。

全球化浪潮下,经济活动早已超出了现实中的地域性国家和民族,跨国的经济合作普遍建立,跨国公司急剧增加。毋庸置疑,单一的国家是无法独立驾驭跨国资本的力量,这也从客观上要求民族国家主权的部分让渡。当世界银行、国际货币基金组织、世界贸易组织等经济机构对国家主权的渗透性越来越强,国家的功能和形式也不得不做出相应调整。国家主权和国家的内涵受到了一定影响,民主政治面临着挑战。

(2)市场经济带来大学生思想政治教育难度的增加。

首先,经济因素在国家发展层面的强化必然导致其在个人价值观结构中的强化,道德因素地位的相应降低,反映在思想政治教育领域,即表现为人们对思想道德教育的日益轻视。大学生是社会主义事业的建设者和接班人,是关系国家未来发展和民族命运的新生力量。因此,我们在重视经济发展、做好大学生科学文化教育的同时,也要坚持和巩固思想政治教育在高等教育中的地位,真正实现"德育为先"。

其次,市场经济带来教育对象思想观念和心理环境的变化。当代大学生成长于市场经济蓬勃发展的社会主义新时代,经济上的独立和自主使他们追求个人利益,发展个性的需求更加强烈,集体主义的意识相对弱化。如果不及时对他们加以教育引导,有可能会出现极端的个人主义。同时,个人的价值选择在充满诱惑的物质环境下容易出现困惑,他们可能会陷入拜金的泥潭,而抛弃政治立场和道德因素。在这样的思想态势下,我们要通过思想政治教育时刻提醒和引导大学生,帮助他们走上良性的发展轨道。

最后,市场经济某些方面带来的社会不公和教育不公。在市场经济发展过程中,经济实体的自由竞争导致了优胜劣汰,区域经济发展的不平衡性逐渐暴露出来。由此导致的社会公平的失衡,也波及了教育领域。长期以来,经济落后地区和边远地区的教育滞后问题是我们有目共睹的,贫困家庭和农民工子女能否享有平等的受教育权利,是我们一直关注的问题。对大学生而言,只有在基本的物质生活需要得到满足的基础上,才能全心地投入学习与生活。贫困生的教育,始终是大学生思想政治教育的重点、难点之一。

(二)文化国际化对大学生思想政治教育的影响

1.文化国际化

文化国际化在社会的发展中和社会交往中给人们生活方式

的建立和思维习惯的养成具有重要的影响作用。文化本身就是丰富多彩、多种多样的。21世纪以来,人类文化的发展进入了新阶段,文化交往全球化将成为全球历史进程的必然过程。

在全球化已经在各个领域得到发展的历史时期,文化国际化要求我们尊重各民族的文化习俗,加强不同文化之间的相互尊重、相互学习,推动各种文化之间的各种相互融合,促进世界范围内多样化的文化格局的形成。

2.对大学生思想政治教育的积极影响

(1)为大学生提供了深厚的知识铺垫和宽广的全球视野,带来了新的思想来源。

首先,文化的跨国交流使世界各国的联系日益紧密,相互依赖程度日益加深。高校作为国际文化交流的集散地,能够使大学生有更多机会在更短的时间内吸收和学习世界各民族优秀文化的最新成果、现代科学技术和先进的管理经验。同时,青年学生对于本土文化和本民族文明也有更为客观与科学的认识,从而使其文化创新和发展意识得到提高。其次,文化国际化环境下既合作又竞争的背景有利于促使当代大学生从更广阔的视野去审视全球化问题,如生态危机、人口问题、恐怖主义等,有利于培养他们独立的价值评判标准。

(2)文化国际化使大学生直面西方社会现实,从而切实地体会到社会主义意识形态的科学性以及马克思主义在我国作为指导思想的现实必然性。

中西文化的广泛交融与传播使大学生在广泛的现实认识基础上,看清中西社会制度的本质。在跨文化交往的环境中,大学生对资本主义经济制度的认识有着前所未有的真切感。先进的文化与科技一方面展示了西方文明的领先与卓越,另一方面也暴露了资本主义的内在弊端。西方以多党制和三权分立为代表的政治制度,是与维护资本主义私有制相匹配的。资本主义唯利是图的本性,决定了政府不可能对资本主义市场经济实现真正有效的调控,周期性的资本主义经济危机便证明了这一点。反之,虽然中国经历了探索的曲折,但其社会的稳定程度以及发展速度赢得了全世界的掌声。社会主义意识形态的科学性,也在历史的见证下得到彰显。

(3)文化国际化可以使我们更加深入地了解和借鉴西方高校思想政治教育的途径和方式方法,督促我们进一步加强和改进大学生思想政治教育。

在传统的封闭式文化环境中,我们无法深入了解西方思想政治教育的情况。伴随着东西文化交流的日益加强,我们清楚地认识到,虽然称谓和概念有所不同,西方国家的思想政治教育却始终是常抓不懈的。美国的民主教育使自由、平等、博爱的观念深入人心,新加坡、韩国的爱国主义教育赢得了人民对资产阶级民主建国理念的广泛认同。一方面,我们可以在交流中广泛了解西方思想政治教育的先进理念和方式方法,为我国思想政治教育的改进提供宝贵的学习资料;另一方面,这一切也为我们敲响了警钟——要使社会主义文化取得长远的发展并走向国际,我们必须紧抓社会主义意识形态教育,使社会主义的理想信念在大学生这一人才群体中打下扎实的根基。

3.对大学生思想政治教育的消极影响

(1)文化国际化给社会主义意识形态带来了巨大冲击。

众多学者提出,在中国紧随世界潮流,加快国际化步伐的同时,要及时防止"国际化"演变为"西化"。这是因为,由于经济和科技的相对领先,西方资本主义国家在国际化进程中仍居于主导地位,经济势力向东方蔓延的同时,他们的价值观念与意识形态也以迅猛之势席卷而来,西方"分化"的图谋从未停止。一方面,经济因素在社会发展中的地位不断强化,金钱至上的价值观被人们推崇,道德败坏的现象有增无减。另一方面,"自由、平等、博爱"的西方价值观虽然在一定程度上得到了人们的广泛认同,但仍不能忽视它所掩盖的资产阶级意识形态的逐渐渗透。面对跨文化交流带来的错综复杂的意识形态斗争，我们的思想政治教育如何更好、更有效地运用马克思主义理论武装全国人民，如何坚持中国特色社会主义理论和弘扬中国优秀的传统民族道德风尚，是思想政治教育面对的重要课题。

（2）多元文化进一步增加了思想政治教育的难度。

各国各民族文化在世界范围内的传播与交流，开阔了大学生的文化视野，丰富了他们的精神世界，同时也大大增加了思想政治教育的难度。

首先，文化多元化要求思想政治教育必须坚持主导型和多样性的统一。一方面，坚定地以马克思主义理论为指导思想，坚持思想政治教育的社会主义总方向；另一方面，尊重多元文化的并存，积极地研究和借鉴他国先进的思想文化成果，鼓励和支持一切有利于解放和发展社会主义社会生产力，有利于国家统一、民族团结、社会进步的文化大发展。其次，文化多元化要求提高思想政治教育的针对性和层次性。文化的多元性不仅体现在国际层面，也蕴含在国内的文化环境中。各种宗教文化、少数民族文化的盛行，客观上要求思想政治教育根据教育对象所处的文化背景有针对性、分层次地开展教育活动。最后，文化多元化带来教育对象的信仰迷失。多元文化冲突中，各种新的社会思潮此起彼伏，很多大学生在激烈的文化碰撞中迷失了自我，失去了信仰。思想上的波动和困惑深刻影响着大学生的日常学习和生活，而我们要做的，就是为他们点亮一盏思想上的指路明灯。

（三）教育国际化对大学生思想政治教育的影响

1. 教育国际化

教育国际化是指一国的教育面向国际发展的总体趋势和过程，是把国际的、跨文化的、全球的观念融合到学校的教学、科研和管理等功能中的过程。世界经济的全球化、贸易的自由化推动了国际教育贸易市场的开放。在这样一个开放的教育环境下，教育资源在世界范围内进行配置,教育要素在国际间加速流动,教育的国际交流与合作日渐频繁。我国作为一个人力资源大国,正努力实现向人力资源强国的转变。国际化人才的培养和国际化办学的理念早已深入人心,从政府到学校、从国家到个人,无一不深刻地感受到世界多元文化带来的巨大冲击。为了努力向面向现代化、面向世界、面向未来高水平的现代教育机制迈进,我国在《国家中长期教育改革和发展规划纲要(2010—2020 年)》中,也对加强国际交流与合作、引进国外优质教育资源、提高交流合作水平等做了具体安排。

2.对大学生思想政治教育的积极影响

教育的国际化发展加快了高等教育的改革进程,而高等教育的不断变革也为大学生思想政治教育带来了全新的环境与条件。

(1)与世界高校之间较为频繁的交流与合作,壮大了大学生思想政治教育的队伍。在建设现代化高校进程中,诸多学校把"国际化"作为新时期关键的办学目标之一,海外人才的引进力度以及国内外的交流密度大大提升。这些引进的海外教师在学识和视野上都吸收了中西文化的精髓,成为我们思想政治教育队伍中的重要力量。

(2)学分制、毕业双向选择制等制度客观上增强了大学生的自主学习和自我教育能力,在一定程度上减轻了思想政治教育的压力。与计划经济体制下的分配制不同,现在普通高校实行毕业的双向选择。虽然大学生的经济压力和就业压力不断增大,但这也时刻鞭策着他们在大学期间打下扎实的专业基础,同时自觉地培养全面素质。大部分学生的自我学习能力和自我教育能力在大学阶段有了很大提高,这在一定程度上减轻了思想政治教育的压力。

3.对大学生思想政治教育的消极影响

早在 20 世纪 80 年代,邓小平就提出:"教育要面向现代化,面向世界,面向未来",高等教育的改革、发展与中国教育的国际化进程是如影相随的。高等教育的不断改革,也给思想政治教育带来了一定挑战。

(1)高校教育体制的改革使大学生学习的功利性增强。

就业问题是在实行毕业生找工作双向选择之后,大学生普遍面临的一个个人发展问题,这导致大学生的学习和心理压力急剧增大。由此,大学生在校学习的功利性增强,心态浮躁,往往忽视了自身内在修养的提高。思想政治教育的育人功能,也往往被弱化。

(2)高等教育从精英化到大众化的转变使教育对象的层次性更强。

随着国家经济实力的增长,教育投入的不断增加,教育资源日益丰富,这为更多人享有高水平的大学教育提供了条件,因此高等教育开始从精英化向大众化逐步转变。大学生的数量大幅增加,其思想和行为状况的多样性和层次性也越发明显。思想政治教育者面临着教育对象的大幅增长问题,更需要加强思想政治教育的主体性和层次性,处理好整体与个别、一般与特殊的关系。

(3)国际化对大学生的综合素质提出了更高要求。

国际化背景下,人才的使用打破了国家界限,这给国内的高校教育提出了更高的要求。培养具有国际素质的高优人才,成为思想政治教育的更高目标。然而,大学生要在世界的舞台上实现人生价值,不仅要有扎实的专业知识,也要有适应环境、开拓局面的综合能力;不仅要掌握国际通用语言,也要懂得国际准则;不仅要弘扬本国传统文化,也要吸收西方先进文化的养分。大学生思想政治教育在价值观教育和思想引导上,尤其要注意协调好一元化与多元化、国际化与民族化的关系。

二、国内社会的发展变化对大学生思想政治教育的影响

(一)市场化经济

市场经济是当代影响中国发展最重要的社会因素之一。改

革开放以来,市场化改革一直是中国社会的普遍共识和共同价值取向,对于改革的想法和方式可能不统一,但对于市场经济的选择却取得了高度一致。改革开放的深入发展使得中国社会主义市场经济高速发展,取得了举世瞩目的成绩。但市场经济在给社会带来巨大发展和进步的同时,也对人们的精神世界带来了不可忽视的撞击,当前社会中与市场经济发展不相适应的精神文化建设问题日益突出。精神文化建设比之市场经济的迅猛发展来说显得相对滞后,因此出现了一系列的社会精神层面问题,比如道德受损、精神倦怠、信仰动摇,等等,一些人最后走上违法犯罪的道路,令人惋惜。正是这种种的问题,需要我们重视大学生思想政治教育。

市场经济是以市场为基础,实现资源有效配置的一种经济运行方式。资源配置的有效性体现了社会效率,对于效率的追求,使各市场主体不得不具备竞争意识。竞争是市场经济的一大特点。同时,市场经济产生于西方资本主义国家,追求私利是其永恒的目标。在市场经济体制下,人们的经济活动均与经济利益息息相关,所以趋利成了市场经济又一重要特征。

一方面,竞争性的市场化激发了个人主体性和能动性。以"为我性"为主要标志的独立个人在竞争中谋取自身利益。个人可以自由地进行买与卖,缔结平等的交易关系。市场化的竞争不仅通过这种自由的交易满足了人们的基本需求,而且丰富了人的社会关系,促进了人的价值实现,使人们更具竞争力,更有效率,有了更多的闲暇时间,促进人更全面的发展。但另一方面,在传统社会中,人们对社会伦理具有自己的底线和准则,通常恪守自己内心信仰的人生观、价值观。然而,当前这些准则、信仰却受到严峻的考验。社会上一系列令人发指或心痛的事件、现象背后,实际上反映了人们内心出现的不同程度的道德失落、理想缺失、信仰危机;市场经济使得贫富差距拉大,许多人失去了心灵的宁静,产生了诸如焦虑、紧张、浮躁、无奈、受挫等情绪问题,最终导致个体的心理失衡;同时,由于缺乏精神支撑,从而使拜金主义、享乐主义、个人主义和各种腐败现象乘虚而入,精神生活缺失,现实生活被物化。

同时,这种竞争性的以个人利益为目标的经济形式还暗藏着异化的逻辑。在《资本论》中,马克思发现了资本主义剥削的秘密——"剩余价值",深化了这种市场竞争所带来的异化实质。市场经济使人对物的依赖加剧,由此带来拜金主义、个人利己主义、享乐主义,对社会主义道德观产生强烈的冲击。一切旧道德烟消云散,有的只是在金钱关系掩盖下的人与人之间的物化关系。

人类社会历史的发展证明,物质生活会对人们的精神生活具有反作用,物质生活的增长会给人们的精神生活带来深刻的影响。但是一个社会中物质生活的丰裕并不代表精神生活的进步,也不一定能带来一个充实的精神生活。在一个社会如果只有物质财富而缺乏精神财富的话,这个社会必然是一个有缺陷的社会,"一个民族、一个国家,如果没有自己的精神支柱,就等于没有灵魂,就会失去凝聚力和生命力,有没有高昂的民族精神,是衡量一个国家综合国力强弱的一个重要尺度。"一个没有精神支柱的民族是没有前途的,也是无法屹立在世界先进民族之林的。

务实是现代人的一种生存法则,但人作为人本身,或者说因为人在生存之外还有"生活"的需要,所以人还必须学会"务虚",在现实之中保持一种守望理想的姿态。竞争化的市场充斥着短期的理性算计,一些需要相当长时间才能见效的东西必然容易被忽略。

大学生作为未来参与市场经济的一大重要群体,在市场化的竞争中必然发挥着重要的作用,同时也深受市场化竞争性特征所带来的积极与消极的双重影响。大学生群体为这个竞争日趋激烈的市场贡献着知识力量,同时,他们的行为模式、思维方式和价值观念也受着这个市场化时代深刻的反作用。这主要表现在以下两个方面:第一,竞争性的市场经济使得大学生的竞争意识有所增强。随着社会主义市场经济的建立,经济体制的改革使得高校就业制度也发生了改变。市场经济背景下,我国高校实行"自主择业，双向选择"的政策，一方面提升了大学生就业的自主性，另一方面也加剧了就业的竞争性。双向选择意味着不仅大学生可以根据自身的情况选择自己喜欢的工作，也意味着用人单位拥有用人的自主权，意味着用人单位对于大学生的个人素质，无论是专业知识还是个人能力抑或素质品行都有了更高的要求。为了适应市场发展和职业能力的要求，他们会产生一种"危机"意识和"竞争"意识，不断地提升自己，培养各方面的能力，使自己成为一专多能的人才，拓宽自己的专业面和知识面。第二，竞争性的市场经济对大学生的辐射效应还体现在大学生群体受物化关系的影响，其社会关系有功利化、自私化的倾向。一方面，大学生的价值取向无论是对于个人抑或社会发展都有着重要的意义；另一方面，大学生在当前社会转型的关键时期尚未形成与市场经济相适应的价值观，大学生在人生价值的问题上还受到市场经济所带来的消极影响的冲击。市场经济的逐利性，会产生拜金主义和极端利己主义，这就很容易产生见利忘义、坑蒙拐骗、损人利己。因此，引导大学生树立与市场经济相适应的价值取向尤为必要。

(二)党内不正之风的影响

进入新的历史时期以来，我们党以邓小平理论为指导，贯彻执行党的基本路线，坚持以经济建设为中心，坚持改革开放，坚持四项基本原则，开创了社会主义现代化建设的新局面，经济建设上了一个大台阶，人民生活上了一个大台阶，综合国力也上了一个大台阶，整个社会生活发生了历史性的巨大变化。

与此同时，党风也出现了严重的问题，最突出的表现就是各种腐败现象在党内有了相当程度的滋长和蔓延。尽管惩治腐败已经成了年年讲、月月讲、甚至天天讲的话题，我们也采取了许多惩治腐败、加强廉政建设的措施，并取得了一些阶段性的成果，但由腐败现象造成的党内不正之风并没有得到根本上的抑制，各种腐败现象依然在不断地出现。这是我国改革开放和现代化建设过程中出现的两种截然相反的趋向，而且都与我们党自身有着密切的联系。在进行政党建设的时候对于好的方面要进行褒奖和赞扬,发挥其带头作用,对其不好的一面要坚决进行抵制,决不可任由不好的方面发展。

加强社会主义思想道德建设,使社会风气有一个根本性的好转,首先要搞好党风。邓小平在 1979 年在党的理论工作务虚会上指出:"为了促进社会风气的进步,首先必须搞好党风,特别是要求党的各级领导同志以身作则。"①1985 年在党的全国代表会议上,邓小平又提出要抓好党风带动社会风气的根本好转,并要求把这项工作作为抓好社会主义精神文明的着眼点。他强调:"端正党风,是端正社会风气的关键。"

推进和加强公民社会主义道德建设,是现代化建设的精神动力,为我国改革开放创造了健康的社会环境,也是构建社会主义和谐社会的重要内容。

(三)社会生活的变化

社会生活是指人们在社会中必须进行的、占据人们全部时间和整个生命的活动和过程的总和。它包括人们的衣、食、住、行、劳动工作、休息娱乐、社会交往等物质生活和精神生活。

改革开放 30 多年,进入新世纪新阶段,我国社会主义市场经济体制初步建立,对外开放日益扩大,经济实力显著增强,我国社会生活发生了巨大的新变化:第一,人民生活水平普遍提高,总体上达到了小康水平。第二,生活方式多样,社会活力增强。第三,社会结构、社会组织形式、社会利益格局发生深刻变化。当前我国社会生活的主要问题是城乡二元结构依然存在和收入分配差距拉大,核心是社会的公平正义。公平正义是社会主义国家的首要价值。因此,党中央提出加快推进以改善民生为重点的社会建设,目标是确保全体人民学有所教、劳有所得、病有所医、老有所养、住有所居。

---

① 邓小平文选(第 2 卷)[C].北京:人民出版社,1994,第 117 页.

社会生活的变化直接或间接影响着一个人的思想意识和价值观念。改革开放以来,我国社会生活的新变化必然影响高校师生的思想状况和价值观念。生活水平的普遍提高,增强了人们建设中国特色社会主义的信念和信心;生活水平的改善和对现代生活的追求,改变了人们传统的均富的财富观念,激发了社会的创造力;知识阶层特别是创新创意产业的高收入,让人们感到知识的优势和创造的活力,增强了大学生学习和创新的积极性;社会结构和社会组织的新变化,就业机会和人才政策的引力,促进了人尽其才、实现自我价值的观念;社会生活的快速变化和机会的稍纵即逝,提升了人们的效率意识和竞争精神。同时,社会利益格局的新的失衡,已经引起广大师生对社会公平正义的关注。

(四)社会思潮的影响

传入我国的西方社会思潮种类繁多,但从根本上来说,西方社会思潮都是为西方社会服务,为资产阶级服务的。因此,从本质上来说,社会主义国家的核心价值体系与西方社会思潮是根本不同的,并且随着西方社会思潮进入中国,必然在一定程度上危害和影响社会主义核心价值观。影响较深、传播范围较广的西方社会思潮主要是新自由主义思潮、民主社会主义思潮和极端个人主义思潮。

自由主义思潮产生于 17、18 世纪英国和法国反封建专制的资产阶级革命时期,是在自由主义的基础上发展演化而来的,是资本主义的核心价值体系和主流意识形态。而新自由主义最初产生于 20 世纪 50 年代末 60 年代初,当时,西方发达国家相继出现了经济停滞、通货膨胀和失业增加等诸多经济疾病,而凯恩斯主义又无法解释这一现象,因而新自由主义思潮于 20 世纪 70 年代在西方国家中流行起来,它是对自由主义的复活和发展。在以哈耶克为代表的伦敦学派和以弗里德曼为代表的货币主义学派的大力鼓吹下,新自由主义在西方社会的地位开始不断上升,并逐渐成为西方发达国家占统治地位的思想和意识形态。新自由主义作为对凯恩斯主义的继承和批判，有它自身合理的成分，但由于它主张贸易经济自由化、市场定价（使价格合理）、消除通货膨胀（宏观经济稳定）和私有化，所以本质上是在维护资本主义，因而对发展中国家特别是对社会主义国家来说，就是西方发达国家控制和剥削发展中国家的一种工具和手段，是另一种"新帝国主义"。这种社会思潮对社会主义国家的经济体制改革、意识形态建设都带来很大的冲击和影响。

民主社会主义是从社会民主主义一词演化而来的，它经过了一个发展的过程。在19世纪中后期，受马克思的影响，欧美国家建立了一些具有社会主义性质的政党，对资本主义的生产关系和政治制度持批判和否定的态度。19世纪末俄国十月革命爆发后，欧美国家走上了改良主义和修正主义的道路。但这一时期，民主社会主义对社会主义代替资本主义，建立公有制，推行国有化的社会主义道路还是赞成的。第二次世界大战以后，各国社会党在1951年组建了社会党国际，发表《法兰克福声明》，这标志着民主社会主义与科学社会主义的正式决裂，它成了与科学社会主义相对抗的意识形态，在实现社会主义的手段、目标等方面开始与科学社会主义有了本质的不同。1959年德国社会民主党在《哥德斯堡纲领》中提出自由、公正、互助是社会主义的基本价值，并很快被各国社会党和社会党国际所接受。从此以后，民主社会主义与马克思主义已经成为两种根本不同的思想理论体系。民主社会主义或社会民主主义是对资本主义的否定而产生的，但是这种否定不是从根本上的否定，只是认为资本主义可以通过改良产生一种新的社会制度，即他们所谓的社会主义。由此可以看出，民主社会主义实质上是一种改良的资本主义，它与科学社会主义是不同的，有着本质的区别。因此可以说，民主社会主义的本质是反对马克思主义的，并企图与资本主义共同生存，这显然与马克思主义以推翻资本主义建立共产主义为目标有着本质的区别。民主社会主义在目前的中国危害极大，他们主张指导思想的多元化，大肆鼓吹中国要实行私有制，更有甚者，他们认为拯救中国只能通过民主社会主义实现,对于现代的中国来说,已经实现了民主社会主义。对此,我们要认清他们的本来面目,对它严厉批判。

极端个人主义思潮是在经济全球化的过程中,伴随着中国市场经济的建立和发展,掺杂在形形色色的西方社会思潮中涌入中国的。在改革开放的过程中,极端个人主义开始在我国逐渐泛滥起来。个人主义或极端个人主义并不是西方特有的社会思潮,而是一种在东西方、古代和现代都存在的人性特征。在中国古代就有关于人性善恶的辩论,具体来说就是集体主义和个人主义的纷争。在私有制消除以前,这种思想在中国也一直都存在。同样,在私有制占主体地位的西方,个人主义或极端个人主义更是始终存在的。在资本主义社会里,追求利润的最大化是资本的唯一属性,反映在人与人的关系上,就是最大限度地保护自己的利益,因而极端个人主义思想在资本主义社会里也得到了最大的发展。

当前社会思潮的多样化对我国在大学生思想政治教育提出了更高的要求,越是社会思潮和价值观念趋向多样化的时候,越需要用全社会所普遍认同的思想理论和价值观念来对价值取向进行整合,以便统一思想认识。由于社会主义核心价值观和其他社会思潮并存共生,彼此渗透,因此,解决"怎样引领社会思潮"的首选之举就是如何建立科学有效的引领机制。[①] 所以在当前我国意识形态领域,做到以社会主义核心价值观引领多样化的社会思潮,已经成为一项非常紧迫的任务。我国出现的这些现象在一定程度上影响了大学生的价值观念,对社会主义市场经济建设与和谐文化构建造成了一定的冲击。因此,在今后的工作中,要加强大学生思想政治教育和社会主义核心价值观教育,要给腐朽落后的思想以克制,确保大学生树立起一个正确的价值观,从而成为

---

① 程霞,马得林.社会主义核心价值体系引领社会思潮机制研究述评[J].毛泽东思想研究,2014(5).

我国社会主义的合格建设者和接班人,促进全面建成小康社会工作的全面开展,确保我国社会能够沿着社会主义的方向奋勇前进,实现人民生活和社会建设两个方面的共同发展。

(五)当代教育的终身化

21世纪是终身教育的世纪,也是人本教育理念繁盛的世纪。人类在21世纪中所致力的方向之一就是实现教育的终身化和人本化。所谓教育的终身化就是把教育当作发展人的生命的过程,当作与人的生存实践相伴随、与人在身体上、精神上的成长共始终的过程化活动。所谓教育的人本化就是把教育当作人发展自我本质的手段,人所接受的所有教育以及教育的所有方法都是以人自身为出发点的。教育的终身化和人本化是从纵横两个维度、从属性与时空两个层面上对教育本质加以拓展后的认知结果,也是教育全球化中的一个发展趋势。相比较而言,中国的教育目前还并不发达,但推进教育的终身化和人本化却是不可回避的趋势。科学发展观是我国教育发展的指导思想,也是党和国家进行思想政治教育的战略方针。科学发展观的核心是以人为本,即维护、实现和发展人的根本利益,以促进人的全面进步与成长为基本出发点和立足点。按照科学发展观的要求,教育也应当坚持全面、协调和可持续发展,朝着终身教育的方向发展。《国家中长期教育改革和发展规划纲要》把以人为本的理念和终身教育的思想贯穿始终,不仅提出要坚持以人为本,遵循教育规律,而且还提出要树立终身教育理念,构建体系完备的终身教育体系和终身学习体系。不言而喻,思想政治教育必须与党和国家的教育目标、教育战略相适应,因此也必须大力推进思想政治教育的终身化和人本化,其基本要求就是在思想政治教育课程的价值取向上推动科学精神与人文精神的融合,在思想政治教育课程的目标上要关注以思想政治素质为核心的综合素质,关注人与社会的和谐进步,构建针对思想政治教育的终身学习理念和终身教育系统。

第二节 当代大学生思想政治教育的 新特点与发展趋势

分析当代大学生思想政治教育的新特点与发展趋势有助于我们对大学生思想政治教育的现状有一个更好的把握，从而可以有针对性地采取措施来提高其实效性。

一、大学生思想政治教育的特点

大学生思想政治教育的目的就是要使大学生树立正确的世界观、人生观和价值观，成为有理想、有道德、有文化、有纪律的一代新人。大学生思想政治教育特征体现在以下几个方面。

（一）时代性

大学生思想政治教育的时代性指的是，在对其进行教育的过程中，必须要紧跟时代的步伐，符合社会发展潮流，为大学生思想政治教育赋予鲜明的时代特征。大学生思想政治教育的时代性主要体现在教育内容上，主要体现在党的路线、方针、政策，以及这些内容的理论来源和现实依据上。具体来说，大学生思想政治教育内容主要包括马克思列宁主义、毛泽东思想和中国特色社会主义理论体系，以及社会主义核心价值观等。时代是向前发展的，在对这些内容进行学习的过程中，也必须要紧密联系现代思想政治教育理论的发展，这对大学生正确世界观、人生观、价值观的形成具有重要的教育意义。对于大学生思想政治教育来说，也只有加入最新的理论，才可以赋予理论教育无限的生命力，这样理论教育也才更具有实践性，也更容易被大学生所理解和接受。

（二）民族性

所谓民族是人类社会存在的一种形式，是一种自然的历史存在。中国在历史发展的长河中，逐渐形成了自己的民族，并塑造和培养出了丰富的民族文化和民族情感，这在大学生思想政治教育的内容中都占据了重要的地位。胡锦涛指出："要以爱国主义教育为重点，深入进行民族精神教育，引导大学生增强民族自尊心、自信心、自豪感，做到以热爱祖国、贡献全部力量建设社会主义祖国为最大光荣，以损害社会主义祖国利益、尊严和荣誉为最大耻辱。"在经历了数千年的历史发展中，中华民族培养出了博大精深、源远流长的民族精神，这是中华民族生命力的所在，同时也是大学生思想政治教育中的重要一环。

（三）人文性

人文性，顾名思义，主要指的就是人的文化，指的是人的现代化，社会主义的本质就是要实现人的全面发展，因此大学生思想政治教育不可避免地就带有了人文的特性。科学发展观就是在以人为本的基础上所提出的，表明中国共产党自觉认识人类社会发展规律，对中国社会的科学发展具有重要的指导意义。当前在大学生思想政治教育中，要注重以学生为本，在对学生进行教育的过程中要关心学生的生活，这样就将塑造学生和服务学生，校园文化建设与学生健康成长有效结合起来，从而充分体现出对大学生的人文关怀。

重视对大学生的人文关怀，必须从当代大学生的思想实际出发，树立民主、平等、沟通和协商的新观念，把大学生思想政治教育做细、做活、做实。要深入细致地研究当代青年思想中的热点、难点和疑点问题，提高他们的人文素质，培养他们的人文精神。要加大校园文化建设的力度，通过各种形式的校园文化活动营造健康、文明、向上的生活氛围。要不断延伸大学生思想政治教育的覆盖面，使思想政治教育工作进公寓、进社团、进网络。

二、大学生思想政治教育的当下发展趋势

(一)主导性趋势

大学生思想政治教育具有社会主义的性质,以社会主义的主流意识形态为指导和内容。大学生思想政治教育具有主导性特征,最根本的依据在于思想政治教育的政治性本质,高校作为培养社会主义事业未来建设者的重要领地,最基本的使命就是让大学生全面认识和了解社会主义制度,使其从内心认同和信仰马克思主义,因此在客观上要求大学生思想政治教育要坚定地以马克思主义理论为指导,从而激励学生们奋发图强,为社会主义事业的蓬勃发展而努力。大学生思想政治教育的主导性,体现在以下两个方面:第一,从指导思想上看,坚持以马克思列宁主义、毛泽东思想、邓小平理论、“三个代表”重要思想和科学发展观为指导,把握大学生思想政治教育的社会主义方向。第二,从教育内容看,以理想信念教育为核心,以爱国主义教育为重点,以思想道德教育为基础,以发展的马克思主义理论引领大学生的思想发展。

(二)多样性趋势

大学生思想政治教育的多样性,既指教育对象思想情况的复杂性、多样性,也指教育内容的多元化。大学生群体不仅有普遍的年龄特征、心理特征,也有着鲜明的个性区别。一方面,大学生个体本身具有不同的心理特征和思想特征,有着不同的思想基础,即使受到相同的教育,学生对某一问题的认识程度和个人观点亦不尽相同。另一方面,每个人的成长环境截然不同,外在的文化浸染和舆论影响拉大了大学生之间的思想差距。大学生思想政治教育的多样性发展有着多重表现:第一,教育对象思想情况的复杂性、层次性加剧。第二,教育内容的多元化趋势明显。

（三）主体化趋势

大学生思想政治教育的主体化，是指在思想政治教育过程中充分尊重大学生的主体地位，帮助大学生自觉地进行自我修养、自我完善，培养大学生自我认识、自我教育、自我约束、自我管理的能力，这体现了思想政治教育的个人取向。大学生思想政治教育主体化趋势的日益加强，与思想政治教育的内在规律和大学生群体的个性化特征有着密切的关系。一方面，思想政治教育是教育者有计划地施加教育影响的过程，同时也是教育对象主动把教育要求内化为自身品德的过程，这要求思想政治教育最大限度地调动大学生的积极性。另一方面，信息化社会给现代大学生群体带来了宽阔视野，使大学生的自主性变得更强，因此需要我们加大大学生自我教育能力的培养。大学生思想政治教育的主体化发展趋势体现在：第一，从单纯的灌输式教育到重视培养大学生的个人政治鉴别力。第二，从重视教师的教育功能到重视学生的自我教育功能。

（四）生活化趋势

大学生思想政治教育生活化是指思想政治教育立足于大学生的实际生活，充分发挥大学生的主体性，同时对其思想行为进行正确引导的一种教育趋向。从本体论层面理解，思想政治教育立足于生活且要回到生活；从方法论层面理解，思想政治教育要通过生活开展教育。教育要通过生活才能生发出力量而成为真正的教育，只有立足于大学生的实际生活，才能深入人心，迸发出网络思想政治教育的最大能量。实现大学生思想政治教育生活化不仅是提高思想政治教育有效性的有力途径，也是时代发展的必然趋势。一方面，思想政治教育与生活有着不可分割的本体性联系。生活是思想政治教育的现实基础，也是其发展、变化的最终决定因素。无论思想政治教育以何种形式出现，生活都是它不变的土壤。另一方面，"贴近实际、贴近生活、贴近群众"是大学生思想政治教育工作必须坚持的原则。思想政治教育作为一种关怀人的精神成长的教育,更需要关注人在生活中的方方面面。唯有如此,思想政治教育才能真正把人作为目的来培养。思想政治教育生活化趋势的日益加强有其多重表现:第一,教育理念与目标:现实化,回归生活。第二,教育内容:源于生活,服务生活。当代大学生群体有着鲜明的生活特征:网络生活丰富多彩,思想活跃,意识独立。同时,由于生活环境日新月异的变化,大学生的思想行为也随之发生迅速变化。这些生活特征在客观上带动着思想政治教育内容的常变常新,从而保持教育与人们生活的一致性,更好地服务于大学生的成长成才。第三,教育方法和载体:多样化,融入生活。思想政治教育方法的生活化最突出的表现是网络技术的运用以及社区思想政治教育地位的逐步提升。一方面,由于网络越来越多地占据大学生的日常生活,思想政治教育也一步步地占领了网络的高地;另一方面,作为大学生日常校园生活的主要区域,社区思想政治教育受到高校的普遍重视。

第三节　当代大学生的时代特点

当代大学生处于一个中西方文化不断交流碰撞、新老观念更迭的时代,由于时代的特殊性和成长环境影响,他们在思想行为、知识结构等方面都表现出鲜明的时代特点。大学生是大学生思想政治教育的工作对象,正确认识和分析当代大学生群体特点,有利于恰当调整大学生思想政治教育工作的方向、内容及方式,从而促进大学生思想政治教育工作的稳步推进。

一、大学生的心理特点

(一)性意识迅速发展并渐趋成熟

性意识随着个体的性发育和精神发育不断完善,是个人对两性需求以及可能形成的相互关系的认识和看法。大学生的生理发育已经基本完成,性机能日益成熟,性意识逐渐增强并明朗化。性意识的发展使大学生开始按照性别特征来塑造个人形象,并开始对异性关注与追求,对感情的欲望逐渐加强。随着时代的发展,当代大学生越来越多地接受着通过文字、影像、声音等形式表现出的与性有关的信息,因此性爱观念大多开放。他们渴望与异性交往,追求美好爱情。但由于他们性心理的发育尚未完全成熟,因而容易出现由于性认知偏差、性幻想、性压抑和性行为带来的心理困扰,性心理常处于受压抑状态。个别大学生会因此表现出焦虑、精神萎靡、惶恐不安等不良情绪。

(二)落差心理和自卑心理开始显现

进入大学前,老师和家长为了激励学生努力奋进,往往将大学描绘得相对理想化。然而,进入大学以后,面对陌生的环境、陌生的同学、条条框框的规章制度,他们不知道自己如何去融入,不知道如何去安排自己的学习和生活。这时他们便发现现实并非那么美好,之前所憧憬的校园生活和现实有了落差,失落心理便自然而然形成了。与此同时,大学生在高中阶段都是学习成绩优异的尖子生,一直享受着老师、家长的称赞和同学的羡慕。而进入人才聚集的大学校园,面对众多特长出众、能力不凡、成绩卓越的同学,原有的优越感逐渐消失,自尊心不免受到不同程度的挫伤,极易产生自卑心理。

(三)心理发育基本成熟,道德心理发展矛盾较为突出

大学生是少年向成年人转变的过渡期,心理发育基本成熟,气质、性格、行为特点都已基本趋向稳定,有自己较为完善的道德认知和道德情感,有自己较为清晰的是非观念,对理想、信念、价值、追求等逐步明确,形成自己独特的风格特点,富于青春活力,充满社会责任感和正义感,公民道德意识较强,具备较为稳定的道德行为习惯。由于大学生处于充满激情与活力的年龄段,因此

社会与时代的变化对他们产生的冲击和影响最为突出,他们积极关注社会热点,表现出较强的参与热情,但大学生成长经历单纯,缺乏社会阅历,心理成熟滞后于生理发育,对问题的分析常常不够全面,而现代社会价值多元化,转型期社会矛盾的增加,社会现象复杂多变,使得大学生在热情参与的同时又困惑茫然,有时会走极端。在道德心理发展过程中既存在积极面,又存在消极面,各种心理矛盾和冲突比较集中。

二、大学生的知识特点

(一)基础知识逐渐雄厚

学生在中学阶段的学习主要是打基础,侧重基础科学文化知识和基础技能的掌握,经过系统的教育,到中学毕业,学生的知识储备达到了相当水平。进入高等学校后,学校很重视基础理论知识的学习,专业基础理论更是得到极大的重视,这使大学生的基础知识呈现逐渐扩大的趋势。但高校学生在基础知识的结构上存在不同程度的不平衡现象,中学就存在的偏科现象和习惯带入大学的学习,大学的理、工、文各科学生也多是了解本学科而不了解其他学科知识,再加上大学生普遍存在的缺乏实际生活知识的情况,都会影响学生的深入学习。对此要分析原因,采取措施,促使学生打好基础,扎好知识之根基,为向专深方向发展和全面发展提供"后劲"。

(二)理论知识逐渐丰富

由于年龄的增长和知识的积累,大学生在抽象逻辑思维和辩证思维能力方面与中学生相比都有所发展,他们已能理解比较抽象的概念,并能符合逻辑地进行判断和推理,可以看出大学生思维的独立性和批判性有了显著提高。进入高等学校后,大学生接触的科学理论知识更为广泛和系统,学生普遍重视理论知识的探索,乐于学习最新科学知识。所以,高等学校的学习使大学生的理论知识渐趋丰富,特别是在专业知识方面,更有系统的把握。但是,由于多种原因,大学生普遍忽视实验、操作、训练、练习等实践环节,与日益丰富的理论知识相比,实践知识相对不足。对此应采取一些针对性措施,重点加强,弥补不足。

(三)应用性知识逐渐发展

大学教育是培养专门人才的,大学生的学习具有应用性的特点。他们专业定向,未来职业性质比较明确,课堂学习、业余学习、技能发展都与专业知识的应用有关。大学生的应用性知识是逐渐发展的,但还缺少实践的验证和丰富。

(四)知识面逐渐扩大

由于大学生所学课程门类的增多,以及他们日益强烈的求知欲,他们的知识面相应扩大。他们广泛涉猎各种知识领域,不断拓展自己的知识视野,但往往以兴趣为出发点,缺乏计划性,有些方面的知识很丰富,而一些必备知识却不足,知识面上有一定片面性。对此,要引导学生的学习兴趣,加强他们全面掌握知识的责任感,学好社会主义建设所需要的各种知识。

(五)专门知识逐渐增多

大学生的学习体现出很强的专业性,进校后就分系、分专业、分方向。社会分工在不断发展,科学文化知识也在不断分化,许多边缘科学知识、新知识不断涌现,知识越来越专门化,学生的学习也越来越专业化。因此,既要引导学生学好专门知识,又要引导他们打好基础,拓展专门知识,形成合理的知识结构。

三、大学生思想新特点

当代大学生,适逢改革开放的年代,国家发展欣欣向荣,为当代大学生的成长提供可贵的机遇。同时,转型社会、网络时代的冲击,又向他们提出了挑战。在中国发展这一特殊的社会历史条件下,大学生的行为呈现了多重性、复杂性、不稳定性的特点。值得欣喜的是,当代大学生在不断克服自身个性弱点的基础上,积极完善自我,促进自身的全面发展,在重大历史事件的考验下,当代大学生体现了担当、责任、参与意识,体现了当代青年朝气蓬勃、积极进取的精神风貌,体现了国家和民族的期望和未来所在。

(一)对国家主流意识形态认同度高,社会责任感显著增强,公民参与意识显著增强

当代大学生亲历中国经济持续稳定增长、国际社会地位不断提升、人民生活水平不断提高的时代,这些使他们高度认同有中国特色的社会主义理论与实践,认同科教兴国、和谐社会、可持续发展等治国方略。大学生在政治信仰上能自觉以中国特色社会主义信念为理性的选择,对国家和民族未来前途与命运的归属感和认同感显著增强,社会责任感显著增强。

(二)成才愿望强烈,竞争意识较强,职业生涯规划意识逐渐增强

大学生是青年社会化的准备期,行为的目的性是大学生行为的重要标志之一。改革开放以来,随着社会主义市场经济体制的逐步确立,开拓与创新、竞争与合作、公平与效率的观念深入人心,大学生日益强调自主意识、平等意识、竞争意识、效率意识、成才意识,为适应社会发展需要而努力成才的目标指向鲜明。需要产生动机,动机支配行为,行为的结果满足需要。大学生的行为表现,源于大学生的需要驱动。学习动机强烈、成才愿望强烈、竞争意识强烈反映了大学生强烈的成才需要,成为了大学生职业发展的内驱力。

开放、竞争、独立、创新的成才标杆,对人生的美好憧憬,使大学生在入学之初,就以就业、升学或出国深造为目标指向规划未来,这种目的性需求的指向和归结,引导和规定了大学生的行为方向,使他们具有强烈的自我实现的愿望。职业生涯规划就是大学生求得自我实现的最主要途径之一,是大学生职业规划意识增强的主观因素。据大学生知识价值目标量表的研究成果显示:大学生最看重知识对于自我发展的作用,其次是审美的作用,再次是情感、品德,最不看重的是世界和平。可见,当今大学生择业首先考虑的是职业能否为自己提供良好的职业发展前景,能否为发掘自身潜能、实现自我价值提供机会。随着高等教育从精英教育到大众教育的转型,就业竞争日趋激烈成为大学生逐渐提高职业规划意识的客观因素。

(三)行为选择日趋务实,实践能力有待增强

经济一体化、文化多样化、价值多元化的时代特征,使当代大学生的价值取向日趋多样化。一方面,他们既对集体主义价值观有较高的认同度,又对个人主义价值观有一定的接纳度;另一方面,市场经济求利原则和社会竞争压力的增大,他们对自我发展的忧患意识增强,在行为选择上趋于务实,在价值取向上呈现出更多的实用主义色彩。一些大学生呈现出知行脱离现象,集体意识出现了淡化的倾向,即思想观念上认可集体主义价值观,但在实践上却不内化为自身的行动,体现出一定的个人主义倾向,不同程度地存在着关心集体、建设集体的热情下降,集体归属感和凝聚力降低,注重奉献和索取的平衡等状况,个别学生还出现了追求实惠、强调个人私利的个人本位取向。

基于学校教育教学改革渐进性与发展不平衡的影响,当代大学生的实践能力、创新能力缺少系统发展的机制,大学生只能依靠个体实践活动的途径完成自我能力的塑造。实践活动是大学生自主性学习、探究性学习、创新性学习的主要方式,也是素质教育的主要内容,实践能力的弱化,不仅与社会发展的要求不匹配,而且与大学生强烈的成长、成才需要不适应。根据大学生行为的发生发展规律,有的放矢地开展多渠道的实践活动,促进实践型、创新型人才的培养,是当今大学教育的重要任务。

第四节　大学生思想政治教育的
发展阶段与基本经验

对大学生思想政治教育的发展阶段与基本经验进行总结吸收，才能明白当下大学生思想政治教育所处的历史位置，对大学生思想政治教育有一个深入的了解和认识。

一、大学生思想政治教育的发展阶段

（一）批判创建时期

新中国成立以后，我党从国民党手中接管了旧高等学校，废除了旧的教育制度，同时接收和改造了受外国势力控制的教会学校，收回了教育主权，确立了党对高等学校工作的领导，从根本上改变了教育性质。从此，我国高等学校教育在继承老解放区优良传统、改造旧有教育事业的基础上，开始走上了由新民主主义教育转变为社会主义教育的发展道路。在这一阶段，我国初步建立了新中国的大学生思想政治教育体系。

1949 年 9 月 29 日，中国人民政治协商会议第一届全体会议通过的《中国人民政治协商会议共同纲领》。可以说，《共同纲领》为新中国的大学生思想政治教育指明了发展道路和方向，明确了建设目标，从任务上说，要清除旧的思想影响，发展为人民服务的思想；从性质上说，是新民主主义的，即民族的、科学的、大众的；从内容上说，要以"五爱"为核心，开展革命的政治教育。1949 年 12 月 23 日至 31 日，教育部召开了第一次全国教育工作会议，确定了中华人民共和国教育工作的总方针，明确了改革旧教育、发展新教育的方向。新中国成立后不久，对大学生思想政治教育应该如何建设和发展就已经提出了明确的方针。从总体上说，

就是要改造旧的教育思想、教育内容、课程方案,开拓新的发展路径。

(二)初步探索时期

从 1956 年 7 月到 1966 年 4 月是我国全面建设社会主义的十年。在这一时期,党将工作重心转移到经济建设上来,提出了"多快好省地建设社会主义"①的目标。依据党的中心工作,大学生思想政治教育将目标和任务锁定在培养和造就"有社会主义觉悟的有文化的劳动者"②之上。1957 年,毛泽东发表了《关于正确处理人民内部矛盾的问题》,指出在社会主义改造基本完成以后,阶级斗争已不再是社会的主要矛盾,国内存在的大量矛盾基本属于人民内部矛盾,解决人民内部矛盾问题要用"团结—批评—团结"的方法。这一论断不仅为大学生思想政治教育提供了理论基础,而且为大学生思想政治教育提供了方法论。在毛泽东的指示下,中央采取了一系列措施加强和改进大学生思想政治教育:1957 年,在高校设立了《社会主义教程》;1958 年,发出了《关于教育工作的指示》,要求一切学校"必须进行马克思主义的政治教育和思想教育""接受党委的领导"③;1963 年,在全国范围内开展了一场轰轰烈烈的共产主义道德教育——"学雷锋";1964 年,发出了《关于改进高等学校、中等学校政治理论课的意见》,对课程、教材、教法进行了改革。随着各项措施的贯彻执行,这一时期,大学生思想政治教育得到了明显的改善和加强。

在全面建设社会主义十年间,由于缺乏建设社会主义的经验,党在指导思想上出现了"左"的错误倾向。大学生思想政治教育在这种"左"的错误思想影响下,一度将"阶级斗争"作为主要任

---

① 胡绳.中国共产党的七十年[M].北京:中共党史出版社,1991,第368 页.

② 毛泽东文集(第 7 卷)[C].北京:人民出版社,1999,第 226 页.

③ 教育部社会科学司.普通高校思想政治理论课文献选编(1949—2006)[C].北京:中国人民大学出版社,2007,第 38 页.

务,强调不断提高学生的阶级觉悟,并同国际"反修"斗争联系起来,发展国内"反修防修"斗争,从而导致大学生思想政治教育出现严重失误。

(三)恢复重建时期

从粉碎江青反革命集团到 1978 年 12 月党的十一届三中全会,我国各地高等学校普遍开展"揭批查"运动,澄清了教育战线的一些是非界限和模糊观念,强调尊重知识,尊重人才,恢复和加强马列主义理论课建设,恢复高考招生制度,择优录取优秀青年入学,重提德、智、体全面发展的培养目标,强调和加强大学生的思想品德教育和文化科学知识教育。所有这些使我国高等学校大学生思想政治教育工作逐渐恢复了生机和活力。但是,由于"两个凡是"错误方针的阻挠,大学生思想政治教育工作在指导思想和实际工作上还没有摆脱"左"倾指导思想的束缚,使得大学生思想政治教育工作处于徘徊中前进的局面。

从党的十一届三中全会到 1981 年 9 月党的十一届六中全会,我国进入新的历史转折时期,大学生思想政治教育工作在拨乱反正,既反"左"又反右两种倾向的斗争中有了新的发展,开始探求新时期大学生思想政治教育工作的新路子。

从党的十一届六中全会到 1986 年 9 月党的十二届六中全会,是大学生思想政治教育工作的艰难探索阶段。改革开放的新形势使大学生思想更加活跃,也使大学生思想政治教育工作面临新情况、新问题。广大大学生思想政治教育工作者重视研究当代学生的新情况、新特点,研究符合大学生实际的思想政治工作内容、形式和方法,努力实现思想政治工作的科学化,取得了一定的成效。如在各类高等学校较普遍地开设《共产主义思想品德课》,许多高等学校建立德育教学研究机构,部分院校设立思想政治教育专业,培养专业化的大学生思想政治教育工作干部,出现了以第四军医大学等为代表的思想政治教育工作的先进典范。

从党的十二届六中全会到 1989 年 9 月国庆 40 周年前夕,是大学生思想政治教育工作遭受又一次严重挫折,并最终得到纠正的时期。这个时期,由于各种原因,我党放松了思想政治工作,高等学校中出现了忽视精神文明建设,轻视思想政治工作的局面,致使资产阶级自由化思潮愈演愈烈。这个时期大学生思想政治教育工作在加强声中被削弱,在改造名义下被淡化,使学生思想产生了严重的混乱,厌学风盛行,爱国热情被人利用。一直到党中央制止动乱,新的党中央集体对许多问题进行了认真的反思和总结,找出了十年以来思想政治工作失误的根本原因,并且提出了一系列的改进措施,青年学生思想政治工作的地位、作用、机构、队伍被重新肯定和加强,大学生思想政治教育工作面临一个新的全面发展时期。

(四)全面发展时期

1989年,党的十三届四中全会以来,高等学校在邓小平理论和"三个代表"重要思想的指导下,贯彻落实科学发展观,旗帜鲜明地反对资产阶级自由化,积极探索大学生思想政治教育的规律,大力推进思想政治理论课程改革,呈现出稳步发展的良好态势。主要表现在三个方面。

第一,积极探索大学生思想政治教育的规律。1993年2月,中共中央、国务院印发的《中国教育改革和发展纲要》明确指出:用马列主义、毛泽东思想和建设有中国特色的社会主义理论教育学生。1993年8月,中共中央组织部、宣传部、国家教委发出《关于印发〈关于新形势下加强和改进高等学校党的建设和思想政治工作的若干意见〉的通知》。1994年8月31日,中共中央颁布《关于进一步加强和改进学校德育工作的若干意见》。1995年11月23日,国家教委颁布《中国普通高等学校德育大纲》。1996年10月,党的十四届六中全会通过了《中共中央关于加强社会主义精神文明建设若干重要问题的决议》。1998年8月通过的《中华人民共和国高等教育法》,以法律的形式强调了思想政治教育在高等教育中的地位和作用。1999年6月15—18日,中共中央、国务院在北京召开了改革开放以来的第三次全国教育工作会议。指出：各级各类学校都要把思想政治教育摆在重要地位。2000年7月3日，中共教育部党组发出《关于印发〈关于进一步加强高等学校学生思想政治工作队伍建设的若干意见〉的通知》。2001年4月5日，教育部印发《关于加强普通高等学校大学生心理健康教育工作的意见》。2004年，中央16号文件颁布，是对新中国成立以来大学生思想政治教育工作经验的提炼和总结，是新时期加强和改进大学生思想政治教育的纲领性文献。

第二，大力推进思想政治理论课程改革。1992年，江泽民在十四大报告中指出，要发挥思想政治工作的优势，特别是在青少年中进一步加强党的基本路线教育，抵御资本主义和封建主义腐朽思想的侵蚀，树立正确的理想、信念和价值观。随后，国家教委将原来的"大学生思想修养"和"人生哲理"课程调整为一门课程，即"思想道德修养"课。1998年4月28日，中共中央宣传部、教育部发出《关于普通高等学校开设〈邓小平理论概论〉课的通知》。6月10日，中共中央宣传部、教育部发出《关于印发〈关于普通高等学校"两课"课程设置的规定及其实施工作的意见〉的通知》。2005年，根据中央16号文件，中共中央宣传部、教育部颁布了《关于进一步加强和改进高等学校思想政治理论课的意见》，决定设置四门课程即"中国近现代史纲要""马克思主义基本原理""毛泽东思想、邓小平理论和'三个代表'重要思想概论""思想道德修养与法律基础"。党的十七大以后，根据教育部的相关精神，将"毛泽东思想、邓小平理论和'三个代表'重要思想概论"更名为"毛泽东思想和中国特色社会主义理论体系概论"。

第三，不断创新大学生思想政治教育的方式方法。社会实践是大学生思想政治教育的重要环节，对于促进大学生的成长和增强社会责任感具有不可替代的作用。1991年，中共中央宣传部、国家教委、共青团中央在16个省、市建立了100个高校学生社会实践活动联系县（市）。1992年6月25日，中办、国办发出通知，要求广泛深入持久地开展高等学校学生社会实践活动。从此以后,社会实践活动成为大学生思想政治教育的重要途径和方法。在文化建设方面,1995 年教育部决定在全国 52 所大学中试行人文素质教育,并成立了"加强高等学校文化素质教育试点工作组"。随后,教育部又在全国建立了 20 个"国家大学生文化素质教育基地",全面推进高校的文化素质教育工作。2004 年 8 月,中央 16 号文件颁布后,教育部、共青团中央颁布了《关于加强和改进高等学校校园文化建设的意见》等配套文件,进一步指导和推进高校校园文化建设。

(五)创新发展时期

2005 年 1 月,中央召开了全国加强和改进高校思想政治教育的会议,研究部署大学生思想政治教育工作,胡锦涛等中央领导同志出席会议并做重要讲话,形成了全党、全社会合力推进高校思想政治教育的强势。各地各部门和高等学校认真贯彻落实中央要求,结合本地区本校实际,研究制定贯彻《16 号文件》和会议精神的工作计划和实施方案,把高校思想政治教育放在全局性、战略性的位置上,充分反映了新形势下党中央以邓小平理论和"三个代表"重要思想为指导,加强和改进高校思想政治教育的方略。

在 2013 年 8 月召开的全国宣传思想工作会议上,习近平的重要讲话明确了宣传思想工作的基本职责,这就是"围绕中心、服务大局";强调了宣传思想工作的要义,这就是"胸怀大局、把握大势、着眼大事,找准工作切入点和着力点,做到因势而谋、应势而动、顺势而为"。习近平还提出,高校"要把马克思主义作为必修课,成为马克思主义学习、研究、宣传的重要阵地"[①]。10 年前,在党中央的关心、指导下,2005 年高校新的思想政治理论课程("05方案")开始实施,2006 年初高校正式设置了一批马克思主义理论学科。现在,"05 方案"正在积极推进,马克思主义理论学科已经

---

① 胸怀大局把握大势着眼大事 努力把宣传思想工作做得更好[N].人民日报,2013-08-21.

成为高校学科建设的重要方面,成为推进高校哲学社会科学学科建设的重要力量,正进入实现内涵式发展、提高学科建设质量和水平的新阶段。习近平从党和国家全局的高度对宣传思想工作重大理论和现实问题的阐述,包含了高校思想政治理论课程建设和马克思主义理论学科建设的新意蕴,展现了高校思想政治教育理论的新境界。

二、对大学生思想政治教育发展历史的深思与经验总结

新中国成立以来,大学生思想政治教育的历史是由单一走向整合的转变过程。其中有正确的时候,也有错误的时候。我们要借鉴成功的经验,吸取历史的教训,促进当前高校思想政治教育的开展。主要的历史启示体现在以下几个方面。

(一)坚持思想政治教育的正确导向

能否培养出社会需要的,具有自觉性社会服务意识的大学生,不仅直接关系到党和国家事业发展的全局,而且关系到高校思想政治教育能否沿着正确的教育方向前进。坚持高校思想政治教育的正确导向,就是要正确科学地引导大学生全面理解和贯彻党和国家的基本路线,正确认识和处理社会价值与自我价值之间的关系。坚持正确的政治方向,高举新阶段建设中国特色社会主义的伟大旗帜,坚定不移地走中国特色的社会主义道路。坚持高校思想政治教育的正确导向,就是要坚持把握政治方向和价值取向的辩证统一。从1949年新中国成立以来高校思想政治教育的发展表明,只有坚持政治方向和价值取向的正确的辩证统一,才能有效地引导当代高校学生为社会主义现代化建设做出更多有益的贡献。

(二)坚持围绕中心工作开展思想政治教育

坚持围绕中心工作开展大学生思想政治教育,是我国大学生

思想政治教育工作的基本经验。正如中共中央、国务院《关于进一步加强和改进大学生思想政治教育的意见》指出的,改革开放特别是党的十三届四中全会以来,大学生思想政治教育工作在培养高素质人才,推动高等教育改革发展,维护学校和社会稳定等方面发挥了重要作用。大学生思想政治教育必须与国家和社会的需要及中心工作紧密结合,才能有广阔的空间和舞台。可以说,自新中国成立以来,我国的大学生思想政治教育在每一个重要历史时期,都紧紧围绕中心工作,服从和服务于中心工作,通过一系列扎扎实实的工作,推动了社会进步,促进了高教发展,在培养人才、服务建设和改革方面做出了突出的贡献。

加强和改进思想政治教育工作,归根到底是为社会主义经济基础服务的。只有在中心工作中贯穿思想政治教育,解决现实问题,才能实现思想政治教育的价值。对于高等学校而言,人才培养、科学研究和社会服务等是其中心工作,大学生思想政治教育工作必须紧密围绕这些中心工作尤其是人才培养这个中心开展,才能体现其独特价值。

在社会主义改造时期,新中国面临着建立新政权和维护社会政治稳定的难题,高等教育也百废待兴。大学生思想政治教育工作紧密围绕中心工作,创造性地建立起新的学校思想政治教育工作体系,配合党和国家的工作方针,积极开展社会政治运动,使大学生在思想政治方面经受了考验,锻炼了才干。在十年社会主义建设时期,大学生思想政治教育工作与火热的社会生活紧密相连,大学生通过参加生产劳动、投入社会实践、接受社会教育等,直接参与到党和国家所确立的中心工作的伟大实践中,成为又红又专的人才,其中许多人成为社会的栋梁之材。"文革"十年强调"以阶级斗争为纲",大学生思想政治教育畸形地服从于这个中心,给党和国家带来了巨大的危害。这个时期的大学生思想政治教育受制于整个政治斗争的需要,是一种极端不正常的状态,其教训应该认真汲取。

改革开放以后,我国的工作重心从"以阶级斗争为纲"转到以经济建设为中心上来,整个社会生活步入正轨。这个历史性的转变要求大学生思想政治教育工作也迅速地进行相应的转变。它使大学生思想政治教育工作逐步以培养人才为中心,由凌驾型变为服务型,即由过去政治工作可以冲击一切,政治工作可以冲击业务工作转变为大学生思想政治教育工作必须服务服从于经济建设这个中心工作,必须服务服从于高等教育的改革和发展以及人才培养等高校的中心工作。具体来说,这个转轨和转型一是要求思想政治工作在服务经济建设中凸显自己的价值,为经济建设培养社会所需要的人才;二是要求在学校教育层面,使大学生思想政治教育服从和服务于学校的中心工作,服务于人才培养、科学研究等中心工作,使大学生思想政治教育与学校的中心工作密切配合,把思想政治教育渗透于教学、科研等人才培养的各个环节中。

在具体的大学生思想政治教育实践中,高等学校密切结合各校的实际,结合每一代大学生的思想实际,努力通过各种途径和渠道,不断拓展大学生的思想道德素质,不断增强大学生的全面素质,使大学生思想政治教育为其成长成才服务。大学生思想政治教育通过社会实践、文体活动、校园文化建设、就业指导、心理咨询等多种手段,围绕人才素质结构的方方面面下功夫,始终抓住人才培养的中心工作不放松,在培养人才中找准定位、全程育人、实现价值。

事实充分证明,有为才有位,有位须有为,只有紧紧围绕党和国家的中心工作不放松,紧紧围绕高校的中心工作不放松,扎实深入地开展大学生思想政治教育工作,大学生思想政治教育工作才能摆脱"两张皮"的尴尬境地,实现其应有的贡献和价值。

(三)坚持理论联系实际的原则,结合大学生特点开展思想政治教育

党在长期的革命与建设实践中,探索了把马克思主义基本原理与中国革命和建设实际相结合的根本经验。这一根本经验贯穿在我国一切领域与工作之中,也体现在高校思想政治教育过程中,其实质就是理论与实际的结合、认识与实践的结合。高校思想政治教育坚持理论联系实际的原则,首先是马克思主义理论教育要围绕党的中心工作进行,为推进党的中心工作和学生的成长服务,体现教育的时代性与民族性。其次,大学生思想政治教育要以党领导广大人民所创造的理论、精神为内容,引导学生及时学习并在实践中运用。党在领导广大人民进行革命和建设的伟大实践中,先后创造了毛泽东思想、邓小平理论和"三个代表"重要思想,以及科学发展观,这些理论既揭示了中国革命与建设的规律,是中华民族的文化财富,也展示了中国发展的美好前景,是激励大学生成长的精神食粮。同时,党在领导广大人民进行革命和建设的伟大实践中,还创造了丰富的民族精神,在艰难困苦的革命战争年代,创造了井冈山精神、长征精神、延安精神、红岩精神、西柏坡精神等革命精神;在社会主义时期,创造了雷锋精神、铁人精神、焦裕禄精神、"两弹一星"精神;在改革开放新时期,创造了解放思想、实事求是、与时俱进精神、敢于面向世界的竞争精神、抗洪精神与抗击非典精神、抗震救灾精神。这些民族精神,一直是激励大学生投身革命与建设、立志成才的动力源泉。再次,高校思想政治教育要结合智育与学生的实际生活进行,引导学生明确学习目的,端正生活态度,增强学习与生活动力。这既是我国高校德育坚持育人为本、贯彻一切为了群众、一切依靠群众的群众路线的传统,也是我国高校坚持人人平等和为学生服务的体现。最后,高校要根据青年学生的特点,形式多样、丰富多彩地开展思想政治教育。大学生既有青年人的一般特点,也有知识分子的特点,在不同历史时期还体现不同时代特点。我国高校德育能够根据学生的特点开展教育活动,开辟了许多教育途径,探索了运用典型示范、开展社团活动、组织志愿者活动等生动活泼的教育方式,使一批批大学生都能深切感受到大学生活是一生中难忘而丰富多彩的生活。

当然,也应当承认,大学生思想政治教育在"左"的思想影响下,在错误思潮冲击下,也出现过理论脱离实际的教条主义、形式主义、本本主义倾向,还有些高校不同程度地出现过脱离中国国情、脱离党的中心工作的倾向。这些倾向既损害了思想政治教育的形象,也影响了学生的健康成长。

第二章　大学生思想政治教育的理论基础

大学生思想政治教育经过了多年的实践积淀形成了一个有机的体系。它不仅包含一些思想政治教育本身的内容,也包含相关的理论体系,同时也与相关学科紧密联系。开展大学生思想政治教育不能仅仅只看到大学生思想政治教育本身,而要将其与别的学科联系起来,看到其他学科与它的相似处,总结其他学科给思想政治教育活动提供的借鉴,同时总结国内外关于思想政治教育活动的优秀经验,不断给大学生思想政治教育注入活水。

第一节　马克思主义的人学理论是大学生思想政治教育的指导思想

从马克思主义理论学科与思想政治教育学科两者的关系来看,两学科之间有着紧密的联系,大学生思想政治教育作为整个思想政治教育学科中的一个重要组成部分,自然也与马克思主义存在着密切的联系。在大学生思想政治教育过程中,马克思主义理论在其中起着主导作用。

一、马克思主义关于个人与社会关系的理论

个人和社会之间的关系是唯物史观理论中重要的组成部分,这个问题首先在马克思主义中得到了解决。

（一）马克思主义关于个人与社会关系理论的发展研究

1.从青年黑格尔派向唯物主义的转变

在 1843 年之前，马克思主要受到青年黑格尔派的影响，直到 1843 年，马克思开始突破青年黑格尔派的局限，寻求新的转变。他开始转向唯物主义。通过对黑格尔的唯心主义国家观进行质疑和批判，从而开始对人的本质进行认识。在这个阶段，马克思将人的本质定义为"社会性"。在对人的本质进行了深入研究之后，马克思开始进一步研究个人与社会的关系了，他认为国家是由人组成的，国家的实质也就是人的实质，而家庭、组织、社会、国家都只是人们存在的社会形式，是实现人的本质的具体载体。马克思认为："人永远是社会组织的本质，但是这些组织也表现为人的现实普遍性。因此，组织是人所共有的。"[①]这些观点表明，马克思对个人及社会的关系进行了唯物主义的思考，并给出了相对科学的定义。

2.创立唯物史观雏形

到了 1844 年，马克思开始创立唯物史观的雏形，在《1844 年经济学哲学手稿》中，马克思对资本主义异化劳动进行了深层次的剖析，更进一步对个人与社会的关系进行了阐述。马克思总结资本主义的异化劳动中的"异"主要表现为劳动产品与劳动工人相异化以及劳动活动与劳动工人相异化，他将这两种相异化都看作是人的类本质和人本身的相异化。

马克思将共产主义看作是解决人和人之间、人和自然之间所有矛盾的根本方法，是解决个体和社会冲突的直接途径。也就是说，在未来的共产主义社会中，异化劳动将不再存在，社会不再对

---

① 马克思恩格斯全集(第 23 卷)[C].北京：人民出版社,1960,第 203 页.

人进行统治,而自然会处在人的控制之下,在这样的情况下,人与社会就自然而然地完成了统一。马克思将这种个人与社会之间的辩证关系广泛运用于对未来共产主义社会的构想中。

3.从旧唯物主义向历史唯物主义的转变

标志着马克思从旧唯物主义到历史唯物主义转变的著作是《关于费尔巴哈的提纲》,在该书中,马克思对人的本质进行了详细、科学的说明,他认为,人的本质是具有现实性的所有社会关系的集合,而不是单个个体所固有的抽象物。人无法离开历史进程而存在。此外,马克思还在《德意志意识形态》中对个人与社会的关系再次进行了阐述,在这个阶段,马克思对于人的本质的理解已经上升到了社会关系这个现实关系的角度上了,实现了从旧唯物主义到历史唯物主义的转变。

(二)马克思研究方法的转变

马克思改变了研究人的本质的方法,坚持将人本身作为研究的出发点。马克思认为,人是多种性质的统一,人的本质是自我肯定。因此,研究人性和人的本质问题必须从人本身出发,排除神学、宗教等观念的干扰,这是马克思主义向唯物主义转变的突出体现。

1.从劳动角度理解人的本质

马克思将劳动看作是将人和动物区分开来的有意识的生命活动。马克思不仅克服了自然主义本质观中机械唯物主义的片面性,而且避免了理性主义本质观的唯心主义。马克思这种从人的劳动、也就是人的实践活动的角度来理解人的本质的方法,对于整个马克思对人的本质的理论体系来说都是一个重大的突破。

2.从物质条件把握人的本质

除了从人本身以及人的实践活动两方面理解人的本质之外,

马克思还主张从人的物质生活条件来了解人的本质。马克思主张从人的物质生活条件来理解人的本质是由于人们永远是处于社会关系之中的,而社会关系的形成是由于人们在社会中开展劳动和其他实践活动。从这个角度对人的本质进行定义,马克思得出"人的本质就是人的社会联系"这一结论。

(三)马克思关于人与社会的关系的理解

在经历了上述思想发展阶段,并对研究方法进行改正之后,对于人与社会的关系这一问题,马克思给出了自己的解释。

1.社会是人的社会

马克思认为,社会是人的社会,没有人,社会也就不可能存在。社会的形成伴随着人的发展。人和社会之间存在互为基础、互为结果的关系。如果将社会看作一个复杂的有机体,那么社会的产生、构成及发展过程中存在的有机性完全是根源于人的有机性,是因为社会是人存在和发展的载体,因此,社会才具有有机性。因此,在任何社会的关系中还存在一个社会历史前提的问题。

马克思在创立唯物史观的时候提出,唯物史观必须从"现实的个人"出发研究人的本质以及人和社会的关系。这是因为,历史存在的前提是有生命的人的存在,因此要首先确定"肉体组织"的存在,然后再讨论受到肉体组织制约的人与社会的关系。

马克思认为,"现实的人"一定是处于一定社会历史条件中的,并且存在于一定的社会关系中。一方面,无论是何种形态、何种形式的社会,其都是人的交互作用的结果;而社会的主体只能是人,但是这些人是存在于一定的相互关系之中的,也就是说社会其实就是处于社会关系中的人本身。人处于的社会关系主要包括生产关系、家庭关系、阶级关系、政治关系、交换关系等。这些关系的主体是个人,同时这些关系也是在个人的相互作用下产生的。因此,马克思得出结论:人是什么样,社会就会是什么样。

从这个角度分析,我们不难理解,马克思定义下的"现实的人"并不仅仅是人这个个体,而是存在于一定社会关系中的人。同时,社会历史也不是别的事物的历史,而是由处于社会关系中的"现实的人"在生产和交往活动中创造出来的历史。

2.人是社会的人

马克思认为,人是社会中的人。马克思将社会看作人存在的形式和载体,而他认为仅仅具备物质结构和功能的生命个体不能算作真正的人,真正的人是现实的人,是存在于社会关系中的人,因此,人与社会是无法分离的,只有存在于一定社会关系中并和其他人发生关联的时候,人才是真正的人。人无法脱离社会孤立地存在。

人是社会的存在物。人类存在的本质实际上是社会生存。作为社会的存在物,人的生命表现,无论是否是与他人一同完成的,都是社会生活的体现。马克思认为:"人的个人生活和类生活并不是各不相同的,尽管个人生命的存在方式必然是类生活的较为特殊或较为普遍的方式"①。社会和个人不是对立存在的,人是社会整体中的一部分,人的个人生活方式无论是表现出其独特的个性,还是表现出一类群体的共性,在本质上都是社会生活的重要体现。

人和人的生产能力都是单方面的,但是为了满足自己多方面的需求,个人就需要和其他人进行分工合作,实现生产交换和互补,从而实现满足个人需求的目的。从这个角度上不难看出,个人只有通过在社会关系中同他人建立联系才能获得生存和发展。

从表面上看,每个人都是独立存在的个体,但是人的本质还是社会的,人并不是抽象地存在于世界之外的事物,而是构成国

---

① 马克思恩格斯全集(第 42 卷)[C].北京:人民出版社,1979,第122 页.

家、世界的元素,本质上就是国家,就是社会。除了物质生产之外,人的脑力劳动的科学研究从本质上来看也是社会的活动,这是因为我们进行脑力劳动、开展科学研究所需要的材料和条件都是社会提供的。因此,人是社会的人。因此,作为单独个体的每个大学生,都是社会中的一分子,都必须首先立足于社会,其次才能考虑自身的发展。

二、马克思关于人的全面发展理论

(一)人的全面发展问题的提出

人的全面发展问题的提出最早是针对私有制条件下的旧式分工,旧式分工造成了劳动者片面地、畸形地发展。古代社会的生产形式主要是手工生产,劳动者依靠经验积累生产技能,从而只需要付出体力劳动,而资本家只需要管理和控制劳动者就可以获得财富,这样的分工方式使得无论是劳动者还是资本家的个人发展都是片面、不完整的。

到了19世纪后期,随着工业革命的到来、科学技术的进步,大机器逐渐进入了社会生产的过程,社会生产的分工越来越细,经过专业分工,劳动者被分配到固定的岗位上进行机械的重复劳动。这种生产分工导致人的发展是畸形的。但是随着科学技术的发展,社会分工开展对社会化程度提出较高的要求,社会分工对于社会化程度的高要求与劳动者的机械劳动之间产生了矛盾。为了解决这个矛盾,马克思提出了人的解放,他指出,通过教育,可以帮助年轻人掌握生产系统中的各个环节,从而根据自己的兴趣选择自己的工作,这就明确地表达了人的全面发展这一思想。

(二)人的全面发展的科学内涵

人的全面发展理论是马克思主义学说的核心理论,马克思主义所有的学说和理论,归结到一点就是实现人的自由和解放,促进人的自由全面发展。马克思主义人的全面发展理论有着十分丰富的内涵。正确认识和梳理人的全面发展的科学内涵,是我们推动实现当代大学生全面发展的基本前提。

1.人的劳动能力的逐步提高

马克思在《1844 年经济学哲学手稿》中指出:"劳动这种生命活动、这种生产生活本身对人来说不过是满足他的需要即维持肉体生存的需要的手段。而生产生活就是类生活。这是产生生命的生活。一个种的全部特性、种的类特性就在于生命活动的性质,而人的类特性恰恰就是自由的有意识的活动。生活本身仅仅成为生活的手段。"①由此可以看出,人的类特性就在于自由自觉性。劳动,作为人的根本实践活动,创造了人,也造就了人的类本质。因此,劳动能力的强弱和劳动水平的高低,直接决定并且反映着人的自由自觉性的发展程度,劳动能力的全面发展,成为人的自由全面发展的根本。

2.人的多重需要的极大满足

在马克思看来,正是人的需要的发展和需要的不断满足推动着人类和人类社会的文明进步。人的需要是人的意识活动及其他各方面行为活动的内在动力。人的需要是多样的和多层次的,不仅有物质需要,还有精神需要,精神需要中又有发展需要、自我实现的需要等。人们总是在旧的需要得以满足的基础上产生新的需要,从而推动各项事业的发展。所以,马克思指出,人的需要的发展证明了人的本质力量和人的本质的充实。人的需要具有层次性,需要形式的日渐多样,以及需要的不断得以满足,推动着人的全面发展,进而推动人类社会的全面进步。

---

① 马克思恩格斯全集(第 42 卷)[C].北京:人民出版社,1979,第96 页.

3.人的社会关系的不断丰富

人的本质属性是社会性。人是处于社会关系中的人。人的发展与其社会关系紧密相连。马克思在《关于费尔巴哈的提纲》中指出："人的本质不是单个人所固有的抽象物,在其现实性上,它是一切社会关系的总和。"①人总是社会的人,总是在一定的社会关系中生存和发展。任何一个人的能力的形成、发展和完善,都离不开特定的社会关系。人的社会关系的发展,是个人形成的社会关系日益普遍化、全面化的过程。每个人都有自己的社会圈,每个人每天都在同他人交往着,只有在同他人交往的过程中,人才能发展,所以说,个人的发展通常取决于与他发生交往的人。一个人在进行社会活动时,社会交往的程度越高,他交往的社会成员就越多,社会关系就越复杂,这样的社会体验会为社会成员带来更加丰富的阅历,在越来越复杂的社会关系中,社会成员也能获取更多的信息、知识、技能以及经验,这对社会成员的能力的提升有着很大的影响,会使社会成员不断进步。

4.人的独立个性的自由发展

马克思认为人是分阶段发展的,认为总体上人的发展可以分为三个阶段,其中,第一个阶段是人对人的依赖阶段,在这个阶段中,人的个性没有凸显出来,而是与其他人一样没有个性;在第二个阶段,人开始依赖于物,并独立性凸显,有一定的发展;第三个阶段就是自由个性的阶段,在这个阶段,与之相对应的就是社会生产力的高度发展,社会财富极大丰富,人们开始在物质财富无忧的条件下注重追求个性的自由发展。人的个性的自由发展程度,是人的全面发展的综合表现。人的全面发展,以人的个性的自由全面发展为基点,而人的个性的自由全面发展的程度,代表

---

① 马克思恩格斯选集(第 1 卷)[C].北京:人民出版社,1995,第 60页.

了人的全面发展的优劣。

第二节 加强对中外经典教育家思想政治教育思想的吸收

古今中外，一些伟大的思想家和教育家都认识到思想教育的重要性，他们对此有着丰富的论述。吸取中外经典教育家思想政治教育思想，有助于我们更好地提升大学生思想政治的效果。

一、中国经典教育家关于思想政治教育的理论

（一）儒家孔子的教育思想

孔子的教育思想在我国思想发展史上有着重要的地位，"有教无类"的教育思想始终闪耀着灿烂光辉。在教育理论和教育实践中，孔子将德育作为教育的基础，主张"德教为先、教而后刑"，并以此为基础构建出"仁德"学说。总结起来孔子的教育思想主要包括以下三个方面。

1.德教为先、教而后刑

孔子在传教的过程中，将道德教育放在人的首要位置，极为重视对人的道德素质的培养。孔子认为，"君子怀德"，也就是说，一个人想要成为受人敬仰的君子或是贤者，就应该具有高尚的道德品质。在对人的教育的过程中，道德教育是最根本的教育，其应该被放在首位，重于知识教育。

在教育实践中，孔子提出了具体的培养目标和道德教育的任务，那就是培养"仁智统一"而"内圣外王"的圣贤人格，就是孔子所推崇的高尚品格，也就是世人所称道的"圣人""贤人""志士""仁人"和"君子"等。在这几个尊称中，位于最高层次的是"圣

人",层次较低的是"君子"。

孔子对君子的道德标准具体可归纳为以下五个方面:君子必须具备"仁德";君子和而不同;君子"达"而"闻";君子自己要行为端正;君子要"修己""安人""安百姓"。

2.仁德学说、知情意行

孔子为了实现"道之以德",在对学生道德教育的内容进行了总体设计,并创造性地提出了仁德学说。孔子认为,"仁"是道德的最高标准,只有从"仁"的观念出发的行为才是符合道德要求的。孔子的仁德学说是以"仁"为核心内容的道德教育体系,"仁"是众德之总,其心理内容是"爱人",其基本要求是"义"与"礼",其践行纲要是"孝悌"。

"仁"的核心是"爱人"。孔子认为,仁者爱人,崇尚仁德的人对他人会富有爱心,要"泛爱众",即不仅要爱自己的亲人,同时也要爱没有亲密关系的他人。

"仁"的基本要求是"义"与"礼"。"义"与"礼"的地位仅次于"仁",也是德的两项重要内容。孔子曰:"君子义以为质,礼以行之。"[1]也就是说,君子应具备的内在素质是"义",并且需要通过"礼"的实行来最终实施。因此,人们只要是做到了"礼",通常也就表明其实行了"义"。

"孝悌"是"仁"的践行纲要。孔子认为,人只有在先做好孝敬父母、友爱兄弟之后,然后才有可能做到真正地关爱他人。

在孔子看来,人们高尚道德品质的养成需要经历一定的过程,即通常会经过知、情、意、行四个相互联系的阶段。

第一,知为先。孔子认为,人们道德养成的一个重要前提条件是道德认知,因此提出了"未知,焉得仁?"的观点。其认为,道德是"知","有德者必有言"[2],要求学生"知德""知仁""学道""适

---

① 论语·卫灵公十五.

② 论语·宪问.

道"。

第二,情其后。孔子认为道德情感是伴随道德认知过程而产生的一种内心体验。孔子特别重视从改变情绪和陶冶精神入手来激发学生的道德情感。

第三,立志有恒。孔子认为对人们道德意志的培养是极为重要的,志向、信念、恒心等要素会对人们道德行为的形成产生直接的影响。他提出"三军可夺帅也,匹夫不可夺志也。"①

第四,行比言重要。在孔子看来,在道德培养的过程中,行占据最重要的地位,要高于言。因此,孔子在教导学生的过程中,极为注重对学生道德行为的训练和道德习惯的养成。孔子强调,"行"是一切道德认知和道德情感信念的依归和最终指向,是实行德育的最终目标,同时也是人们道德养成的标志。

3.修身为本、因材施教

(1)身教重于言传

孔子在教育学生的实践过程中,非常注意自己的言行。孔子说:"其身正,不令而行;其身不正,虽令不从。""苟正其身矣,于从政乎何有? 不能正其身,如正人何?"②从这话语中可以看出孔子主张教学要以身作则并不是说给人听的,而是要切实践行的。"君子之德风。小人之德草,草上之风,必偃。"③孔子强调榜样的示范作用是无可替代的,身教永远重于言教。

(2)修身为本

孔子认为,身教大于言传,想要对学生的行为进行引导,老师自身的修养也十分重要。围绕这一主张,孔子提出了一系列的修身方法,主要有以下几个。

第一,学思并重。在修身中,"学"和"思"是孔子十分注重的两个方面,他主张应该将"学"与"思"结合起来,如"学而不思则

---

① 论语·子罕.

② 论语·子路.

③ 论语·颜渊.

罔,思而不学则殆",只有二者并用才能达到良好的修身效果。

第二,克己与内省。反省是一个自我提升的内在过程,也是一种道德体验,作为道德生活的参与者,自然会不可避免的体验生活中的道德现象与道德行为,并且会对道德生活产生一定的感悟。孔子十分重视道德主体心性修养,而这种修养主要通过反省内求实现的,并且只有通过自我努力才能形成道德修养提升的内在推动力。

第三,推己及人。孔子在道德教育中提倡忠恕之道,即尽己之心以待人和推己之心以及人,所谓"己欲立而立人,己欲达而达人"①。人心是相同的,己所不欲,勿施于人。

第四,慎言而敏行。孔子指出:"敏于事而慎于言""讷于言而敏于行"②,以至"言中伦,行中虑"。孔子教育人们要少说空话,多干实事,努力将道德行为准则付诸实践。

（3）因材施教

孔子因材施教的主张主要有两层含义:第一是针对不同的教育对象注入不同的教育内容;第二是针对不同的教育对象,施行不同的德育。每个人的个性、经历以及对知识的敏感程度都不相同,不同性格以及智力水平的人需要不同的教学方法才能获得良好的效果。

（4）寓教于乐

孔子认为,诗歌、音乐等对人有陶冶情操的作用。所以孔子提倡用诗歌、音乐来陶冶学生的性情,认为艺术与精神是相互影响的,诗歌、音乐对人精神的丰富和品格的形成、完善具有寓教于乐的教化作用,如他指出"兴于诗,立于礼,成于乐"③。

（5）启发诱导

孔子反对单纯说教的教育方法,他认为只有激发学生的学习欲望才能让他们真正地学到知识。孔子主张采用启发诱导,循循

---

① 论语·雍也.
② 论语·学而.
③ 论语·秦伯.

善诱的方法,强调"不愤不启,不悱不发,举一隅不以三隅反,则不复也"。

启发诱导反映到现代教育实践中也具有很高的应用价值,在教学过程中避免"填鸭式"的内容灌输,而是通过学习内容的趣味性、教学手段的合理应用以及对学生心理特点的把握,引导其形成道德认知,发展道德情感,激发其内在的学习自省动力,养成道德行为。

(二)道家老子的教育思想

老子是道家学派的创始人,他的道德教育思想丰富而富有辩证法。老子的道德教育思想主要体现在《道德经》当中,老子《道德经》的主旨就是言"道"言"德",因此"道"与"德"无疑是老子哲学的核心范畴。老子在思想道德教育上围绕道德教育的原则与方法提出了自己的见解。在道德教育的原则上,他强调德如赤子、知足知止、知胜强行的主张;在道德教育的方法上,他认为要"行不言之教"。

1.老子思想道德教育有三个原则

一是德如赤子。老子对于有深厚修养的人,常常用"赤子"来比喻,认为这种达到高深修养的人就像婴儿般的纯真、柔和。他说:"含德之厚,比于赤子。"①他认为赤子有两个特点:一是"精之至",就是纯真,一是"和之至",就是柔和。又说:"为天下溪,常德不离,复归于婴儿。"②因为溪涧、山谷就是"道"本身的形象,人的修养到了加溪谷的程度,就是到了纯真柔和的婴儿状态,也就是和"常德"(即"道")合而为一了。他还说:"专气致柔,能如婴儿乎?"③要像婴儿一样,精气专注,摒弃杂念,达到柔顺程度。又说:

---

① 道德经.
② 道德经.
③ 道德经.

"沌沌兮,要口婴儿之未孩。"①老子说他自己不为世俗功利和宠辱所干扰,好像还不会啼笑的婴儿。老子所说的赤子之心是指无知无识的自然本性。老子是要用赤子之心来否定现实社会生活中的仁义礼智等伦理规范。

二是知足知止。老子主张"知足""知止",把是非、善恶、美丑看淡,追求一种精神超然、心志高远的境界。他说:"知足不辱,知止不殆,可以长久。"②又说:"金玉满堂,莫之能守,富贵而骄,自遗其咎。"③老子的意思是劝人不要追求虚名财利,那些利欲熏心的人,都是应该深自警惕的。老子提倡"少私寡欲""知足""知止",对于反对轻身而趋名利,贪得而不顾危亡的行为,有一定的积极意义,对于当时当权贵族的贪婪欲求,是一种谴责。但对于一般人来说,这种静心寡欲、知足常乐的思想,容易引导到消极保守的道路上去。不过从另外一个方面来讲,一个注重道德修养的人,应当善于支配物质生活,不迷恋于物质利益,不贪图物质生活的享受,而更注重精神生活的充实,这种追求独立人格,渴望人生自由的愿望,对封建士大夫的人生观产生了深刻的影响。

三是知胜强行。老子说:"知人者智,自知者明。胜人者有力,自胜者强。知足者富,强行者有志。不失其所者久,死而不亡者寿。"④老子认为,认识别人叫作机智,了解自己才算高明。战胜别人的攻击叫作有力,能克制自己才算刚强。知道满足就是富有,坚持去做就是有志气。不丧失本性就能长久,死而不被人遗忘才是长寿。照老子看来,"知人""胜人"固然重要,而"自知""自胜"尤其重要。"知足"固然重要,而"强行"更为重要。"不失其所"固然重要,"死而不亡"尤其重要。特别值得注意的是,"死而不亡者寿"这一命题是对于长寿这一概念很高明的解释。身死而不被人们遗忘,必然是生前在道德和事功方面对人类做出重要贡

---

① 道德经.
② 道德经.
③ 道德经.
④ 道德经.

献,死后被人们继承和发扬。这种精神长存的不朽才是真正的长寿。

2.老子的思想道德教育方法强调的是"行不言之教"

老子说"圣者处无为之势,行不言之教",就是一个真正的圣人。如果想教化普通百姓的话,不用刻意去做什么事情或说什么话,他本身就能让我们从他身上得到很多的启示和教育。"无为之势"就是不需要做任何事情或动作,"不言之教"用俗语说就是只可意会、不可言传的意思。老子主张在道德教育过程中教育者要注意自己身体力行,注意自己的一举一动,为受教育者做出榜样。老子认为,要想把"道"学好,必须认真实行。他说:"上士闻道,勤而行之。中士闻道,若存若亡。下士闻道,大笑之。不笑不足以为道。"①"士"指读书人。老子把"士"分为上中下三等,上士努力去实行;中士无动于衷,将信将疑;下士则加以讥笑。老子所说的"勤而行之"是倡导通过教育者身体力行来确立权威,以达到"行不言之教"的效果。这就要求教育者从自身做起,做到"勤而行道",身体力行,淡泊名利。教育者"无为""好静""无欲"等实际行动产生了很强的道德示范和道德导向作用。此外,为了更好地实现"行不言之教",老子提出"贵柔"的主张,认为"天下之至柔,驰骋天下之至刚"②。老子认为"贵柔"是教育灵活性的表现。老子以水为例来称赞柔弱的作用,认为天下没有比水更柔弱的了,而攻坚克强却没有什么东西能胜过它。老子以这种柔弱为处世方法,要求教育者保持谦下的美德,使教育对象逐渐产生信任感和责任感,从而最终实现"行不言之教"。

二、西方经典教育家关于思想政治教育的理论

在西方教育界虽然没有思想政治教育,但有一些学校教育、

---

① 道德经.
② 道德经.

道德教育、公民教育等教育行为,这些教育内容中蕴含着许多教育思想,这些精辟的教育思想对于我们探索立足生活的思想政治教育具有重要的理论指导意义。因此,我们有必要对历史上一些著名的教育理论进行阐述,以结合时代特点以及当前高校思想政治教育的自身特点,对这些优秀理论加以借鉴,从而健全大学生思想政治教育的理论体系。

(一)雄辩家教育理论

昆体良是古代罗马著名的教育家,其十二卷巨著《雄辩术原理》说明了他是西方历史上第一个全面论述教育的西方思想家。《雄辩术原理》全面地总结了古代希腊、罗马的教育思想和教育经验,系统地论述了年青一代的教育问题。他认为道德素质是理想的雄辩家所应具备的首要素质,提出了适应自然的道德教育方法。

第一,昆体良把道德培养看成雄辩家教育工作的首要任务,强调道德教育的作用。昆体良认为,优秀的雄辩家首先应具有崇高的品德,高尚的德行要比优秀的才能更加重要。他不仅把道德培养摆在教育工作的首要位置,更强调教育在个人道德品质形成中的重要作用。昆体良主张把道德原理作为学校的主要课程,并且很有创见地提出了学前教育、初等教育、中等教育和高等教育四个阶段的全部教育问题,各个阶段都安排相应的德育内容和德育方法,以期通过循序渐进、须臾不可间断的德育,使学生获得正义、善良、节制、刚毅、机智等品质,成为一个有德行的人。

第二,昆体良提出了教育应适应自然的原则和方法。"鸟生而能飞,马生而能跑,野兽生而凶残,惟独人生而具有敏慧而聪颖的理解力。"①昆体良也承认天赋差异的存在,主张教育顺应人的自然天性,在此基础上,他还提出了一些重要的道德教育原则。首先,教育应及早开始。"愈是年龄小,头脑就愈易于接受小事

---

① 昆体良教育论著选[C].北京:人民教育出版社,1989,第10页.

情,正如只有在身体柔软的时期,四肢才能任意弯曲,强壮本身也同样使头脑对大多数事物更难于接受。"①其次,教育应因材施教。"应当首先弄清他(学生)的能力和资质"②,并要"善于精细地观察学生能力的差异……因为各个人的才能的确有不可思议的差别。人心不同各如其面"③,因而要在"教学中适合个人的特殊情况和需要,使每个学生能发挥各自的长处"④。再次,昆体良提出了教学应当遵循循序渐进的原则。他认为优秀的教师应首先了解学生的个性及能力,尊重学生的理解能力,接受能力,与儿童的天性密切结合,相辅相成,相互促进实现好的教学。

第三,昆体良高度重视教师在思想道德教育中的作用。他认为教师在教育中应才德俱优、言传身教,为人师表;教师应具备渊博的知识、澎湃的激情、高超的教学艺术;教师在教学中应运用激励、赞美的方式来激发学生积极向上的积极性。教师不仅要知识渊博,还应该讲究教学艺术,寓教于乐,形式多样,尽量采用启发式教学,特别要反对体罚,主张用激励、赞美的方式来激发学生积极向上的积极性;教师应当遵循自然教育原则,深入了解学生的心理特征、个性、才能和倾向,更有针对性地组织教学。

(二)绅士教育理论

约翰·洛克是英国近代史上最重要的一位哲学家、政治家和教育家,其教育名著《教育漫话》中所提出的绅士教育思想,标志着从封建教会教育到资产阶级世俗教育的转变,适应了当时新兴的资产阶级的社会需要,奠定了英国近代教育的思想基础。约翰·洛克是新兴资产阶级的代表,培养绅士是洛克教育思想的最高目标。他认为真正的绅士具备"德行、智慧、礼仪和学问"四种

---

① 昆体良教育论著选[M].北京:人民教育出社,1989,第 15 页.
② 昆体良教育论著选[M].北京:人民教育出社,1989,第 30 页.
③ 昆体良教育论著选[M].北京:人民教育出社,1989,第 89 页.
④ 昆体良教育论著选[M].北京:人民教育出社,1989,第 190 页.

精神品质。

首先是洛克绅士教育的理论基础和内容。"我们日常所见的人中,他们之所以或好与坏,或有用与无用,十分之八九都是由他们的教育所决定的。人类之所以千差万别,便是由于教育之故"①。根据绅士教育的目的,洛克主张从德智体三个方面系统对绅士进行教育。他最重视体育,认为一个健康的身体是绅士从事工作的基础;其次是德育,洛克认为良好的德性是绅士的灵魂,而智育则是对绅士一切活动的辅助。在德行教育方面,绅士的德行应该具备两方面的内容,第一是理智,因为一切道德与价值的重要原则及基础在于顺从理性所认为最好的指导来克制自己的欲望,所以德行首先是自制力的培养,即培养坚忍的性格以使自己的言行符合社会的道德规范。第二是礼仪,礼仪意味着良好的举止和行为或态度,美德固然是精神上的一种宝藏,但使其焕发光彩的则是良好的礼仪。

其次是洛克绅士道德教育思想的原则和方法。洛克认为:"导师不只应该进行劝导谈论,而且应该利用教育的工作技巧,把它提供给心理,把它固定在心田里面。"②在德育的原则和方法上,洛克提出了以下几点理论。第一,道德教育应顺应自然和理性约束。洛克认为,教育要符合儿童"心性",要根据儿童的个别差异因材施教。同时,人是具有理性的动物,要通过规范约束、习惯养成使其长大后能自觉接受理智的规范与约束。第二,道德教育应及早实践,及早训练。幼时,儿童未接受任何的知识,心智未开,最容易接受基本的道德原则,而且会受益终身。第三,道德教育应宽严有度和奖罚得当。洛克认为对孩子既要亲近又要让他有所敬畏,宽严结合且有度,才能使其遵守规范。奖励主要是称赞和鼓励,重在培养人们的荣誉感,而非物质奖励,惩罚特别是体罚

① (英)洛克著.教育漫话[M].傅任敢译.北京:人民教育出版社,1985,第24页.

② (英)洛克著.教育漫话[M].傅任敢译.北京:人民教育出版社,1985,第53页.

应尽量少用。第四，道德教育应该综合运用说理、习惯养成与榜样教育的方法。洛克认为，由于人是理性的动物，说理是对待人们尤其是对待青少年的真正办法，他还主张在说理的同时遵循相应的规则，通过反复练习养成习惯，而一旦养成良好的习惯，就不需要死记规则，道德就形成于自然；在各种教育方法中，榜样是最简明、最容易而又最有效的办法，因为榜样示范符合儿童模仿性强的特点，其教育力量较之口头说教要大得多。

（三）社会道德教育理论

法国犹太裔社会学家和人类学家埃米尔·涂尔干是功能主义教育思想的主要代表人物。他第一个把道德作为社会现实，用社会学的研究方法来研究道德，把世俗道德从宗教道德中分离出来。

第一，涂尔干提出了道德三要素理论。在《道德教育》导言中，他提出道德教育应该建基于以理性为基础的世俗道德，"我们必须发现那些长期承载着最根本的道德观念的宗教观念的理性承载物"[①]。他认为世俗道德是由纪律精神、牺牲精神（对社会群体的依恋）和知性精神（自主或自决）三个要素组成的。他从社会学的眼光来看道德教育，认为其中的首要要素就是纪律。道德包含常规性和权威性是规范的两个特征，这就是纪律的概念。道德的次要要素就是个人对社会群体的依恋。他认为，"如果人要成为一种有道德的存在，他就必须献身于某种不同于他自己的东西，他必须感到与社会一致……道德的起点就是社会生活的起点"[②]。道德的第三要素就是道德的知性。涂尔干认为，道德良知需要的是行之有效的自主性，而科学是我们自主性的源泉。"我们只能以与我们征服物质世界相同的方式来征服道德世界：创建

---

① （法）埃米尔·涂尔干著.道德教育[M].陈光金译.上海：上海人民出版社，2006，第10页.

② （法）埃米尔·涂尔干著.道德教育[M].陈光金译.上海：上海人民出版社，2006，第60页.

一门有关道德问题的科学。"①

　　第二,在涂尔干看来,道德教育的目的就是培养儿童使之具有道德三要素。他以纪律作为考察的起点,认为正是通过对学校纪律的实现,我们才得以在儿童内心灌输纪律精神。学校是个体品德社会化的合适环境,"学校在儿童道德教育中所负有的任务,能够而且应该成为最重要的工作"②,而小学阶段是儿童离开父母开始进入集体生活的时期,因而是最合适的道德教育年龄阶段。

　　第三,涂尔干还专门讨论了学校道德教育中的几个问题。首先在儿童的心理特点与纪律精神的培养问题方面。他认为儿童心理既有流动易变和情绪化的特征,又有习惯性和易受暗示性,教师应恰当运用这两方面的特征,培养儿童的天性。其次在教师权威的问题方面。教师是他的时代和国家伟大的道德观念的诠释者,他必须具备果敢的意志力,对自身职责有神圣的庄严感。再次是学校道德教育中惩罚与奖赏的问题。"为纪律赋予权威的,并不是惩罚,而防止纪律丧失权威的,却是惩罚"③。再次,涂尔干提出了道德教育和道德教学、道德现实与道德理想、道德原则等概念的区别。他认为,道德教育重在形成习惯、唤起情感和激发行为动机,即培养纪律精神和牺牲精神,而培养道德的知性精神关键在于道德教学,道德教学是"对(道德)规范本身、规范的根源以及存在理由进行符号解释……教授道德既不是布道,也不是灌输,而是解释"④。

---

　　① (法)埃米尔·涂尔干著.道德教育[M].陈光金译.上海:上海人民出版社,2006,第89页.
　　② (法)埃米尔·涂尔干著.道德教育[M].陈光金译.上海:上海人民出版社,2006,第18页.
　　③ (法)埃米尔·涂尔干著.道德教育[M].陈光金译.上海:上海人民出版社,2006,第123页.
　　④ (法)埃米尔·涂尔干著.道德教育[M].陈光金译.上海:上海人民出版社,2006,第89页.

(四)实用主义道德教育理论

杜威作为一名美国哲学家和教育家,在教育问题上同样体现了实用主义的思想。这个教育思想不仅对美国,而且对世界许多国家包括中国、苏联的学校教育都曾产生过广泛而深刻的影响。杜威的思想是以传统的赫尔巴特教育思想为对立面而形成并发展的,建构于其哲学思想中实用主义经验论、机能心理学和民主主义的理论基础上,强调教育与生活、学校与社会的联系,强调从实践中教学。学校道德教育理论是杜威实用主义教育理论的重要组成部分,主要体现在他的《教育中的道德原理》《学校与社会》《中学伦理学教育》和《民主主义与教育》等论著中。

首先,"教育即生活"与"学校即社会"是杜威教育思想中的两个基本观点。他认为,教育是经验不断改造的过程,是经验的生成、生长过程,最好的教育是从生活中学习,从经验中学习,所以"教育即生活""教育即生长"。另外,教育是一个社会生活过程,学校就是社会生活的一种方式,学校必须为儿童呈现现在的社会生活,因而学校应该是一个雏形的社会,"学校即社会"。杜威认为,思想道德教育的目的是培养美国社会的良好公民。他反对传统道德教育脱离现实生活进行纯道德观念的传授,强调教育应与生活和社会保持一致,因为"只有当学校本身是一个小规模的合作化社会的时候,教育才能使儿童为将来的社会生活作准备"①。这就意味着,学校思想道德教育的内容要以社会生活为主。

其次,"以儿童为中心""从做中学"是杜威实用主义道德教育的基本原则。杜威提出,教育的基本原则应该是"以儿童为中心"和"从做中学"。"以儿童为中心",就是一切以儿童为出发点,以儿童为目的。儿童教学必须从心理学的基础上探索儿童的本能、兴趣和习惯,都应该服从于儿童的兴趣和经验的需要。"从做中

---

① 赵祥麟.杜威教育论著选[M].上海:华东师范大学出版社,1981,第374页.

学"，就是"从活动中学""从经验中学"。按照这两个基本原则，杜威认为学校道德教育要采取间接的道德教育途径，即将道德教育寓于学校生活、各类学科的教学和日常学习生活实践中，特别是要通过儿童参加各种活动和社会实践来加强道德训练。他提出两种学校道德教育方法。一是要以探究、商量和讨论的方法来代替传统教育中强制性灌输的方法，这是"以儿童为中心"的必然诉求。二是"从做中学"，即社会实践的道德教育方法。他认为通过社会实践可以避免传统道德教育空洞说教、强行灌输而导致的知行脱节的弊病。

当然，杜威的"教育即生活"的理论是针对当时美国所存在的学校教育问题而提出的，具有一定的局限性和片面性，但他从生活的角度对教育进行了阐述，指出教育的生活意义，其中所体现的"教育要面向生活"的理念以及主张在真实的世界中进行教育的思想是值得我们借鉴和发扬的。

（五）全面和谐发展教育理论

苏联教育理论家苏霍姆林斯基，一生辛勤工作，致力于教育理论和教育实践的创造性探索，其教育思想来源于其教育实践，对世界教育领域都产生了广泛的影响。苏霍姆林斯基认为，学校教育的目标就是培养社会主义新社会的公民和"个性全面和谐发展的人"，和谐全面发展的核心则是高尚的道德。

按照苏霍姆林斯基的个性全面和谐发展理论，道德教育必须遵循以下四条基本原则。

（1）必须尽量使人们丰富多样的才能、天赋、兴趣和爱好等个性特点充分发挥。这就要求教师要尽可能了解孩子的个性特点，因材施教。

（2）集体的道德素质是个体道德素质的源泉。由于外部环境是学生精神生活的决定因素，学校集体是学生的外部环境，所以苏霍姆林斯基强调集体教育，重视学校集体对学生道德教育的特殊作用。

（3）在德育中要重视培养学生的自我教育能力。苏霍姆林斯基认为，只有激发自我教育的教育才是真正的教育，在建立丰富多彩的集体生活的基础上，教育的关键就在于，要激发学生良好的精神状态以及自我教育的愿望和要求，只有通过儿童自我教育、自身努力，才能形成良好的道德品质。

（4）宽恕优于惩罚，惩罚必先教育。在苏霍姆林斯基看来，惩罚要少用、慎用，惩罚的目的在于教育，惩罚必先教育才有意义，不过，只要儿童不是故意作恶，一般都不应给以惩罚，在这种情况下，恰恰可以通过宽恕触及儿童自尊心的敏感部分，使其产生改错的意愿和积极性。无疑，这些原则对现在来说也是很有益的。

在具体实施德育的过程中，苏霍姆林斯基认为这些方面非常重要，主要包括以下几点。

（1）要注意儿童良好道德习惯的培养。童年是道德习惯养成的关键时期，必须重视道德教育，使他们逐步认识社会的道德准则，尽早养成良好的道德习惯。

（2）要注意培养儿童丰富的道德情感。他认为，道德情感乃是"道德信念、原则性和精神力量的核心和血肉；没有情感，道德就会变成枯燥无味的空话"①。

（3）要帮助儿童树立坚定的道德信念。苏霍姆林斯基深刻认识到，道德信念是道德发展的最高目标，德育就是要在儿童的心目中把道德概念变为道德信念，只有当道德行为形成道德习惯并最终成为儿童内心信念支配下的行动时，儿童才能够把道德行为、道德习惯、道德情感和道德意识全部融为一体，才能称得上形成自己的道德品质。

（六）创新教育理论

西方国家对创新教育、创新能力培养的研究起步较早，但创

---

① 苏霍姆林斯基.帕夫雷什中学[M].北京：教育科学出版社，1999，第200页.

新教育理论的形成却经历了坎坷的发展历程。不同研究者从不同的角度对创新教育的内涵给予了不同的理解。比较一致的看法是"创新教育是以培养人的创造精神和创新能力为基本价值取向的教育",其内容包括以下几个方面:第一,创新意识、创新思维和创新精神的培养以及创新情感、创新人格的塑造,是创新活动的动力与保障;第二,创新能力、创新方法的掌握是创新活动的操作系统,起到核心作用;第三,创新知识的学习和积累是创新活动的工具和基础。总之,创新教育的核心是发展学生的创造性。

(七)品格教育理论

从 20 世纪 80 年代起,品格教育思想在批判价值澄清学派的相对主义和柯尔伯格的过程主义的基础上逐步形成。在过去多年的时间里,已经有许多迹象表明品格教育的复兴,无论在教育实施领域,还是在教育研究领域,都出现了复兴现象。目前,品格教育运动在美国道德教育理论与实践领域的影响力都在不断扩大,并渐渐成为学校道德教育的主流声音,翻阅美国最近几年的教育理论杂志。"品格教育"已经成为当代美国道德与公民教育研究领域的时尚词语。美国的品格教育思想还影响到世界其他国家或地区的道德教育走向。虽然品格教育并不存在着统一的理论体系,但是我们可以综合各种品格教育的观点,发现其中存在的一些理论共识。

基于公民教育的立场。一些广义品格教育论者从自由主义教育的角度出发,认为品格教育必须考虑社会背景、文化因素和具体的道德情境。基于宗教的立场,一些广义品格教育论者则指出,宗教信仰在一个公正社会里是最基本的,因而应该在品格教育中得到反映,而且那些基于宗教信仰的道德价值观(如新教徒的道德价值观)应当为全社会的人们所采纳。一般来说,广义品格教育论者更加突出品格教育中的理性因素,包括理论理性(theoretical reason)与实践理性(practical reason)的重要性,认为民主、自由社会里的公民必须具有理性,尤其是公共理性,并认为必须通过理性来对价值进行认识、理解、判断和选择。品格教育者的基本责任就是要帮助学生把个人信仰与公民责任区分开,使他们认识和理解到何谓真正具有理性、体面和人道精神的人,并引导他们依据公德或共善而行动。①

狭义的品格教育则强调正面和直接的道德教育,要求学校与社区、家庭在德育上的配合,以及努力促进青少年学以致用,践行道德价值,以形成良好的品德等共同特征。这个定义的核心或基本价值是培养儿童的品格或美德,并且注重诸种课程因素的德育价值、重视教师、家长和社区成年人的指导和示范作用,全方位促进品格教育等等。

第三节　加强对国外思想政治教育经验和其他学科理论的借鉴

为促进我国大学生思想政治教育进一步发展,我们不仅要吸取国外思想政治教育的经验,而且要借鉴其他学科的相关理论知识。

一、对国外思想政治教育经验的借鉴

(一)国外大学生思想政治教育的方式

国外高校思想政治教育的内容涉及范围十分广泛,其多元价值观念的灌输是通过政府、学校、家庭、宗教等多种途径进行的,从而体现出其教育途径的体系化。主要表现在以下几个方面。

1.政府政策主导思想政治教育

政府政策同样也是国外高校思想政治教育的指挥棒,在教育

---

①　郑航.美国品格教育发展中的理论分歧及其整合[J].比较教育研究,2005(6).

活动中起主导性作用。作为主导途径,政府政策主要体现在以下方面。

第一,国家领袖高度重视大学生思想政治教育,政府直接参与引导大学生思想政治教育的发展。比如美国在 1960 年到 1980 年间对教育的投资增加了 60%,但教育的水平却下降了,里根总统对此在国情咨文中说,我们之所以存在教育问题,并不是因为我们花的钱不够多,而是因为没有把足够的人力、物力、财力花在道德教育上。20 世纪 80 年代末到 90 年代初,乔治·布什在《重视德育教育》中指出,学校不能仅仅发展学生的智力,智力加品德才是教育的目的。"9·11"事件的爆发,使美国政府更加意识到思想政治教育的重要性,联邦政府紧急拨款 400 万美元给纽约市教育局,专用于学生的心理辅导和思想政治教育。

第二,政府全面支持大学生思想政治教育。大多数国家都通过直接立法为思想政治教育提供了法律保障。如早在 1977 年,法国教育部在《法国教育体制改革》中指出,教育的最终目的在于培养自由社会的公民,公民的思想品德教育是学校主要的责任。美国在 1990 年 2 月通过乔治·布什总统签署的《关于全美教育目标的报告》,明确要求全美"所有学生都要参与提高和显示良好公民意识、社区服务和责任心的活动","美国的每所学校都要实现无毒品、无暴力,并提供有利于学生学习的有纪律的井然环境"。

2. 学校教育是思想政治教育的中心

国外在开展高校思想政治教育的时候是以学校为中心的,学校扮演着极其重要的角色。国外高校的思想政治教育并非单一说教式地对学生进行灌输教育,而普遍采用多元化、多方位、多层次的教育方式。主要有以下两个方面。

第一,大力开展课堂教学,培育学生良好道德认知。首先,各个国家都开设了思想政治教育的相关课程,并要求高校学生以获取学分的方式进行必修。比如美国高校的思想政治教育课程即通识教育。通识教育既注重培养学生的美国政治观、价值观和文化观,而且注重以人类历史上尤其是西方文明史的优秀人文传统教育学生,"其实质是帮助学生超越个人利益的狭隘眼界,承担社会责任,保存和扩大美国社会所必需的伦理和社会价值"。其次,将思想政治教育渗透在各个课程中,充分发挥各科教学活动的渗透作用。例如,法国学校的生物课则结合知识的传授,强调尊重生命、帮助弱者、关心他人、为社会尽责。运用这样的教学方式,学生能够在生动活泼的氛围中接受相关的道德价值观念,形成正确的道德意识。再次,通过心理咨询中心培养学生的健全人格。在培养健全的人格和良好的心理素质、帮助学生健康成长、排除心理障碍方面,学校的心理咨询中心发挥着举足轻重的作用。西方国家的心理咨询中心遍及各学校,心理咨询中心经常对学生进行心理教育及团体心理训练活动,如交友小组、敏感训练小组、心理剧疗法等,对学生进行潜移默化的指导和教育。

第二,大力开展实践教学,践行学生良好道德行为。比如美国高校经常鼓励学生参与社区服务和志愿服务的活动,比如募集资金、竞选宣传、环境治理、社会慈善、反战游行、维护和平、环境保护等,因此,美国高校的学生大约有一半的学生实际参与了各种各样帮助他人的社会服务活动。在新加坡,高校还专门设立了专职课外活动的主任,负责课外活动的组织和管理,教育部还制定了社区服务的纲领,明确规定学生应当承担的社会责任。

3.社会教育在思想政治教育发挥辅导作用

20世纪初,美国著名哲学家、教育家杜威的"教育即生活"和"学校即社会"理论,被众多学者们视为国外将学校生活中融入道德教育,将道德教育回归生活世界的开始。因此,使学校德育重点与学生、学校、地区的情况联系起来,是当前西方高校思想政治教育主要模式。社会教育主要体现在以下几个方面。

第一,强调思想政治教育的生活化。国外的思想政治教育管理向着综合化、网络化方向发展,逐步体现出生活化。如德国的道德教育生活化主要体现在"政治养成"教育,高校注重通过政治养成教育培养学生在政治上了解情况的意识和做出政治判断的能力,引导青年学生认定自由民主制度的价值。可以说,德国的政治养成教育是颇受重视的,不仅得到社会的大力支持,设立了大量从事政治养成教育工作的社会团体和公共机构,而且联邦政府和各州政府都普遍设有政治养成教育中心,学校的政治养成教育工作则主要通过"政治教育"课来进行。在教学方法上,学校的课堂教学与实际生活联系相当紧密,具有生活气息,提高了思想政治教育的渗透力。

第二,强调社会环境对思想政治教育环境的营造。西方国家十分重视发挥社会在思想政治教育中的作用,为思想政治教育的顺利开展创造一个有利的社会环境,提供各种有用的社会资源。如政府投入大量资金在校外普遍设立纪念馆、博物馆、弘扬民族精神风貌和宣传道德理念的标志物,许多学生在自然生活中接受了无形的教育。

第三,强调大众传媒对学生思想意识的引导作用。英国前首相撒切尔夫人曾公开要求大众传播媒体加强对公民的思想政治教育,她说:"新闻机构成员要把占统治地位的意识形态需求放在优先考虑的地位,而不是把职业的需求放在首位;广播电台和电视台的记者进行工作,就是直接参与国家的政治活动和意识形态活动。"

4.宗教引导思想政治教育

西方信教的人数比较多,教会日益成为思想政治教育的重要机构。各国都积极通过遍布全国的宗教团体和教会活动,把民众的宗教信仰无声无息地转化为对政府的支持。宗教活动在帮助学生解决日常思想问题和精神困惑的同时,对学生进行道德熏陶和政治控制。

在德国,宗教甚至被视为道德的根本,宗教教育几乎成了道德教育的代名词,宗教教育是学校道德教育的核心内容,每个高校都设有宗教课,而且还规定了必修课时。在西方各主要发达国家,历来重视所谓以拯救灵魂和培养良好行为为目的的宗教教育,并把它视为国家道德教育、伦理原则和价值取向的基础。

在美国,宗教教育作为受宪法保障的一种教育形式,在私立大学中仍占主导地位,公立大学也处处为校外宗教提供条件,允许学生在特定时间到教堂接受宗教教育。在美国公立高校的校园里,随处可见不同宗教派别的教堂,宗教组织非常活跃,活动连续不断,活动方式多种多样。

(二)我国大学生思想政治教育对国外经验的借鉴吸收

西方国家高校思想政治教育虽然在规模上与我国还有一定的差距,但仍然能为我国高校思想政治教育提供很多有益的借鉴。

1. 对教育内容的借鉴

20 世纪初,法国社会学家涂尔干、美国教育理论家杜威,60年代以后出现的美国道德心理学家柯尔伯格、"认知道德教育"的倡导者迈克尔·斯克里文、英国教育哲学家威尔逊,以及加拿大教育典型的认知道德教育理论、澄清理论,英国的"体谅理论",虽然更重视情感因素的作用,但也无不把学生道德推理能力、道德选择能力的培养作为重要的教育任务。强调认知的道德发展意义、重视道德认知能力的培养已经成为当代西方道德教育理论和实践的一种普遍倾向。因此,西方高校思想政治教育非常重视道德能力的培养。

当前,我国正处于社会全方位转型阶段,全球化浪潮日益高涨,这使价值多元化背景下的大学生思想政治教育面临更为严峻的挑战,青年学生的道德生活更是面对世界范围各种思想文化的相互激荡。不少学者指出,全球化时代,多元的文化生活给青年学生创造了空前宽松的道德生活空间,提供了更多可供选择的价值观念和行为方式,同时也给了选择的自由。对于涉世未深,缺乏足够道德能力的大学生来说,时代给予的这种多元价值观和选择的自由,无疑是一种困惑。

多变的道德生活环境、现实的道德危机、信息的多元化,对大学生思想政治教育提出了培养大学生学会自己选择道德价值取向的要求,把培养大学生的道德能力作为自己的重要任务,使大学生能以自己的道德认识、道德判断、道德创造去应对不断发展变化的社会道德生活。

2.对教育方式的借鉴

对当代外国大学生思想政治教育方式的探讨与借鉴是多方面的,主要是:

第一,直接的显性教育与间接的隐性教育结合。外国大学生思想政治教育侧重于潜在影响,学科渗透特点十分明显,几乎在各门专业课教学中都渗透有思想政治教育内容。如在美国,学习任何一门专业课都要从历史、社会和伦理学的角度回答三个问题:这个领域的历史和传统是什么? 它所涉及的社会和经济的问题是什么? 要面对哪些伦理和道德问题? 以此激发学生去思考与专业有关的社会伦理问题。西方国家这种隐性教育方式尽管效果较好,但较为零散,系统性不够。长期以来,我国大学生思想政治教育以直接、显性方式为主,如系统开设思想政治理论课程,注重各种途径、各种方式的思想政治教育,这种方式在新形势下也面临着挑战,需要在改进显性教育的同时,兼顾和发展间接的、隐性方式教育,注重运用渗透式教育方法与陶冶式教育方法,加强校园文化建设,优化人文环境,开展丰富多彩的文化艺术活动,大力开发隐性课程,充分发挥隐性教育的功能。

第二,充分发挥心理辅导的思想政治教育功能。美、德、日等国十分重视心理咨询的作用,几乎所有的大学都开设了心理卫生、心理咨询类机构。从 1953 年日本第一个心理咨询机构在东京大学落户,到 1992 年上半年日本 78% 的大学已建有咨询机构,如今就更多了。在我国,心理健康教育与咨询虽然发展较快,但还不能满足学生的需要,心理健康教育与咨询人员的数量有待增加,水平有待提高;心理保健知识有待普及,具有民族特色的心理学理论与方法有待研究。

第三,强调社会实践对学生行为养成的作用。从许多国家的经验来看,实践活动已经成为大学生思想政治教育的一个主要途径。如美国为学生参加活动创设良好的条件,在鼓励学生接触社会的同时,特别注重在实践中对学生进行行为指导。但在我国,往往偏重理论知识的讲解和观念的灌输,而忽视了社会实践这一教学环节,联系学生的生活实际较少,高分低能、言行不一的现象不同程度存在。我国高校今后要高度重视思想政治教育的实践教育、养成教育,强调对学生行为规范的训练和指导,探索实践体验式教育教学,提高学生在信息化社会的价值判断与选择能力,力求做到知行合一。

第四,不断提升思想政治教育的社会化程度。美、日、新等国都既重视学校、家庭、社会思想政治教育环境建设和优化,也讲究学校教育不同阶段的相互衔接和协调一致。如在美国,小学阶段主要开设公民课,讲故事重"知事",让学生认识代表美国的标志,学习美国历史基本知识;中学阶段一般开设美国宪法、美国政治制度等课程,讲事实过程重"明理";大学阶段教育多数通过人文课程、专业教学及学术活动等进行渗透,侧重对历史事实的理论升华,重在"求道"。我国虽然一直强调教书育人、管理育人、服务育人、环境育人,但实际上往往还是学校和思想政治教育工作者承担着绝大部分教育工作,家庭和社会未能与学校教育形成合力,有时甚至还出现相互抵消的现象。随着经济全球化、政治多极化、文化多样化、信息网络化的不断发展,高校和全社会必须提高思想政治教育的社会化程度,建立健全全员育人、全过程育人、全方位育人的长效机制,形成学校、家庭、社会教育有机结合,党、政、团、工、青、妇齐抓共管,综合运用经济、行政、法律手段实施思想政治教育的局面。

第五,加强思想政治教育方法研究。西方国家高校,都比较重视大学生思想政治教育的学科依托,不断进行思想政治教育的理论与方法研究,并形成了不同学派和流派比较、争鸣的局面。如美国的哈佛大学、明尼苏达大学、斯坦福大学、圣母大学,英国的牛津大学、爱丁堡大学等,都设立有道德教育研究和试验机构。美国学术界更是将思想政治教育作为一个专门对象,从哲学、社会学、教育学、心理学、历史学、人类学、法学、行为科学等不同角度,对思想政治教育的方方面面包括原则、方法、途径、载体等进行了或分科或综合的研究,产生了许多交叉学科和各种理论流派,为美国大学生思想政治教育提供了理论指导,值得我们借鉴。目前,我国思想政治教育研究无论在理论还是在实践层面,都还有待深入。包括辅导员在内的广大思想政治教育工作者,都应积极投身于思想政治教育的研究,不断丰富、发展和创新思想政治教育的理论与方法,推进我国大学生思想政治教育实践的发展。

二、加强对相关学科的知识借鉴

大学生思想政治教育不仅需要本学科的理论指导,而且应当借鉴、运用其他相关学科的知识为其服务,正所谓"他山之石,可以攻玉"。

(一)借鉴心理学理论

1.借鉴需要动机理论

(1)关于需要理论的界定

需要理论认为,人的一切行为都是受本能需要的直接刺激而产生的。虽然人有满足自己需要的基本特征,但是大多时候人们都是从理性的角度考虑自己的需求以及动机的,因此人们能够自觉调整自己的需要、动机和行为。

在心理学中,需要动机理论给了我们重要的启示,那就是在当前社会条件下,人们的需要在不断增长,既有物质需要,又有精神需要,在大学生思想政治教育中,这也是教育者应该考虑到的问题,满足学生的需要是思想政治教育的重要目标之一。如果高校思想政治教育工作者没有从学生的需要出发,脱离了满足人们物质需要和精神需要这一基本原则,势必软弱无力,缺乏吸引力和说服力从而影响教育效果。从事思想政治教育工作的管理者,在进行思想政治教育工作的安排和规划时务必要对学生的心理特征及其个人需求进行透彻的分析和了解,从而针对性地对思想政治教育工作进行设计,从而争取达到最好的教育效果。

(2)需要动机理论对大学生思想政治教育的指导

首先,思想政治教育应强化和提升学生内在的自我的需要。

作为接受主体的大学生因为这样或那样的需要,从而更加审视自己,更加注意这些需求。从而使教育者对于学生的思想政治教育更加敏感,更有选择性和针对性。需要对于记忆具有制约作用,如果在思想政治教育的部分内容中,有些正是受教育者所缺乏的所需要的,此时,大学生思想政治教育就更加具有实效性,更能发挥它的效力,更能被广大的学生群体所记住,从而在记忆中产生深刻的印象。如果有的学生对于思想政治教育的内容不是很需要,获得这部分知识内容的愿望不是很强烈,此时,思想政治教育对于这部分群体而言作用不大,甚至是无用的,即使是受教育者被迫学习了这些内容,那么也很容易淡忘,将其丢在记忆的垃圾箱里。这一点正是许多高校以及其他的集体组织开展思想政治教育活动的误区,在我国的大部分高校中,许多学生学习思想政治教育也仅仅是为了应付考试,一旦考试结束,这些学过的内容很快被遗忘。因而在进行思想政治教育时,一定要对学生的真正需要进行了解,从而有针对性有选择性的投放教育内容,这对提高大学生思想政治教育的实效性是十分重要的。这样才能真正调动学生学习的积极主动性,从而在具体的活动中,将这部分知识内化,促使他们个人新思想的社会化。

其次,思想政治教育应适应与满足大学生合理的需要,调整学生不合理的需要。

上文已经说到过,只有在思想政治教育中,真正关注学生的需要,关注学生的所想所求,才能达到教育的效果,实现教育的目的。但是,有一点是值得注意的,那就是不能走极端路线,也就是说,满足学生的需求不能盲目,不能一味放任受学生需求,让学生自己去任意选择,一定要同时注意到教育者的主导作用,引导学生发现自己的需求,接受相应的思想政治教育。

2.借鉴心理学的基本研究方法

心理学关于对人的研究方法,思想政治教育学的研究都是可以采纳借鉴的,这对于发展和完善思想政治教育学科建设具有重大意义。

(1)情感教育法

心理学上,情感指的是人对客观事物是否满足自己的需要而产生的态度体验。大学生思想政治教育的情感教育法,是指在大学生思想政治教育过程中,作为教育者的教师群体依据一定的教育要求,借助相应的教育手段,激发、调动和满足学生的情感需要和认知需要,促使学生产生积极的情感体验,并建立教师和学生之间的良性情感互动,提高教育实效性的一种方法。情感教育法是以情感行为作为中介的一种教育手段,也是易于广泛实施、易于为人所接受、易于取得良好教育效果、易于彰显大学生思想政治教育工作艺术的一种教育方法。

(2)个案分析法

个案分析法是对单个研究对象的某个方面或某些方面进行广泛深入研究的方法。此方法最大的优点是便于对对象进行全面深入的了解,而且结合其他方法,可以考察人的行为发展过程。

(二)借鉴人才学

人才学是通过研究成才主体内在素质的变化,从而揭示人才产生和发展规律的科学。人才学研究揭示出人才产生和发展的运动过程表现为育才阶段和用才阶段。人才学与思想政治教育学有密切关系。思想政治教育学非常注重"培养什么样的人和如何培养人"的问题,大学生思想政治教育的根本目的是为国家和社会培养现代化建设所需的人才。了解和掌握人才学所研究的育才理论,对于实现大学生思想政治教育的目的具有重要帮助。

1. 个体人才成长发展的过程和规律

人才学研究指出,成才是人的发展到一定阶段的产物。个体人才成长的过程有其运行的阶段,一般可划分为内在素质优化阶段、外在活动质变阶段和社会承认阶段。

内在素质优化强调人才通过主观能动活动实现德、识、才、学、体五方面内在素质的有机统一;外在活动质变强调人才通过创造性劳动取得创造性劳动成果;社会承认是社会对成才者的素质和成果进行鉴定后予以肯定和承认的活动。成才主体的素质、成果通过社会承认,就标志着成才过程的结束,进入人才发展阶段,人才开始展示才能。经过若干次的社会承认,人才就会由初级人才上升到高级人才。

人才学研究还指出,个体人才成长是有规律可循的,大致概括为以下普遍性规律,一是有效地创造实践成才规律,二是顺势成才律,三是协调成才律,四是全面发展律,五是蓄积成才律。除此以外,个体人才成长还有一些特殊规律,如纵横成才律、扬长成才律、聚焦成才律等等。大学生思想政治教育可通过借鉴个体人才成长过程及规律的理论,对大学生的成长过程和规律有更加科学的认识、分析和把握,以有效实现培育全面发展的社会主义新人的目标。

2. 人才的素质与开发理论

人才素质是指人才所具有的先天素质和后天品质的综合。人才素质区别于一般人的素质的核心在于人才素质的层次要求更高、潜在能量更大、可创造的预期财富更多。人才素质是由多要素组成的结构体系,包括生理素质系统和心理素质系统,其中心理素质系统又分为智能素质和非智能素质两个子系统。

智能素质系统由知识系统和能力系统等构成,非智能素质系统主要包括思想政治品德系统和心理品格系统两个子系统。人才素质的开发是在认识和掌握了人才素质的基本原理、结构与功能的基础上,进一步优化人才素质,促进人才健康成长,充分发挥人才素质功能,加强人才队伍建设的必要工作。大学生思想政治教育可有效借鉴人才素质及开发理论,全面剖析大学生的素质构成,采用行之有效的方法,激发并引导大学生的素质提高。

3.人才成长和发展的环境理论

人才的成长和发展与环境密不可分。马克思主义环境论探讨出人与环境的密切关系,使得人才成长环境也成为人才学探讨的重要话题。人才成长的环境是指人才在时空上赖以存在和发展的一切外部因素的总和。

根据不同的标准,人才成长的环境可分为物质环境和精神环境,可分为大环境、亚环境和小环境,可分为自然环境和社会环境,可分为历史环境和现实环境,可分为积极环境和消极环境,可分为国内环境和国际环境。其中,自然环境和社会环境是人才成长的两个重要环境,社会环境又分为宏观和微观环境,包括社会经济、政治、文化环境,还包括家庭、校园、单位、社区环境。人才成长的环境对人才成长有支撑、约束、塑造、激励等作用,同时人才又能够认识和改造自身成长的环境。人才成长环境理论的研究对大学生思想政治教育环境论的系统研究,具有直接的借鉴作用。

4.人才的社会承认方式

人才的社会承认,就是指在人才成长与发展过程中,社会对成才者的素质和成果进行肯定和认可的活动。社会承认在人才成长过程中是一个至关重要的环节,只有获得社会承认,潜人才才能转化为显人才,低层次人才才能转化为高层次人才。否则,人才便会被忽视以至埋没，人才的价值便难以实现。

人才的社会承认可以通过多种方式进行，主要的方式有传播式、认定式、颁奖式、规范性评判式和选举式承认等几种。在人才社会承认活动中，应努力认识社会承认各构成要素，推动社会承认的科学化。大学生思想政治教育在研究自身教育活动价值时，也要通过评价社会对其教育对象的素质水平的承认程度来实现，在此角度思考，人才社会承认的研究成果对大学生思想政治教育评估研究具有较大的借鉴意义。

（三）借鉴社会学

社会学是从某种特有的角度，或侧重对社会、对作为社会主体的人、对社会与人的关系等进行综合性的研究，即研究社会问题的一门科学。它所研究的领域相当广泛，所研究的社会文化和社会思潮，涉及社会生活的方方面面。无论是人与人之间的社会交往还是人与人之间的人际关系，还是社会上经常出现的一些问题，都离不开思想政治教育的内容和方法。其中很多方面的研究，都能为思想政治教育学科所借鉴和应用。

1. 借鉴社会学关于人的社会化理论

在社会学中，一个基本的问题就是人的社会化问题，这同时也是思想政治教育研究的基本问题之一。思想政治教育的主要任务就是使人这个自然个体成为社会的人，使人融入整个社会当中，实现人的思想政治和道德的社会化。因而，可以说思想政治教育是人的社会化的一个重要的途径，思想政治教育帮助人们树立远大理想和培养高尚的道德品质，明确自己的社会职责和行为规范，在此意义上说，思想政治教育是一个人的社会化的过程。

每个人都是一个独立的个体，因而每个人的生理、心理以及思维方式和行为方式等都不同，个性发展就是这几个方面素质的充分自由发展。马克思主义认为，在人的全面发展的整个体系中，个性的充分自由发展占据着十分重要的位置，在一定程度上，人的发展就是"有个性的个人"的发展。在人的个性的形成过程中,生理、心理因素都发挥着重要的作用。而人的个性正是在人参与社会实践的活动过程中逐渐形成的。社会化就是人的个性与自我形成及发展的过程。人的个性发展是通过个人与社会的相互作用而实现的,个性发展包括自我意识的发展和道德意识的发展,这都是人的社会化的重要方面。

2.社会学对大学生思想政治教育的指导

社会化的内容非常广泛,凡是社会生活所必需的知识、技能、行为方式、生活习惯,进而至于社会的各种思想、观念等都包括在内。概括起来,有以下几项基本内容。

第一,传授学生生活知识和劳动技能。

初生婴儿除吸奶等几种有限的本能以外,其他生活知识一无所有。传授基本的生活知识和劳动技能,看似并不是大学生思想政治教育的主要内容,但是实际上劳动技能于与生活知识的教育对思想道德的形成与塑造具有重要的联系。从人的发展来看,少年儿童时期的大学生思想政治教育,青年时期高校进行的大学生思想政治教育,对他们的成长、成材具有很紧密的联系,比如在少年儿童时期养成良好的个人习惯,那么对于他长大后的个人发展能够起到很好的作用。

第二,对学生灌输生活目标和培养价值观念。

社会上的每一个人都有自己的生活目标,这种生活目标不单纯是信念和理想,而是在一定人生观指导下,通过自己的努力争取可以实现的具体目标。通常情况下父母帮助子女选择人生目标时,较多的是从家庭和个人发展的方向考虑,学校、社会或其他社会组织则着重强调个人发展对社会的利益和社会的需要的满足。

对青年学生灌输生活目标和培养价值观念,帮助其树立先人后己,先公后私的精神,艰苦奋斗的献身社会主义建设,为人民的集体事业而努力工作,是人的社会化的重要内容,也是高校大学生思想政治教育的重要内容。

第三,教导学生社会生活规范。

社会规范指人们社会行为的规矩,社会活动的准则。它是在社会互动过程中衍生出来的,对维持社会正常秩序的保障有重要的作用。社会规范对社会关系的反映,也是社会关系的具体化,是人的社会化的另一个重要内容,体现了人类精神文明的进步状况。

社会规范的教育是大学生思想政治教育的内容之一。大学生思想政治教育的根本目标是教育人、培养人,使学生成为一名德、智、体全面发展的好学生,在以后走上工作岗位上时是一名好员工。如我国开展讲文明、讲礼貌、讲道德、讲卫生、讲秩序及提倡心灵美、行为美、语言美和环境美的"五讲四美"活动,是精神文明建设的需要,是教导社会生活规范的需要,也是高校思想政治工作的需要。

第四,培养学生对社会角色的适应。

角色是戏剧、电影中的名词,指剧本中的人物。社会学借用这个概念作为研究社会结构的起点。培养学生对社会角色的适应,是大学生思想政治教育的重要目标,因为大学生是马上要进入社会的独立个体,他们将会面临角色的转变并适应这一转变的问题。大学生思想政治教育要帮助学生消除"角色差距",克服"角色冲突",使学生在以后的工作学习中能更快地适应自己的角色,从而更好地完成自己的工作。

第三章 大学生思想政治教育的愿景图绘

愿景(Vision),即远景、远见,所谓愿景,在企业中是指由组织内部的成员所制定,借由团队讨论,获得组织一致的共识,形成大家愿意全力以赴的未来方向。大学生思想政治教育的愿景则主要由其目标体现,由理念和原则进行指导。

第一节 大学生思想政治教育的目标

大学生思想政治教育的目标主要由两方面体现出来,一为社会层面,一为个体层面,主要表现如下。

一、社会层面——服务于文化创新和社会主义现代化建设

(一)服务于文化传承与创新

大学生思想政治教育直接面对的是大学生的思想、观念或者认识上的问题,它必然属于人类精神活动的范畴。而文化,就其本质而言,也是人类精神活动的产物,因此两者有着内在的特定联系。具体来说,大学生思想政治教育服务于文化的传承和创新:

第一,大学生思想政治教育具有文化选择的功能。人类的文化多姿多彩,按照不同的理解方式可以做多种的划分。一定的社会观念、思想、知识等文化因子与思想政治工作的目标一致或趋向一致,思想政治教育就会吸收积极因素,并将其纳入到思想政

治教育的轨道,成为思想政治教育的有机组成部分。如果文化因子与思想政治教育的目标背道而驰或者有相互抵触的成分,思想政治教育就会摒弃消极因素,将其排斥出工作体系,以确保思想政治教育目标的实现。积极的文化因子被不断强化,消极的文化因子被不断抑制。大学生思想政治教育是属于积极的因子,其必然会得到认可和传承。

第二,大学生思想政治教育具有文化创新的功能。一个民族的文化要想走在世界文化发展的前列,就必须不断创新,借鉴、吸收、整合世界文化遗产中的优质因子,丰富和发展本民族的原有文化,形成最具影响力和凝聚力的先进文化。

(二)服务于社会主义现代化建设

随着知识经济的浪潮席卷全球,各国的生产方式都在发生深刻的变革,过去依靠的那种"资金+资源+劳动力"的粗放型经济增长模式已不再适应时代的要求。全世界都在寻找一条"科技含量高、经济效益好、资源消耗低、环境污染少"的经济发展之路,大学无疑成为探索这条道路的中坚力量。在经济全球化的今天,社会的进步将更加依赖科技的发展,而随着具有学科门类齐全、人才密集、设施先进、文献资料丰富、信息资源广泛等方面优势的高等学校日渐向社会敞开大门,参与到为社会经济服务的行列中来,以科技为核心要素的生产力得到了空前的释放,极大地推动了社会经济的发展。正如比尔·盖茨在其《资本主义的未来》一书中预言的那样,在21世纪重要竞争方式的改变中,高等教育扮演的角色是具有决定意义的。

高校开展社会服务工作,不仅有力地推动了社会经济的发展,而且激发了学校的活力,增强了办学实力。通过社会服务,高校可以促进学科发展。大学适应社会的需要,积极扶植若干学科,使弱势变优,优势变强;积极推动学科间的交叉融合,在对经济和社会发展有重大推动作用的领域抢占制高点。通过社会服务,高校可以促进人才培养。这里的人才培养不仅体现在可以开阔教师和科研人员的视野,提高他们理论联系实际的能力,从社会实践中发现自身的不足,从而激发学习和研究的热情;而且还体现在对学生实践能力和创新能力的培养上,训练了他们解决问题的实践技能,增强了社会责任感,强化了社会价值观。通过社会服务,高校可以扩大经费来源,为学校的发展提供更好的物质基础。从某种意义上讲,大学的社会地位和公众形象不仅取决于人才培养和科学研究的水平,而且更多的来源于对社会经济的贡献力和影响力。高校从国家、地方政府(纵向)和社会、企业(横向)得到的支持,一般而言,同高校对国家和地方经济发展做出的贡献呈对应关系。"以服务求支持,以贡献求发展"就是要求高校在为社会经济服务中体现自身的价值,取得社会的承认、信任和支持,也为自身的后续发展创造更好的条件。

二、个体层面——塑造中国特色社会主义建设的合格人才

(一)培养大学生坚定的政治素质

良好的政治素质是大学生形成科学的世界观、树立正确的人生观和价值体系的根本保证,是大学生成长的内在因素和成才的动力。政治素质的好坏,是大学生成为社会主义国家人才的关键。政治素质的高低,标志着大学生在政治上的觉悟程度和认识、参与政治能力的强弱。政治素质正是回答了"为谁培养人"的问题。当代大学生要具备以下政治素质。

第一,坚定的政治方向。大学生首先要为社会主义国家服务,我国的大学生是要成为社会主义现代化建设人才的。为此,大学生要深入学习党的基本理论、基本路线、基本纲领和基本经验,了解我国历史,正确认识现阶段国内形势的发展,承担起国家赋予的使命,把实现个人理想与服务祖国人民统一起来,脚踏实地的为实现党在现阶段的基本纲领而奋斗。

第二,崇高的理想信念。崇高的理想和坚定的信念,是大学

生实现人生价值和前进的动力。大学生要树立社会主义的理想信念。社会主义的理想信念是科学的世界观、人生观、价值体系的集中表现,是与社会主义市场经济相适应的思想道德体系的核心。高校要对大学生有计划、有系统地加强马克思主义理论教育,用马克思主义人生观、价值体系构筑大学生的精神支柱,使大学生正确认识人类社会发展的必然规律,树立起远大的共产主义理想。

第三,扎实的科学理论基础。任何实践都必须有科学的理论做指导,只有科学理论的指导,实践才能取得成功。当代大学生要掌握马克思主义、毛泽东思想和中国特色社会主义理论体系的基本原理和科学方法,要在把握其科学体系和精神实质上下工夫,要立足于我国的具体实际,形成正确的学习风气,提升自身思想政治素质。

总的来说,就是要提高大学生对思想政治教育的认同感,使广大学生提高明辨是非,抵御各种社会思潮的影响,习近平说:"我们什么时候都要坚守在中国大地上形成和发展起来的社会主义核心价值观,在时代大潮中建功立业,成就自己的宝贵人生。"①

(二)促进大学生的全面发展

马克思认为,人的全面发展是人发展的最高目标。在马克思看来,人的全面发展包含着人的全部特征的发展,人以一种全面的方式,就是说,作为一个总体的人,占有自己的全面的本质。人的全面发展理论是马克思主义学说的核心理论,马克思主义所有的学说和理论,归结到一点就是实现人的自由和解放,促进人的自由全面发展。马克思主义人的全面发展理论有着十分丰富的内涵。正确认识和梳理人的全面发展的科学内涵,是我们推动实现当代大学生全面发展的基本前提。在马克思看来,正是人的需

---

① 习近平.习近平谈治国理政[M].北京:外文出版社,2014,第174页.

要的发展和需要的不断满足推动着人类和人类社会的文明进步。马克思指出,人的需要的发展证明了人的本质力量和人的本质的充实。人的需要具有层次性,需要形式的日渐多样,以及需要的不断得以满足,推动着人的全面发展,进而推动人类社会的全面进步。人的全面发展的内涵在第二章已有论述,在此不再细说。

第一,人的全面发展在现实社会生活中的体现。只有社会进步了,人才能获得全面的发展。在我国现阶段,人的全面发展就是人要实现现代化。人要随着时代的发展和社会的进步而相应地发展。人的现代化必须从心理、思想、道德、态度和行为方向等方面加以提高。实现人的现代化的过程实质上就是推进人的全面发展。在我国,现代化的人应是树立了崇高思想的人,他们富有理想、理性意识强烈、拥有高尚的道德情操。现代化的人应是具有较高道德水准的人,具有优良的社会公德、职业道德和家庭美德;现代化的人应是拥有健康心理素质的人,他们对人生价值的实现有一个正确的理解,能够自觉为社会做贡献,同时实现自己的生命价值。

第二,当代大学生的全面发展。时代的发展对大学生提出了更高的要求。大学生光有一肚子学问是不够的。大学生除了要有文化知识素养,还要具有多方面的综合素养。

(三)坚定大学生的理想信念

理想信念在人的主观精神世界中居于核心地位,起着主导和统领的作用。大学生思想政治教育的目标之一,就是引导大学生树立正确的个人理想与社会理想,坚定他们为理想坚持不懈奋斗的信念。引导大学生把个人的成长进步同中国特色社会主义伟大事业、同祖国的繁荣富强紧密联系在一起。

第一,坚定对马克思主义的信仰。马克思主义是将科学的世界观方法论、彻底的唯物主义、无产阶级的党性原则、全心全意为人民服务的精神融为一体的崇高信仰。它是不断创新的理论,能一直引领时代潮流,成为指导社会发展、人类进步的指路明灯。

在新世纪我党提出的"三个代表"重要思想和科学发展观是在不断深化对人类社会发展规律、社会主义建设规律、共产党执政规律认识的基础上提出来的,是与时俱进的马克思主义的体现。它体现着鲜明的时代性,把握着事物发展与社会发展的规律性,从而富于伟大的理论创新。中国特色社会主义的健康发展已经向世人昭示,以马克思主义为指导,社会主义必定迎来它新的辉煌。

第二,坚定对党和政府的信任。信任,指的是人民群众对于领导干部的信任,这实际上也是对党对政府的信任,对马克思主义和社会主义制度的信任。大学生作为社会主义现代化事业的建设者和接班人,他们中的许多人将会走上领导岗位。当大学生担任领导干部后,更应该通过称职有效的工作,取得人民群众的信任。要自觉地树立以人民群众为本的价值观,实现好、维护好、发展好人民的利益,真正做到亲民、爱民、为民,权为民所用、情为民所系、利为民所谋。

第三,坚定对建设中国特色社会主义的信念。最高理想作为人的最高价值追求,是一种未来的目标,它只有具体化为一些阶段性的理念目标,并付诸实践,在实践中化为现实,才能逐步得以实现。共产主义最高理想,只有在社会主义社会充分发展和高度发达的基础上才能实现。实现共产主义是空前伟大而艰巨的事业,建设中国特色社会主义现代化事业,是一项全新的伟大工程。建设中国特色的社会主义是一项艰巨的任务,在这个过程中,很多深层次的思想问题也会表现出来。而要解决这些问题,就要依靠思想政治教育,重点是加强社会主义核心价值观教育,通过马克思主义理论、共产主义和社会主义思想以及集体主义和爱国主义的教育,使青年学生真正从思想上认识到社会主义代替资本主义的总趋势是改变不了的;坚持四项基本原则是立国之本,"三个代表"重要思想是我们党的立党之本、执政之基、力量之源,是指引我们通过中国特色社会主义迈向共产主义美好未来的根本保证。唯有如此,才能坚定建设中国特色社会主义的信念,也才能将信念转变为自觉的行动,为中华民族的伟大复兴做出自己最大的贡献。

第四,坚定对改革开放和现代化建设的信心。经过多年的建设,特别是改革开放 30 多年来的发展,我国的综合国力大大增强,为今后的发展创造了有利的条件,奠定了比较坚实的物质基础。当前,以习近平同志为总书记的党中央正率领全国人民向着全面建成小康社会的宏伟目标奋勇前进。广大青年学生一定要积极参与改革开放和社会主义现代化建设的伟大实践,提高对"三个代表"重要思想和科学发展观实践性的认同,使之内化为坚强的信心。

(四)推进大学生的思想道德发展

在人才的素质中,思想道德素质处于统领地位,它决定着一个人为谁服务和如何做人的大问题,决定着人才成功的方向。同时,在我国改革开放和现代化建设对人才培养不断提出新的更高要求的情况下,以荣辱观作为大学生思想道德品质教育的核心目标,准确把握当代大学生思想道德品质的状况,切实加强大学生思想道德品质的培养。

正确的荣辱观是激励人生的重要动力。马克思唯物辩证法认为矛盾双方既相互对立又相互转化。荣与辱作为道德的双方也不是一成不变的,在一定条件下也可以相互转化。正确的荣辱观是激励人生的重要动力。当人们的行为受到他人和社会的赞许时,就会视荣誉为生命,增强对荣的认知和践行,使人们在道德实践的过程中更好地发挥其主动性,增强内心对真善美的追求动力;而当人们意识到耻的存在时,在正确荣辱观的指引下就会化耻为前进的动力,促进自身行为向荣的转化,做到见贤思齐,促进自身素质的提高。

以"八荣八耻"为主要内容的社会主义荣辱观,体现了马克思主义的世界观、人生观和价值观,为大学生判断行为善恶、做出道德选择、确定价值取向,提供了基本的价值准则和行为规范。确立社会主义荣辱观为大学生道德品质教育目标,对于大学生健康成长成才和培育文明道德风尚具有重要的规范、激励和指导作用。践行正确的荣辱观能够使大学生增强正确道德选择的能力,使其不断自我反省、自我激励,努力提升道德境界。践行社会主义荣辱观对大学生的全面发展会产生重要的影响。当代大学生应认真学习、深刻领会树立社会主义荣辱观对自身全面发展的重大意义,准确把握"八荣八耻"的基本要求,并以此来规范自己的言行举止,做到自省自警、自珍自爱、知荣求善、知耻改过,经过反复的实践和逐步的养成,使社会主义荣辱观转化为自己内在的道德品质和行为习惯,成为自己生存、发展的内在精神源泉。

第二节　大学生思想政治教育的理念

理念实际指的就是指导行为的最基本、最核心的思想认识,是一切行动的理论先导。这个基本的定义既体现了人在主观能动性的作用下对行为及其结果的理想性认识和理想性追求,同时也包括对相应的正确的行为方式的坚信和持守。当今历史条件发生了很大的变化,在这样的历史背景下,想要加强对大学生的思想政治教育工作,就必须快捷地捕捉和掌握思想政治教育改革与发展的新信息,用正确的理念指引大学生未来正确的前进方向。

一、以人为本理念

以人为本,是指在思想政治教育工作实践中,高校各级领导干部和思想政治教育工作者,在制定规章制度、日常管理和改进传统工作方法的同时,要坚持一切从大学生的合理需要、个性发展出发,调动和激发大学生学习和科研的积极性与创造性,以德智体美劳的全面发展为目的的一种理念。

(一)马克思主义学说"以人为本"理念的解释

以人为本既是一个政策也是一个实践问题,我们不能将以人为本寄托于政策的倡导也不能将其寄托于实践的号召,只有将二者结合起来才能最大程度保证以人为本理念的推广和贯彻。

1.以人为本的平等理念

1844年,马克思在《〈黑格尔法哲学批判〉导言》中曾经提出过一个非常著名的命题,即"人是人的最高本质""人的根本就是人本身"①。这两句话从字面上来看与我国古代的以人为本相似,但是其本质含义却有着本质的差异,马克思对人的本质的阐述更为深刻也更加符合客观规律,是对人的本质的深层次阐述与探索。

马克思所阐述的"人是人的最高本质"和"人的根本就是人本身"这两个基本观点已经突破了传统思维对人本的认识,也不再拘泥于从社会关系角度对人本思想进行破解。破除了传统等级观念对人的认识的束缚,将所有的人作为平等的个体来对待。实际上,人的最高本质与人的根本二者是相互对应的,换句话来说,就是人的根本就在于人的最高本质,人本思想正是从这个理论基础出发,从根源上对人的地位进行阐述。

2.以人为本与公仆的服务意识

以人为本的第二层含义是要求在社会分工中处于领导者地位的人应该树立人人平等的思想,将自己的"高高在上"的为人处世态度收起来,将基层群众作为自己的衣食父母,努力为人民群众谋福利。这一层含义,实际上瞄准的是我国社会生活中一种不正常的人际交往现状,在人人平等社会主义制度下,这种带有严重封建色彩的现实必须要纠正过来,并从更高境界完成人类本质

---

①　马克思恩格斯选集(第1卷)[C].北京:人民出版社,2012,第10页.

的回归。

(二)现代意义上"以人为本"的含义

以人为本其本质的含义就是指以人民群众作为根本,要重视人民群众在发展中的根本地位和根本作用。坚持以人为本就是要坚持科学发展观。

1.以人为本是科学发展观的核心目标

以人为本体现了马克思主义的基本观点。马克思曾经说过,未来的社会的形势将是以每个人的全面发展为基本原则的。我们从事的是建设中国特色的社会主义伟大事业,当然要坚持以人为本的思想。贯彻落实科学发展观,促进国家经济全面增长的核心和最终目标就是要推进人民生活水平的提高、满足人民群众日益增长的物质和文化需求,从而促进人的全面发展。要实现人的全面发展要经历漫长的过程,在这个过程中我们要始终坚持贯彻落实科学发展观,不断为实现促进人的全面发展的核心目标创造基础和条件。

2.以人为本是科学发展观的核心内容

科学发展观的内涵丰富,涵盖领域全面,但是其核心内容还是以人为本,具体来说,就是要将实现、维护、发展最广大人民的根本利益作为科学发展观落实的出发点和最终目的。全面理解"以人为本",要将其同"五个统筹"联系起来;同全面、协调、可持续联系起来,不能将其看作一个孤立于全面、协调、可持续以及"五个统筹"之外存在的独立个体。"以人为本"作为科学发展观的核心内容,在很大程度上影响着科学发展观中的其他内容,其他内容都是围绕"以人为本"来展开的。

3.以人为本是科学发展观的核心价值

中国共产党的宗旨是全心全意为人民服务,我党提出贯彻落实科学发展观的根本目的就是为了人民群众的根本利益,尊重人民的主体地位,促进人的全面发展,推动共同富裕的实现。以人为本就是坚持各项工作为了人民,做到发展为了人民、发展依靠人民,劳动成果属于人民,也就是要让党全心全意为人民服务的宗旨在发展中得以体现。

在发展的目的上,首先要坚持人民群众的根本利益不动摇,只有实现了最广大人民的根本利益,才能证明发展是以人为本的。离开以人为本的"发展"不是科学的发展,不是我们需要的发展。

(三)大学生思想政治教育中的"以人为本"

1.大学生思想政治教育中"以人为本"的内涵

大学生思想政治教育中"以人为本"的内涵包括三个方面。

首先,在"以人为本"中,"人"是一种类存在,是社会群体与个体存在相统一的。这里,社会群体并非传统意义的概念,而是集合了时间与空间意义的双重维度的概念。也就是说,社会群体是指整个人类社会在过去、现在与未来的集合。因此,以人为本是将人放在包含空间与时间维度的社会群体之中,并突出人的个性存在。从这一含义之中可以看出,高校思想政治教育要将大学生放在整个社会群体之中,突出大学生的创新思维和个性意识。实现这一点可以先从班级群体进行着手,然后是院系,再然后是校一级,最后是社会。通过每一步的过程实现大学生对自身在整个社会之中地位的准确认识。

其次,在以人为本中"本"是指大学生思想政治教育的最终目的,也可以称之为立足点与出发点。在存在论的意义上,以人为本的本是高校思想政治教育要使得大学生最终应具有的素质。大学生的现实状况说明大学生暂时还不具备这些素质,或者说这些素质的水平还不够高。在价值论看来,大学生思想政治教育的目的具有对社会、对大学生的价值,而且这种价值经得起社会的考验。

因此,从以上的内容中可以看出,"以人为本"说明了大学生在思想政治教育过程中要接受的内容,以及在这之后所能够具备的素质。"以人为本"更为根本的要求是高校思想政治教育教师在全面理解大学生的基础上,促进大学生所应具备素质的提高,从而促进大学生的全面发展。

最后,以人为本的理念是大学生思想政治教育工作发展的思想先导。以人为本是马克思主义的理论本质,马克思主义的"人"学思想是在高校思想政治工作中坚持"以人为本"理念的理论基础。坚持以人为本,就是要以马克思主义人学思想为指导,尊重人的主体性、独立性、能动性,立足于人的自由、全面的发展,体现对人的终极关怀,符合大学生现实及长远发展的需要。

2.大学生思想政治教育中"以人为本"的具体体现

大学生思想政治教育以人为本的人本化趋势,随着科学发展观在高等教育中的深入贯彻与实践,日益凸显为以学生为本,主要表现在以下几个方面。

(1)大学生是发展的主体

以人为本大学生思想政治教育中的体现就是"以生为本",具体来说就是充分尊重大学生在思想政治教育中的地位和作用,通过引导与激励的方式促进其主体意识的苏醒,增强思想政治教育的效果。大学生思想政治教育不仅要关注他们思想动态的变化,也要为他们的健康成长和全面发展负责,这种作用主要体现在以下三个方面。

首先,重视教育和引导大学生正确认识和处理好现实发展与持续发展的关系。大学生的可持续发展,是实现大学生人生发展最大价值的前提,也是实现社会可持续发展的最重要的基础。大学生的可持续发展,就是要发现和挖掘大学生发展的巨大潜力,增强大学生自我持续发展的意识和能力,建立大学生发展的长效机制。大学生思想政治教育应该从长远出发,注重大学生对社会关系的处理以及对社会实践的认识的教育,将各种长远的、能够持续发展的因素结合在一起,只有这样才能彻底解决教育短视的行为,使大学生能够更好地适应社会的发展与情景的变化。在学习过程中,大学生也要不断适应学习型社会和学习型组织的基本要求,不断充实和更新自身的知识结构,增强持续发展的坚定意志,克服发展中面临的种种困难和障碍,实现自身的可持续发展。

其次,重视教育和引导大学生正确认识和处理好自发发展和自觉发展的关系。从现实状况来看,大学生的发展主要有两种形态,即自发发展和自觉发展。具体来说,自发发展就是学生本人缺乏自我发展的意识和概念,对大学生成长发展的规律没有明确的认识,在自己的成长与未来规划中没有目的,这种发展会使大学生在发展过程中遇到很多挫折,并容易产生放弃心理,从而影响思想政治教育的效果。自觉发展是一种以自我为主导的发展模式,这种发展形态中,学生自身往往具有更好的自主意识,对自己未来的发展具有清晰的规划,遇到困难能够利用自己所学到的知识和掌握的方法去解决,他们能够更好地利用关于大学生思想政治教育十分重视引导大学生克服发展的盲目性,增强发展的自觉性,掌握和遵循人才成长发展的规律,不断健康成长。

再次,重视教育和引导大学生正确认识和处理好片面发展与全面发展的关系。大学生的综合素质是一个复杂的集合体,它是一个各种素质的集合概念,主要包括个人的思想道德水平和素质,科学文化水平和素质以及身心健康素质等。大学生的全面发展之所以是大学生素质提升的关键,也正是因为全面发展的综合性,个人的提高并不是某一种能力的单独发展,而是多种素质的齐头并进。大学生思想政治教育更加重视针对大学生德智体美素质发展失衡的现象,引导大学生克服发展的片面性,增强发展的全面性与协调性,实现健康发展。

(2)大学生是价值主体

大学生思想政治教育以人为本还体现为以大学生为价值之本。大学生思想政治教育更加注重引导大学生正确认识和满足自身的需要,实现自身的价值。价值涉及主体的需要及其满足。马克思认为,"'价值'这个普遍的概念是从人们对待满足他们需要的外界物的关系中产生的"。在价值关系中,价值的主体需要获得满足,价值的客体正是这种满意的提供者,这是事物发展的一般规律,价值关系的常态。在对大学生进行思想政治教育的过程中,我们应该将大学生作为这种价值关系的主体,在交易过程中要充分尊重大学生的个人需求,将满足他们的需求作为教育者的基本工作依据,这样是做好大学生思想政治教育工作,提高我国大学生思想政治素质的基本要求。大学生的需要和大学生的利益密切相关,需要是一种潜在利益,需要的满足是一种现实利益。大学生的需要主要表现为物质需要和精神需要。大学生思想政治教育更加重视加强与大学生有关的政策和制度教育,引导大学生协调和处理好各种与自己相关的物质利益关系,维护自身的权益。除此之外,还更加加强道德教育,增强大学生的道德意识,提高大学生的道德判断能力、道德选择能力和道德践履能力,满足大学生的道德发展需要;注重引导大学生认识和满足自身的精神需要,包括加强理想信念教育,引导和帮助大学生树立正确的人生理想,把握人生发展的正确方向,选择和走好人生发展的正确道路,满足大学生树立和实现人生远大志向的需要;加强心理健康教育,开展心理咨询活动,帮助大学生克服心理障碍,形成健全的人格,满足大学生的心理健康发展需要;加强情感教育,引导大学生正确认识和处理好交友、恋爱、婚姻等各种关系,形成高尚的情操,满足大学生情感发展的需要;还要开展各种丰富多彩的校园文化体育活动,满足大学生日益增长的精神文化需要。

(3)大学生是实践主体

大学生思想政治教育以人为本首先体现为以大学生为实践之本。大学生的主要任务是学习,这是大学生在校期间作为实践主体的主要活动形式。大学生是学习的主体。大学生思想政治教育越来越注重寓思想政治教育于大学生学习活动之中,引导大学生明确学习目的和科学知识的价值;激励他们勤奋学习和系统掌握人类创造的全部科学文化成果,提高创新精神和实践能力,培养与所学专业密切相关的职业道德和职业精神;全面提升思想道德素质,为大学生的全面发展和毕业以后走向社会,推动社会实践活动奠定重要的思想基础;不断调动大学生学习的积极性、主动性和创造性,激发大学生刻苦学习、严谨治学的精神动力。大学生思想政治教育还更加注重引导在校大学生积极参与社会实践活动,运用学习掌握的科学理论知识指导和推进社会实践活动,自觉走与实践、与工农相结合的青年知识分子成长道路,在社会实践中受教育、做贡献、长才干。

从根本上说,思想政治教育就是一项针对人的工作,并没有具体条款和措施来约束,因此教育者可以最大限度地发挥自己的主动性,帮助大学生提高他们的思想政治素质和水平。作为一项以人为工作对象的工作,思想政治工作者应该明确自己的工作对象,并根据工作对象的特定制定具有针对的教育措施,将人作为思想政治工作的核心。在思想政治教育工作中,我们要对教育的对象保持足够的尊重,不仅要强调理想的崇高性,调动人们参与为社会主义理想共同奋斗的情绪,还要尊重个人的意愿,尊重教育对象的个人理想与发展意愿,并帮助他们不断提升自己。

新时期,随着人们物质生活的提高和精神生活的丰富,人们的自主意识也开始增强,这种客观变化要求思想政治工作必须要从实际出发,从受教育者的角度出发,只有坚定不移地坚持群众路线,才能赢得人们的支持。在思想政治教育实践中,思想政治教育工作者一定要尊重客观规律,根据规律办事,不能凭自己的主观判断决策。我们应该清楚地认识到,只有对思想政治教育的主体保持足够的尊重,才能赢得他们的信任与配合,才能让我国的思想政治教育工作充满活力的向前发展,为伟大的社会主义建设事业培养一批又一批的人才。

3.“以人为本”教育理念的要求与实施

高校教育中以人为本来开展思想政治教育工作,重要的是要正确把握"以人为本"理念。把人作为一切工作的根本任务,一切努力的目的都是为了人的发展。在思想政治教育的具体实施中,要做到以下几点。

第一,解决学生的实际问题。解决大学生的思想首先要从解决大学生的实际问题出发,解决大学生在生活、学习方面面临的实际困难,正视那些弱势学生群体面临的实际困难,摸清每一位学生的具体情况,给他们以实际的帮助。

第二,要充分尊重学生。尊重是沟通交流的基础。在高校社会主义核心价值观教育工作中,树立以学生为本的理念,遵循大学生的成长成才规律和教育规律,善于引导,充分尊重大学生的主体地位和个性需求,融入人文关怀,尊重大学生的尊严、人格、价值和创造性,与他们真诚地沟通,理解、关心、帮助他们,给予他们信心和鼓励,使他们感受到温暖和希望,不断提高高校道德教育的亲和力、说服力,最大限度地发挥学生的主观能动性,充分激发他们的学习积极性和参与教育活动的热情,努力增强大学生道德教育的针对性和吸引力。

第三,全面调动学生的参与积极性。当前,从大学生道德教育的模式来看,教师与学生之间的关系并不是主体与客体之间的关系,更准确地来说,他们之间应该是一种主体与主体之间的关系。对于教师来说,他们是教授、传播知识的主体,而学生在教学过程中是一个积极主动的主体,在整个教育过程中是积极的参与者。在教学过程中,教师应该在平等的前提下与学生展开交流与沟通,鼓励与引导学生参与课程讨论或是相关的实践活动。也就是说,教师在教学过程中可以组织学生对一些社会活动进行讨论,然后让学生针对该问题展开激烈的讨论,说出自己对这一问题最真实的看法。在活动中,教师要充分尊重学生的意见,相信并依靠学生,让他们充分参与其中。除此之外,教师在课余时间还应该对学生的生活进行实际考察,对学生的思想有明确的把握,积极与学生进行交流,交换彼此的看法,提高学生参与的积极性。

二、开放创新理念

大学阶段是学生步入社会的重要准备阶段和过渡阶段,在现代社会历史条件背景下,大学不再像以往一样是一个比较封闭的个体,而是到处都体现着时代发展气息的向往自由的象牙塔,迈进大学校园,到处充满朝气、充满活力,大学成为面向社会、面向人生、面向世界、面向未来的新型园地。有容乃大,大学之"大",正在于此,它容纳了各种学术文化思想,思想的火花在这里碰撞,智慧的光芒在这里散发,正因如此,大学给予人们一种开阔的视野、开放的思维和充分、自由、全面、和谐发展的空间。因而,大学教育,也应该强调开放性、发散性、立体性、自由性和创造性,注重以开放的视野、发散的视角、立体的维度、自由的模式和创造性的气魄来培养人、造就人。这正是大学阶段与别的教育阶段的不同之处,也是大学教育的真谛所在。大学生思想政治教育是大学教育一个不可或缺的重要组成部分,因而,着眼于开放性的个人和开放性的社会树立开放创新的思想政治教育观念,塑造新时期开放创新的大学生人才,也必须树立开放创新的理念,坚持与人的开放式的思想活动同步、坚持同社会的开放性发展合拍,从而使大学生思想政治教育更好地贴近实际,贴近生活,面向世界、面向未来,更好地为社会主义建设事业贡献自己的力量。

(一)开放创新的内涵

随着社会主义市场经济的发展,以前在计划经济条件下形成的思想政治教育观念已不能适应新形势的需要,在实践中禁锢了我们对思想政治教育工作的创新。从高等院校的情况来看,大学生思想政治教育工作不同程度地存在着短期行为、孤立行为、务虚行为、信念模糊等问题。这些问题观念难以适应形势发展变化的新要求。要改变这种现状,我们必须创新思想观念,树立起动态开放的新观念,牢固树立全球意识和现代意识,才能不断提高新世纪高校思想政治教育工作的实效性。

1. 全球意识

全球意识是相对民族意识而言的,是指国民对跨国事务或国际事务的认识、了解和情感,是人们世界观的一种体现,表现为一个国家的公民或者社会团体在看待本国与他国的交往、本国与他国之间关系的发展及整个国际形势发展状况时所表现出来的敏锐度、关注度及其了解的深度。全球意识不仅是一种思想认识,而且是一种情感和价值取向。能否用开放的心态,平等,公正、宽容地对待和尊重世界各国、各地区、各民族的文化传统,能否积极、平和、理性地参与国际活动,是否具有国际竞争的高品质思维能力,这些要素是构成全球意识的重要内容。

培养全球意识是当前思想政治教育创新的新主题。培养全球意识有助于调整思想政治教育理念,与时俱进地完善培养目标,及时变革教学内容,进一步深化思想政治教育教学改革。

培养全球意识对于加快中国走向世界、世界走向中国的步伐,继续坚持对外开放的基本国策具有重要意义。具有全球意识的高素质人才支撑是继续坚持对外开放的重要保证。

培养全球意识,一是要培养执着关注全球问题的精神;二是要培养观察分析问题时的国际视野,既要立足中国看世界,也要站在世界看中国;三是要培养解决问题时的宏观思维,既要学习借鉴外国经验,又不能崇洋媚外;四是要培养遵守国际通行的基本规则的习惯。

2. 现代意识

思想是行动的先导,思想的闪电一旦贯穿人们的头脑,就会激发出强大的驱动力和创造力。我们生活在现代社会,生活在充满希望和挑战的 21 世纪,世界新的科技革命风起云涌,经济全球化进程大大加速,现代化浪潮席卷全球,低碳经济、知识经济正在深刻地影响我们的生产方式和生活方式,全世界正在进行经济发展方式的深刻变革,我们的思想意识必须紧跟时代,具有鲜明的时代气息。现代意识是现代人必须具备的思想意识。何为现代意识学界目前尚无一致看法。我们认为现代意识必须包括两方面的内涵:第一,体现时代性。现代意识是动态的,是变化发展、与时俱进的思想意识,是反映时代发展、社会进步和培养高素质创新人才的需要。第二,具有进步性。现代意识是与传统意识相对应的,必须有利于促进社会生产力的发展,当前就是符合科学发展观、适应市场经济发展要求、反映知识经济和低碳经济发展潮流的思想观念和意识,如效能意识、资源意识、环保意识、科技意识、创新意识、金融意识等等。强化现代意识,必须以科学发展观为统领。高校思想政治教育要坚持科学发展观的指导,必须坚持以人为本的思想,转变教育思想和教育观念,重视学生的主体性地位,把实现学生全面发展、满足学生成长成才的需要定位为思想政治教育的目标。坚持全面发展的思想,处理好理论学习与社会实践的关系,促进学生身体、心理、科学文化以及思想政治素质全面发展。坚持协调发展的思想,协调好环境与育人的关系,牢固树立全员育人、全方位育人、全过程育人的观念。坚持可持续发展的思想,建立健全科学、合理的大学生思想政治教育机制,形成德与智统一、教与育统一、校内外统一、传统与时代统一的思想教育新格局。坚持统筹兼顾的思想,全面管理各类思想政治教育资源,努力建设和谐校园。

(二)"开放创新"理念的现实基础

1.大学生思想活动的开放性

大学生,其生理发育基本成熟,心理发育趋于稳定。在大学阶段,随着专业课学习和社会实践经验的积累,大学生的自我意识不断增强,对自身的认识以及自身与周围环境之间的联系的认识不断深化;理性思维能力大大提高,进入了以逻辑思维为主的思维阶段,间接感知能力也同步提高;情感意识也获得了较大增长,体味亲情、注重友情、追求爱情,情商获得较大提高。所有这些,都促成了他们变动不居的思维活动。大学生站在学校与社会的交接点上,对社会、对人生的未来发展抱有无限的遐想。他们思想活跃、斗志昂扬、朝气蓬勃、敢想敢干、勇于批判、勇于创新、不断超越,思考问题能够多角度切入、系统性把握,不拘泥于一人一事、一时一地。他们不屑于盲目附和别人,有主见,能够自主判断,崇尚个性,看待问题有自己的独到见解,不盲从、不唯上、不信邪。他们生活在改革开放、经济全球化的大背景下,能够不断地解放思想、开拓创新、与时俱进,不思想僵化、墨守成规、故步自封。他们的眼光总是指向未来,他们的思想总是联系现实生活。大学校园是他们放飞理想、成就梦想的精神园地,丰富多彩的校园文化是他们开放性思想活动的具体展现,也进一步激发了他们思想活动的拓展和深入。思想活跃、敢于创新,是当代大学生的显著特征,因此,承担着塑造人之灵魂责任的大学生思想政治教育者,应以一种开放的心态、包容的胸襟,采取多种途径和方式来启迪人、培养人和发展人。

2. 现代社会信息环境的复杂多样性

人们的思想活动源于人们所处的环境,环境塑造人。大学生思想活动的开放性从根本上取决于他们所处的社会环境的开放性以及接受信息的复杂多样性。现代社会,任何一个国家都不可能孤立存在,都是在与其他国家的交往中发展的。改革开放以来,中国的命运和世界的命运紧紧地联系在一起,世界上发生的重大事件都会对我国产生一定的影响。就国内来看,随着对外开放的不断扩大、社会主义市场经济的深入发展,我国的社会经济成分、组织形式、就业方式、利益关系和分配方式日益多样化,人们思想活动的独立性、选择性、多变性和差异性日益增强。我国处于经济转轨、社会转型的历史时期,也是矛盾突发时期,人们的思想观念发生了重大变化。整个社会风气的好与坏都会在大学生的头脑中得以反映,也促使他们的价值取向、理想信念、道德标准、心理倾向发生不同程度的改变。同时,信息时代的到来使互联网成了人们获取信息的主要渠道,大学生上网成了业余生活的主要休闲方式,信息由历时性传播向共时性传播转变,大学生获取信息的速度加快、数量增多、性质多样化。互联网上的信息充斥着大学生的头脑,五花八门的图片、视频让大学生眼花缭乱。其中有很多不健康的,如色情、暴力和凶杀的图片和视频严重地毒害着他们的心灵,还有一些反党、反政府、反人民的宣传信息通过互联网兴风作浪、蛊惑人心。另外,西方发达资本主义国家利用其高科技和互联网的优势,通过网络来传递它们的价值观和生活方式以及一些腐朽没落的文化,蓄意腐蚀我国广大青少年,进而达到和平演变的目的。所有这些,促使我们要进一步更新大学生思想政治教育观念,主动适应信息社会的开放环境,积极利用互联网这个重要载体来增强思想政治教育的吸引力和感染力。

3. 高等教育的大众化和国际化发展趋势

随着高校扩招政策的推行,高等教育大众化趋势日益明朗化。高等教育由精英教育向大众教育转变,大学教育的社会化倾向不断发展,教育与社会、与生活的结合越来越突出。在大众化教育的影响下,接受教育的群体不断扩大,而且年龄结构、职业模式、层次水平等等都出现了多样化的特性,他们在价值观念、思维模式、人生追求、生活方式等方面都会出现差异甚至对立和冲突。不同的职业、不同的身份、不同的思想观念,都将在大学中激荡,必将对原有的大学教育模式带来巨大的冲击。因而,大学生思想政治教育必须分清层次、区别对待,同时要探索不同教育方式和途径之间开放融合、协调一致的方法。大学生思想政治教育要体现开放性、包容性、选择性和层次性,把握好不同的教育理念之间的互动效应,推进育人的综合性、发展性。

随着经济全球化的到来,高等教育开始走出国门,向世界和全球拓展,出现了高等教育的国际化发展趋势。世界各国之间的经济发展是紧密联系的,同样,不同思想文化之间的联系也更加密切,通过彼此的交流、对话、沟通、融合,来共同为整个人类文明宝库增添财富。民族教育的着眼点在于推进民族的现代化,这加剧了各民族之间、人与人之间、文化与文化之间以及人与社会、人与自然之间的矛盾和竞争。而人类教育的着眼点则在于推动全人类的文明和进步,合作与和谐。人类教育以尊重人性,开发人的潜能和价值,激发人的创造热情,促进文明和文化之间的交流与合作,增进人的身心和谐、社会和谐和人与自然和谐为基本理念。高校是对外开放的桥头堡,不同国家高校之间的交流与合作,是架起不同文明互促互动的桥梁。在这个过程中,文化的多样性和文明的冲突也日益凸显,不同文明和文化之间的相互激荡日益加剧。西方发达资本主义国家以文化交流为契机,兜售它们的价值取向和生活方式,来误导我们的青年大学生。大学生思想政治教育担负着"培养什么人、如何培养人"的神圣使命,要有兼收并蓄、海纳百川的气魄,尊重文化的多样性,同时又要坚持"以我为主、为我所用、辩证取舍、择善而从"的方针,达到古为今用、洋为中用的效果。

(三)"开放创新"大学生思想政治教育的基本思路

大学生思想政治教育既有历史继承性的一面,又有革新创造的一面,二者是辩证的、统一的。中共中央、国务院《关于进一步加强和改进大学生思想政治教育的实施意见》指出,当前国际国内形势发生了深刻的变化,使大学生思想政治教育既面临有利条件,也面临严峻挑战。面对新形势、新情况与新任务,要切实提高大学生思想政治教育的针对性与实效性,就必须不断推进大学生思想政治教育与时俱进、开拓创新。

根据现代思想政治教育的基本原理和基本规律,不断创新大学生思想政治教育应遵循理论性与实践性相统一的原则,时代性与实效性相统一的原则,继承性与创新性相统一的原则,真理性与价值性相统一的原则,系统性与开放性相统一的原则。

创新大学生思想政治教育,应贯穿整个大学生思想政治教育的全过程,包括创新大学生思想教育的理念、创新思想教育的内容、创新思想政治教育的方式和方法、创新思想政治教育队伍建设、创新思想政治教育的投入保障机制等。

在创新大学生思想政治教育的理念上,要突出大学生的主体地位,弘扬以人为本的理念;要坚持以"八荣八耻"的社会主义荣辱观为指针;要贯彻"全员育人、全过程育人、全方位育人"的教育观;要坚持以实现人的全面发展为终极目标。

在创新大学生思想教育的内容上,要坚持以理想信念教育为核心,加强思想政治理论课的改革和建设;要坚持科学精神和人文精神并重的教育;要加强校园文化建设,不断推陈出新;要重视和加强大学生网络道德和法制教育。

在创新大学生政治教育的方式和方法上,要坚持外部灌输与引导大学生自我实践体验相结合;要注重情感互动,情理结合;要把思想政治教育与解决实际问题相结合;要以互联网、手机、微博等新媒体运用和创建文明学生公寓等为载体,拓展思想政治教育的新阵地;要充分利用时尚、情感、文化元素,增强教育的针对性与实效性。

在创新学生政治教育队伍建设上,要建设一支精干的专兼结合的思想政治教育队伍;要大力加强师德建设,培养和提高教师个人的人格魅力。除此之外,还要在大学生思想政治教育机制上做到创新,具体表现为:

第一,强化齐抓共管的领导机制。必须创新思想政治教育领导机制,真正形成党、政、团、学分工负责、齐抓共管的工作格局,建立协调的部门联动机制,建立健全大学生教育管理分级责任制。

第二,创建科学的大学生思想政治教育的评价机制,定期进行督促、检查与评价。

第三,实现思想政治教育与社会的接轨。要密切结合大学生实际,开展因人施教、因材施教。要积极引领学生深入社会,在实践中受教育、长才干。

第四,注重培养学生的主体意识和自我教育能力。要注重教育方法的改进,加强教育过程中两主体的双向交流,引导大学生进行自我认识、自我评价、自我约束、自我激励以及自我完善。

第五,创新大学生思想政治教育的保障机制。保证并加大必要的大学生思想政治教育的经费投入;积极为大学生思想教育活动的开展提供必要的设施、设备和活动场所;善于运用现代技术提升大学生思想政治教育的手段;不断建立健全各项规章制度。

第三节　大学生思想政治教育的原则

大学生思想政治教育原则,是进行大学生思想政治工作所必须遵循的基本要求,也是大学生思想政治工作经验的概括和总结,正确地理解和贯彻大学生思想政治教育的原则,对于新时期大学生思想政治教育工作的顺利进行并取得效果,具有重要的意义。

一、大学生思想政治教育的基础性原则

(一)方向性和批判性相结合

方向性和批判性相结合是当代大学生思想政治教育创新的根本性原则。能不能坚持这一原则直接关系到当代大学生思想政治教育的社会主义性质,关系到当代大学生思想政治教育能否走上创新的道路。我们只有坚持了这条根本原则,大学生思想政治教育才能有所创新和发展。

(二)主导性和主体性相结合

主导性是指高校广大教师在思想政治教育中发挥主导作用,对大学生思想政治教育的内容和形式进行引导和规范。主体性

原则是指高校广大学生在大学生思想政治教育中发挥主体性作用,学生是思想政治教育的主力军,也是思想政治教育的主要受益者。大学生思想政治教育要坚持教师的主导性和学生的主体性相结合,教师在宏观上加以控制引导,在微观上放活,指导而不代替,放手而不放纵,管而不死,活而不乱,教育才能健康发展和创新。

(三)全面性和重点性相结合

全面性是指大学生思想政治教育是由各种要素构成的一个综合整体,每个要素之间相互作用,相互联系,每个要素在大学生思想政治教育中发挥着自己独特的作用。重点性是指大学生思想政治教育必须突出关键、根本性的因素,通过解决主要矛盾来带动次要矛盾的解决。只有坚持全面性和重点性相结合,在坚持全面性的基础上突出重点,在突出重点的同时又不忽视注重全面推进,才能更好更快地推进当代大学生思想政治教育的创新。①

二、大学生思想政治教育的具体应用原则

(一)政治理论教育与社会实践教育相结合

政治理论教育是大学生思想政治教育的重要环节,高等学校思想政治理论课是政治理论教育的主渠道。政治理论教育通过思想政治理论课,系统地向广大学生传授马列主义、毛泽东思想、邓小平理论和"三个代表"重要思想等,以帮助他们树立正确的世界观、人生观、价值观,从而走上健康、积极、向上的发展道路。政治理论教育能够为大学生树立理想和坚定信念、弘扬和培育民族精神、提高道德修养和法律意识提供理论基础和精神动力。

---

① 郭广银,杨明.新时期高校校园文化的理论与实践[M].南京:南京大学出版社,2007.

　　社会实践教育是围绕教学活动目的而展开的、学生亲身体验的实践活动,是加强大学生思想政治教育工作的突破口,它是切实提高人的全面素质和创新能力的途径。实践是认识的来源,当前大学生大多是在学习书本知识中成长起来的,对国情、民情和社会的复杂程度了解还不够。因此大学生应深入了解社会,增强对社会的认识和责任感。

　　大学生思想政治教育的过程就是教师向学生传递知识以及这些知识内化的过程。在这一过程中,政治理论教育与社会实践教育相互联系,相互补充。一方面,政治理论教育能够丰富大学生政治理论、思想道德等方面的知识,使大学生掌握马克思主义的立场、观点和方法,深入了解党的路线、方针、政策,正确理解社会主义的本质特征和国家的前途命运,了解什么是正义与邪恶、高尚与卑劣、美与丑。另一方面,大学生在社会实践中,能够加速知识的转化与扩展,提升其运用知识解决实际问题的能力,使其认识问题不再浮浅、片面,分析问题不再绝对化。同时社会实践有利于大学生正确认识自己,增强大学生适应社会、服务社会的能力,从而真正实现理论的内化。

　　坚持思想政治教育与社会实践教育相结合,就是将政治理论教育、课堂教育及大学生社会实践合理融入大学生思想政治教育,并注重把社会实践纳入教学大纲中去,给予学时和学分的限制。加强社会实践的管理体制建设,将社会实践与专业学习、服务社会、勤工俭学、择业创业相结合,以培养大学生的劳动观念和职业道德。要认真组织大学生参加军政训练。利用好寒暑假,开展形式多样的社会实践活动。

(二)解决思想问题与解决实际问题相结合

　　解决思想问题与解决实际问题相结合,是我们党的思想政治工作的优良传统,也是大学生思想政治教育工作的重要职责。大学生的思想问题往往是由于一些实际问题所引起的,所以,脱离大学生实际问题,一味强调解决思想问题,思想教育就会脱离学生,非但不能收到好的效果,还会适得其反。

面对高等教育体制改革的不断深化及新旧体制转型所带来的一系列问题,大学生思想方面出现问题是正常的,但若这些思想疙瘩不能得到及时解决,就会引发更严重的问题,如对生活失去信心,甚至会走上极端的道路,导致恶果的发生。所以,在对大学生进行思想政治教育时,必须坚持做到解决思想问题与解决实际问题的有机结合,在解决思想问题的过程中注意解决好学习生活中的实际问题,两者不可偏废。

其一,马克思主义唯物观点认为,物质决定意识,意识反作用于物质,意识是对物质世界的一种能动反映。人的思想即是对物质世界及社会存在的反映。大学生处于现实的世界之中,他们的思想问题是对实际生活的一种反映,比如,与老师关系紧张、与同学结怨、学习成绩不好、评优失败等等。在这种情况下,只注意解决思想问题,只讲大道理,不对他们学习和生活中的问题进行了解和关心,不注意解决他们的实际困难,他们的思想问题就无法从根本上得到解决,思想工作也就成了无源之水,无本之木,当然也就不可能产生理想的教育效果。忽视思想政治教育,就事论事,是另一个极端,也要注意克服。要把两者有机地结合起来,使学生从中受到启发,提高思想认识,从而树立正确的世界观、人生观和价值观。

其二,高校思想教育的现状迫切需要将解决思想问题与解决实际问题有机结合起来。长期以来,高校重视加强对大学生进行思想政治教育,但实效性不是特别明显。一方面,学校的思想教育没有深入学生,热衷于空泛的说教,忽略了解决学生的实际问题。另一方面,由于解决思想问题与解决实际问题存在“两套班子”“两张皮”现象,思想政治教育工作效果大打折扣,达不到预期的目的。要改变这种现状,必须在进行思想政治教育时,坚持以理服人与以情感人相结合,既注重解决思想问题,又注重解决实际问题,具体讲:

首先,应熟悉和把握大学生思想发展规律,洞察大学生思想问题的症结所在。大学生思想问题多集中于人际交往问题、恋爱问题、择业问题等,这些问题是他们在学习、生活中遇到具体的实际的问题。这就要求对大学生的学习、生活进行长期的观察和思考,深入了解大学生思想问题出现的真正原因,联系实际采取有效的解决措施。

其次,大处着眼,小处着手。大处着眼就是要通过思想政治理论课对大学生进行理想信念教育、爱国主义教育、集体主义教育、公民道德教育和素质教育,引导和帮助大学生形成正确的世界观、人生观和价值观,提高他们的思想道德素质,这也是高校思想政治课的根本目的。小处着手是指思想政治教育要与学生学习、生活的实际紧密结合,要从解决大学生的实际问题开始,使大道理讲得入耳、入脑,切忌空泛说教。大学生的思想政治教育若能从帮助学生解决学习和生活中存在的一些实际问题入手,将思想政治教育工作细致化和深入化,使大学生切实感受到学校的温暖,就很容易收到事半功倍的效果。当前形势下,小处着手更显得重要,要做好小处着手,应注意以下四个方面:一是改善办学条件,提高教育教学质量。教育教学质量关系到高校的存在和发展。教育教学质量对大学生成长、成才具有重要意义。所以,高校要注重办学条件、教学质量改善与提高,从严治教,加强管理。二是完善和健全大学生助学体系。目前大学学费一改过去由国家统包的做法,按照"谁受益,谁付费"的原则,由大学生及其家庭支付其中的一部分。每年几千元的学费,对于穷困家庭来说,也是一项不小的负担,要想使这一部分学生顺利完成学业,政府和高校必须切实采取有效措施,做好贫困大学生的资助工作。多方筹集资金,不断完善资助政策,形成包括助学贷款、国家奖学金、设立勤工助学岗位、发放特困生补助以及减免学费等助学体系,同时注意公开透明机制,加大对那些生活困难,品学兼优的学生的奖励力度,帮助他们很好地完成学业。三是指导和帮助大学生就业。当前大学生就业问题已引起政府、社会的高度关注与重视,在就业形势不太乐观的情形下,大学生所面临着巨大的就业压力。所以,思想政治教育工作,要深入学生,了解他们的具体想法,耐心地分析当前的就业形势,帮助大学生树立正确的就业观念。在实际操作上,完善大学生就业指导机构和就业信息服务系统,以便为大学生提供高效、优质的就业创业服务。通过管理育人、服务育人,把党和政府对大学生的关怀落到实处。四是强化大学生心理健康教育工作。大学生心理健康问题已越来越成为大学生群体中一个不容忽视的问题。高等学校要充分重视大学生心理健康教育,深入研究在新的历史条件和时代背景下大学生身心发展特点和教育规律,注重培养大学生良好的心理素质,提升大学生承受挫折、经受考验的能力。在实际操作中,要建立健全大学生心理健康教育和心理咨询机构,确立大学生心理健康教育计划和内容,学校提供尽可能好的物质条件,配备足够的专、兼职教师和必要的设施,积极开展大学生心理健康教育和心理咨询辅导,引导大学生健康成长。

(三)教育与管理相结合

教育和管理统一于大学生思想政治教育中,教育着眼于人的思想的改造,注重培育学生良好的政治观念、法律观念和道德观念,而管理的作用在于规范和引导,注重塑造学生的政治行为、法律行为和道德行为。教育通过内在的思想来管理人,管理通过外在的约束来教育人,教育与管理应彼此交融、相互促进。教育应贯穿于管理工作的始终,并为管理工作的开展提供支持,管理的过程有时就是思想政治教育贯彻落实和深化的过程。

坚持教育和管理相结合,有两层含义:一是坚持管理育人,把思想政治教育与大学生日常学习、生活管理结合起来;二是把学校的思想政治工作制度化,使思想政治教育得到制度的规范、保障和支持,这有助于建立思想政治教育的长效机制,起到规范思想政治工作者的职责、职业道德、行为、工作程序等作用。

坚持教育和管理相结合,把思想政治教育与课程教学、严格管理制度、学生自我管理和纪律教育等有机结合起来,才能收到理想的效果。无论学校的教学工作还是管理工作,都既要进行思想教育,又要依靠一定的法律法规、校规校纪来约束,两者互相配合,促进大学生的知和行的统一。要使学生了解学校的规章制度和管理规范,充分发挥规章制度规范学生行为的功能。

在新生一入学,就组织学习,使他们懂得什么应该做,应该怎么做;什么不应该做,做了将受到何种惩罚;哪些事情是学校积极鼓励的,做了会得到怎样的奖励等,这有助于大学生养成自我约束、自我激励的心理素质,也使学校的规章制度逐渐内化为大学生的行为品质。要加强校园文化建设,使其成为大学生思想政治教育的自觉手段,优良的校风、教风、学风,丰富多彩的学术、科技、体育、文艺活动,完善的校园文化设施,这一切"软管理手段"都能够潜移默化地增强大学生的自我教育意识,提高大学生的思想道德素质。

(四)教育与自我教育相结合

教育是一种社会实践过程。它是由两个相互交织的并行过程所组成的:一个是教师(包括所有教育工作者在内)的教书育人(传道、授业、解惑)过程;另一个是学生的学习、成才过程。在教的过程中要充分发挥教师教的主观能动性,而在学的过程中则要充分发挥学生学的主观能动性,二者缺一不可。因此,教育不是一个单一的社会实践过程,而是由上述两个子过程交织而成的复合过程。因此,在大学生思想政治教育过程中,要充分发挥教师的教育引导作用和学生的自我教育作用,充分调动起他们的积极性和主动性。

1.充分发挥学生的自我完善作用

思想政治教育过程,就是指通过教育者实施教育行为的发生,教育对象在这一行为作用下其思想政治品德得以形成和发展的过程,最终的结果是提高了教育对象的认识能力和思想觉悟。学生是学习过程的主体,要达成德育的目标,归根结底还得靠受教育者发挥自己的主观能动性。当然我们必须认识到在这个思想政治教育过程中,最根本的内因是教育对象是影响思想品德形成的根本条件,教育者只是作为一种外部驱动力,发挥着外因的作用。教育对象在接受教育影响的过程中,总是建立在自己已有的内在标准和思想基础上,筛选、消化和改造教育者传授的思想意识,转化为个体真正的思想意识,并付诸实际行动中。在教学过程中,学生的主体性必须要得到充分发挥才能收到教育效果。任何一个教育过程,都必须充分发挥教师的主导性和学生的自觉性,这两个方面的积极性缺一不可。教育者要善于发掘和引导受教育者的内在需求,帮助他们形成以自我发展、自我完善的动机系统,产生自我教育的需要与动机,才会有自我教育的行为。教育者要善于在多种实践活动中,创造良好的条件实现受教育者的自我教育,提高其自我教育的能力,以便更好地对自己的现实行为进行自我教育。

2. 重视大学生的自我教育

大学生要具备自我教育的能力,要求教育者在教育实践中要通过多种途径主动帮助和激发大学生主体能力的构建。自我教育法是指:"受教育者按照思想政治教育的目标和要求,通过自我学习、自我修养、自我反思等方式,主动接受科学理论、先进思想观念、社会生活规范,提高自身思想认识和道德水平的方法。"[1]要培养和充分发挥受教育者自我教育的主体作用,提高学生自我教育的意识。只有建立在个体的自我体验基础之上,才能真正促使社会道德意识转化为个体的道德信念。思想政治教育活动和环境影响只有通过受教育者积极主动的内化活动,才能起作用。苏联著名教育家苏霍姆林斯基指出:"只有能够激发学生去进行自我教育,才是真正的教育。"要培养学生自我教育的意识,一方面

---

① 高雪燕.自我教育学在企业中的应用和思考[J].现代企业文化,2013(3).

要对个体与外界世界的关系要有选择性地、积极主动地加以处理,并且这种实践活动必须建立在自己已有的文化知识、心理结构和道德水准基础之上。另一方面要从学生自身,提高学生发掘自身潜能的能力,帮助学生正确认识自己,不断自我发展和自我完善,把社会的优秀思想道德最终内化为个体自身的思想品质,最终实现自己思想素质的升华。

大学生要实现自我教育,充分发挥主体的能力,主要在以下三个方面着手:第一,要打好坚实的理论基础。理论的学习是大学生思想政治教育中不可缺少的一环。理论教育法是思想政治教育最主要、最基本的方法,也是大学生打好理论基础最直接的方法。大学生只有具备坚实的理论基础,才能以正确的理论指引自己的行为,也才能在现实中明辨是非,为自己找准努力的方向。在当代复杂多变的社会生活面前,人们比以往任何时候更加需要科学的思想和理论来指导自己进行正确的选择和决策,以便更加有效地认识环境。第二,树立成功的榜样是大学生自我教育的一个有效途径。榜样示范法是指通过具有典型、榜样意义的人或事的示范引导作用,教育人们提高思想认识、规范自身行为的方法。榜样教育具有形象、生动的特点,它是理论与实际的有机结合。大学生用榜样的力量激励自己,在心中树立成功的典范,为自己指明努力的方向,会产生更强的感染力和说服力,在自我教育中收到很好的效果。通过典型事迹可以使大学生看到榜样的成功之处,明确努力方向,从而努力奋斗,在改造客观世界的过程中全面提升自己的思想道德素质。必须实事求是地选择对自己有影响力的典型,否则难以真正从思想到行动上得到认同,也起不到典型引导的作用。第三,坚持教育与自我教育相结合的方法,这是发挥教师主导性与发挥学生主体性原则在大学生思想政治教育中的贯彻落实。大学生还应借鉴历史上思想家们所提出的各种积极有效的道德修养方法,如学思并重的方法、省察克治的方法、慎独自律的方法、积善成德的方法、知行统一的方法等。自我教育是衡量思想政治教育是否有效的一个标志,也是大学生思想政治教育最终的归宿。

（五）包容性与批判性相结合

当今在全球化、文化多元化的时代影响下，需要大学生思想道德建设有一个包容的态度，培养学生的包容品质。

大学生思想道德建设中，教师要坚持包容多样，同时还要对学生进行包容多样的教育。坚持包容多样的原则，对学生进行包容多样的教育，教师要意识并做到并引导学生意识并做到：①包容多样的前提和基础是坚持社会主义核心价值体系；②被包容的对象应是健康的、有益的思想、行为，符合公共道德和法律的思想与行为；③包容多样是有原则的、有限度的。放弃原则、没有限度的包容就是纵容。对危害他人的生存、自由、权利与尊严的行为，对违反公共道德、违反法律的行为绝不能包容。

但是，包容多样并不意味着不论是非、不辨善恶、不分美丑。在大学思想道德建设中，在坚持包容多样的同时，教师还必须坚持马克思主义的批判精神，在多元社会思潮的背景下，批判主要包括两个方面。其一，对社会不合理现象的揭露和抵制。应高举马克思主义的批判大旗，对各种假恶丑的东西，对腐朽没落、违背社会发展规律的东西，对貌似合理但实则大谬不然的东西进行旗帜鲜明的揭露和批判。引导学生分清是非、善恶、美丑，弘扬真善美、鞭挞假恶丑，让正气成为社会的主流。其二，对不合理的理论及意识形态的批判。一些错误的社会思潮打着多元化的旗号公开登场，拜金主义、享乐主义、极端个人主义潜滋暗长，有些人甚至为这些错误的思想大唱赞歌，以这些错误思想与社会主流的价值观叫板，对抗、弱化社会主流价值观，搞乱了一些人的思想。对这些错误的思想观点绝不能包容，必须进行坚决的批判，引导学生正确处理荣与辱、苦与乐、成功与失败、劳动与享乐、个人与社会、个人与他人、物质满足与精神追求等关系，不能让拜金主义、享乐主义、极端个人主义思想泛滥。

批判需要坚持以下几条原则：一是批判必须站在马克思主义

的立场上,运用马克思主义的观点和方法;二是不能为了批判而批判。要明确批判的目的是为了发现真理,为了分清是非、善恶、美丑,在批判落后的、丑恶的社会现象时,为合理的、新生事物的成长开辟道路;三是批判应是科学的批判,是扬弃。社会思潮是比较复杂的,一些社会思潮中往往既有健康有益的成分,也有消极、落后,甚至错误、腐朽的因素。因此,批判不是盲目笼统地否定,在批判中要对这些进行具体分析,肯定其合理成分,否定其错误的东西;四是批判要坚持实事求是,有理有据,摆事实、讲道理,避免无限上纲、打棍子、扣帽子,既不能是愤世嫉俗的感慨,也不能是空洞无物的口号,要让学生口服心服;五是既要进行理论的批判,也要进行实践的批判。批判的武器不能代替武器的批判。要让理论的批判成为实践的批判的先导,指导学生参与改变不合理的社会现实、减少不合理的社会现象的活动,促进社会的和谐。

在大学生思想道德建设中要把包容与批判有机统一起来。只包容,而不批判,就会使腐朽、没落的东西滋生蔓延,导致学生分不清是非、善恶、美丑,思想出现混乱。只批判,不包容多样,就会导致专制,导致学生思想观念的僵化。

(六)继承优良传统与改进创新相结合

思想政治工作是党的优良传统和政治优势,它与党的创立、发展、壮大紧密联系在一起,在每一个历史时期、每一个关键时刻都发挥着重要作用。坚持继承优良传统与改进创新相结合,是指在继承党的思想政治工作优良传统的基础上,不断探索新形势下大学生思想政治教育的新途径,实现时代性,把握规律性,增强实效性。

长期以来,高校在思想政治教育过程中积累了许多成功的经验,但面对新形势、新任务,要增强实效性,充分发挥高校思想政治工作教育人、引导人的作用,就必须与时俱进,不断改进创新。当前,伴随着社会生活方式日益多样化,思想政治教育的时代、环境、任务、对象都发生了变化,大学生的思想、心理、行为、追求都呈现出新的特点,思想政治教育既面临有利条件,也面临严峻挑战。这种形势下,再遵循原来的内容、按照原来的方法显然不能解决大学生的各种问题,思想政治教育必须不断改革创新才能适应不断变化的客观实际的要求。

　　坚持继承优良传统与改进创新相结合,就要不断丰富大学生思想政治教育的内容,并结合时代发展的特点和要求,增添新内容。如对大学生进行社会主义荣辱观教育和科学发展观教育,进行东西方思想比较教育,进行市场经济与集体主义教育,进行理论与社会实践相结合教育等,使思想政治教育的内容与时代同步。在思想政治教育的方法上,要突破传统的"灌输法",因人、因事、因时而变化,用学生喜闻乐见、愿意接受的形式,如谈心法、疏导法、形象法等潜移默化的方法,拓宽大学生思想政治教育的途径,增强思想政治教育的针对性和实效性。

第四章　大学生思想政治教育的内容构建

　　大学生思想政治教育涉及的内容极其广泛和丰富,需要经过一个选择、整合和构建的过程,来形成一个具有内在逻辑的结构系统。大学生思想政治教育内容的建构,就是教育者对构成大学生思想政治教育内容的诸多理论观点、思想体系、价值标准和道德规范所进行的比较鉴别、合理配置、筛选优化,从而使大学生思想政治教育内容各要素之间实现有机整合、相互贯通、彼此衔接、互动有序、协同发展。

第一节　大学生思想政治教育内容的构建原则

　　大学生思想政治教育内容的建构原则是对大学生思想政治教育内容形成发展规律的间接表征,是从规律转化而来的效用准则,它以实践观念形态为存在方式。所谓大学生思想政治教育内容的建构原则,是指在大学生思想政治教育内容建构中必须遵循的基本准则,它是大学生思想政治教育客观规律的正确反映,是教育实践经验的科学总结,是教育者在教育活动中正确处理各种关系,确定教育内容,选择教育方法,增强教育效果,实现教育目的的准则。大学生思想政治教育内容的建构只有遵循教育规律的客观要求,才能达到预期的教育目的和效果。系统建构大学生思想政治教育内容体系需要按照以下几个原则来进行构建。

一、导向性原则

　　导向即对社会发展趋势和人的思想行为的价值性主导和倾

向性引导。大学生思想政治教育具有导向功能,这有赖于大学生思想政治教育的内容,因为大学生思想政治教育的内容规定着大学生思想政治教育的意义和价值。

(一)强烈的阶级性

作为意识形态领域的社会实践活动的大学生思想政治教育,其本质属性是政治性,当代中国大学生思想政治教育内容的阶级性,必须反映工人阶级的根本利益,而工人阶级的根本利益也就是最广大人民根本利益的集中体现。在社会主义中国,马克思主义作为中国共产党的指导思想,必然是国家的主流意识形态,是社会主义意识形态的旗帜,是社会主义核心价值观的灵魂。社会主义意识形态是以马克思主义为指导的意识形态,集中反映社会主义社会的经济和政治,体现社会主义制度的本质要求,代表最广大人民的根本利益。因此,社会主义中国的大学生思想政治教育内容必然要求把反映特定社会经济形态和政治制度的政治信念、思想意识、道德规范等内容传授给大学生,使其转化为大学生个人的信念、品质和行为,必然要求在教育中旗帜鲜明地坚持以马克思主义为指导,坚持爱国主义、集体主义、社会主义的思想导向、价值标准和政治原则,加强马克思主义的世界观教育、为人民服务的人生观教育和集体主义的价值观教育,用科学的思想理论和先进的意识形态教育、引导大学生,促使大学生形成科学的世界观、人生观、价值观,为社会发展和人的发展提供正确的政治方向、思想导向和价值取向,满足社会进步和人的全面发展的需要。

(二)鲜明的目的性

人类活动的一个基本特征,就是它的意识性和目的性。目的性是指人的活动所具有的动机、目标和方向在观念上的预设,包括价值理念、计划蓝图、理想模型等。任何教育都具有目的性,任何教育内容总是承载着一定的价值判断和价值追求,只有贯注了思想,蕴涵了精神,才具有真正的价值和意义。"教育须有信仰,没有信仰就不称其为教育,而只是教学的技术而已。"①大学生思想政治教育作为培养人的社会活动,是一种在理性引导下的有目的的追求。大学生思想政治教育目标是指一定社会对教育所要造就的社会个体在思想政治品德方面的质量和规格的总的设想和规定,是整个教育目标的重要组成部分,是大学生思想政治教育过程的起点和归宿,它概括了时代对受教育者的要求,体现着国家、社会和教育者的期望,规定了人的思想政治品德的发展方向,预示着教育的方向和结果,在整个大学生思想政治教育过程中起着导向、激励、调控作用。大学生思想政治教育的内容从属于大学生思想政治教育的目标,为实现教育目标服务,是体现教育目标的重要标志,大学生思想政治教育的任务就是把反映特定社会经济形态和政治制度的立场观点、思想意识、道德规范等意识形态传授给社会成员,使其转化为个人的信念、品质和行为。

学校教育、育人为本、德智体美、德育为先,强烈而鲜明地表达了中国特色社会主义教育的目的性。我国教育的根本目的是培养德、智、体、美全面发展的社会主义建设者和接班人,必须全面贯彻党的教育方针,把促进学生健康成长和全面发展作为学校一切工作的出发点和落脚点。对于高等学校来说,用马克思列宁主义、毛泽东思想、邓小平理论和"三个代表"重要思想、科学发展观以及中国梦武装头脑、教育学生,是党的教育方针的具体体现,是社会主义大学的本质特征,是党和国家事业长远发展的根本保证。因此,要全面贯彻党的教育方针,坚持以马克思主义为指导,坚持社会主义的政治导向,代表先进文化的前进方向,建设社会主义核心价值体系,坚持育人为本、德育为先、能力为重、全面发展,着力增强学生服务国家服务人民的社会责任感、勇于探索的创新精神、善于解决问题的实践能力,努力培养和造就信念执着、品德优良、知识丰富、本领过硬的高素质人才。

---

① (德)雅斯贝尔斯.什么是教育[M].北京:生活·读书·新知三联书店,1991,第44页.

（三）突出的先进性

以培育人、塑造人为目的的大学生思想政治教育,担负着宣传科学理论、传播先进文化、弘扬社会正气、塑造美好心灵的职责,必须用科学的理论、正确的思想、高尚的精神、优良的道德等作为大学生思想政治教育的内容,用先进的教育内容引领、塑造受教育者的思想观念、政治觉悟和精神境界,把代表时代进步潮流和符合社会发展规律的先进思想转化为受教育者的思想意识,使大学生的思想意识结构具有科学性、先进性、合理性。大学生思想政治教育内容的先进性,鲜明地体现了党和国家教育要求的先进性,是大学生思想政治教育内容导向性的内在要求。

二、科学性原则

大学生思想政治教育的有效性需要以科学性为基础,要求以科学理论为指导,以科学目标为导向,以科学知识为基础,以科学方法为手段,以科学制度为保障,而大学生思想政治教育的科学性从根本上说源于大学生思想政治教育内容的科学性。科学的本质是对真理的追求和对事实的尊重,对人类先进知识的学习和文明成果的吸纳,因此,大学生思想政治教育内容有着必然的深广度要求,"深"是指大学生思想政治教育的理论基础和实践根基,"广"是指大学生思想政治教育的学科依托和知识借鉴。大学生思想政治教育内容的科学性来源于指导思想的科学性、教育内容的真理性和教育方式的有效性,遵循大学生思想政治教育内容建构的科学性原则,就是要有科学的理论基础、科学的知识支撑和科学的组织实施。

（一）科学的理论基础

理论是系统反映认识对象本质和规律的知识体系,有着自己独特的研究对象和内在逻辑,科学的理论是人类认识活动和实践活动的指南。理论上的成熟是政治上成熟的基础,政治上的清醒来源于理论上的坚定。在大学生思想政治教育过程中,既要防止空洞的理论,又要反对盲目的实践,把理论的先导和引领功能与实践的基础和动力功能结合起来,充分发挥科学理论在大学生思想政治教育中的基础性作用。

马克思主义理论是大学生思想政治教育的指导思想、理论基础和主导内容,大学生思想政治教育是马克思主义理论价值实现的特定方式和重要途径。马克思主义理论为大学生思想政治教育提供了科学的世界观和方法论,大学生思想政治教育内容只有体现了彻底的科学性,才能掌握群众,发挥其真理的力量。因此,体现大学生思想政治教育内容的科学性,要求大学生思想政治教育所灌输的理论、传播的思想、宣传的道理等符合马克思主义的基本原理,符合客观实际,符合科学规律,具有真理性,从根本上说就是大学生思想政治教育的内容要符合马列主义、毛泽东思想、邓小平理论、"三个代表"重要思想和科学发展观,加强对马克思主义理论的学习、研究、宣传和运用,坚持马克思主义科学理论在大学生思想政治教育内容形成中的指导地位,把大学生思想政治教育的内容建立在科学的马克思主义世界观和方法论的基础上,充分发挥科学理论在大学生思想政治教育内容体系中的基础性作用。

(二)科学的知识支撑

大学生思想政治教育是研究人的思想和行为产生、发展、变化的规律以及实施大学生思想政治教育的规律的科学。大学生思想政治教育作为一门科学,它是由一系列概念、范畴、原理构成的知识体系,有其系统的理论和内在的规律;大学生思想政治教育作为一项实践活动,本质上是以真理性认识为基础的价值教育。科学知识是大学生思想政治教育内容的重要支撑,强化大学生思想政治教育内容的科学知识支撑,有助于防止和克服教育中的主观主义、经验主义和实用主义,有助于防止和克服教育中的自发性、盲目性和随意性,有助于防止和克服教育内容的一般化、表面化和形式化,增强大学生思想政治教育的科学性和可接受性。

(三)科学的组织实施

大学生思想政治教育内容的科学性还体现在内容的科学组织实施上。所谓大学生思想政治教育内容的科学组织,就是根据相应的教育目的,按照教育规律的要求,适应教育对象的特点,对教育内容进行科学的选择、确立与设计,改变内容庞杂、简单重复的现象,既体现内容的系统性和规范性,又体现内容的适应性和针对性,以保证受教育者对于大学生思想政治教育内容的有效接受。

在教育过程中,受教育者的思想有高、中、低层次,所讲的道理有大、中、小区分,教育的内容有轻、重、难、易程度,这就要求科学地组织实施大学生思想政治教育内容,在教育内容范围上的宽窄、分量上的多少、层次上的高低和程度上的强弱等方面有所区分和侧重。这主要讨论大学生思想政治教育内容的适应性和针对性问题。大学生思想政治教育过程是教育者按照社会要求科学组织实施教育的过程,也是受教育者基于自身的思想基础和内在需要能动地选择并接受教育的过程。因此,科学组织实施教育内容的一个很重要方面,就是把握教育内容与受教育者思想实际的对应性,即针对受教育者个性心理和思想品德发展水平确定教育内容的广度、深度、进度和强度。在大学生思想政治教育中,如果起点设置不当,脱离受教育者的年龄特征和心理实际,脱离他们的知识、思维和意识发展水平,采取高调宣讲、单向灌输的手法,就很难有效地为受教育者所认同,有时甚至引起逆反心理,产生负效应。因此,在大学生思想政治教育内容的组织实施上,应根据教育对象的特点进行内容的调整和深化,宜先安排较具体的内容,后安排较抽象的内容,也可视具体情况分层递进或必要时适当降层,以增强大学生思想政治教育内容组织实施的科学性。

三、系统性原则

大学生思想政治教育是一项系统工程。大学生思想政治教育内容的系统性,一是指大学生思想政治教育内容不是无机的堆砌,而是有机的组合,不是各要素的简单罗列和无序拼凑,而是在时间和空间上有机联系与相互作用,是严密的完整的结构体系;二是指这些内容的实施并非三言两语、一朝一夕所能奏效的,而是一个精心组织、系统施教、长期持续的过程。大学生思想政治教育内容的系统性,具体包括教育内容的全面性、教育内容的协调性和教育内容的持续性。

(一)教育内容的全面性

教育内容的全面性是指大学生思想政治教育内容构成要素具有全面性、整体性和统一性。全面是相对于片面而言的,是指系统各个方面有机联系的总和,系统整体所具有的质不同于系统各要素具有的质,整体大于它的各部分的总和。教育内容的全面性基于人的整体性、教育的整体性和生活的整体性,依据人的全面发展理论,源自社会对其成员的全面要求,遵循大学生思想政治教育内容生成发展的规律。

(二)教育内容的协调性

教育内容的协调性是指大学生思想政治教育内容诸要素相互关联、有效衔接、互动有序、协同发展。协调意味着协同融洽、配合得当、有机兼容、和谐一致,是相对于失调的同级范畴,协调与有序相衔接,失调与无序相关联。大学生思想政治教育的内容极其丰富,诸多内容之间相互衔接,不可分割,而丰富的内容只有以某种方式协调与和谐地排列组合起来,从而处于一个协调的结构之中,才能有机生成,功能互补,才能在大学生思想政治教育实践中最大限度地发挥整体功效。因此,在建构大学生思想政治教育内容的过程中,要注意教育内容横向要素的协同和纵向阶段的协调,使之互动有序,协同配合,从而发挥最佳的教育效应。

各形态教育内容的横向协调。协调的大学生思想政治教育内容必定是诸内容形态各自地位明确、主次关系清晰、重点内容突出、互补互融良好的状态,是诸内容形态中各要素之间的依存深度、联系广度和关联程度的协同调和。如政治教育、思想教育、道德教育是大学生思想政治教育内容的基本形态,在大学生思想政治教育内容体系中具有不同的性质,处于不同的地位,有着相应的分工,发挥各自的作用。

(三)教育内容的持续性

大学生思想政治教育内容是一个有序递进的过程,它立足于人的思想实际,有的放矢,又根据人的认识规律,循序渐进,具有持续性。教育内容的持续性是指大学生思想政治教育内容具有渐进、有序、上升的特性,而不是突变、无序、迭落的状态。大学生思想政治教育内容的持续性体现在三个方面:一是有序性,即有秩序而不混乱,这是大学生思想政治教育内容持续性的重要前提;二是稳定性,即均衡发展而不是波动起伏,这是大学生思想政治教育内容持续性的基本状态;三是连续性,即连绵延续而不是间隔中断,这是大学生思想政治教育内容持续性的主要走向。

四、层次性原则

所谓层次,是指系统及其组成要素在时间和空间上的间隔所表现出的等级次序和系列关系。大学生思想政治教育内容结构与其他任何事物的结构一样,具有明显的层次性特点,这是由人的思想品德形成的渐进性、长期性、反复性特点和大学生思想政治教育过程的丰富性、复杂性、多端性特质决定的,其实质是实事求是的思想路线和唯物辩证法关于矛盾的普遍性与特殊性原理在大学生思想政治教育内容建构中的体现。

（一）教育目标上的分层设计

大学生思想政治教育内容的层次性，一方面受制于教育目标，另一方面受制于教育对象。大学生思想政治教育目标是个集合概念和有机系统，包括政治、思想、道德、法纪、心理等方面的要求，有时间意义上的远期目标、中期目标和近期目标之分，空间意义上的宏观目标（根本目标）、中观目标（基本目标）和微观目标（具体目标）之分，对象意义上的社会目标、群体目标和个体目标之分，效果意义上的直接目标和间接目标之分，体现了要素的丰富性和结构的层次性，是社会性与个体性、超越性与现实性、整体性与层次性的统一。

大学生思想政治教育目标规定着大学生思想政治教育内容，大学生思想政治教育目标的层次性决定着大学生思想政治教育内容的层次性。遵循大学生思想政治教育目标上的分层设计要求，我们可以把教育目标设定为培养健全的人、遵纪守法的公民、忠诚的爱国者、合格的建设者和坚定的接班人五个层次。这既体现了大学生思想政治教育目标的一致性和连续性，又反映出大学生思想政治教育目标的层次性和渐进性。顺应大学生思想政治教育目标的层次性，在大学生思想政治教育内容上可以划分为基础文明与个人品质层、职业道德与公民品质层、主流价值与政治品质层。现在一般把大学生思想政治教育内容相对划分为三个层次：较低层次的教育内容，即大学生思想政治教育的基本要求和基础性内容，如传统美德、社会公德等，它是"必须"的层次；较高层次的教育内容，即反映社会主导要求的教育内容，如爱国主义、集体主义、社会主义思想等，它是"弘扬"的层次；最高层次的教育内容，即具有先进性、崇高性和理想性的教育内容，如马克思主义世界观、共产主义理想信念等，它是"追求"的层次。这三个层次相互联系、有机统一，呈现出由低到高的递进关系。总之，大学生思想政治教育内容要从整体出发，遵循由简到繁、由易到难、由外到内、由低到高的发展规律，保持现实针对性和内在逻辑性，保持层次之间的动态联系。

（二）教育对象上的分类把握

教育内容的层次性与教育对象的层次性是相联系的。在现实社会中，影响人的思想的因素，包括社会的经济条件、政治制度、文化环境以及每个人的认知水平、能力素质、精神境界、生活境遇，等等。由于人们的年龄、性别不同，所处的社会地位不同，生活经历不同，所受的社会影响和教育不同，这些都可能导致人们政治信念、思想觉悟、道德水平的差异性，从而决定着大学生思想政治教育内容的层次性。这种层次性，既表现为横向上的先进、中间、后进或系统与零散、清晰与模糊等状态层次，又表现为思想境界、觉悟先后、成熟程度的高低层次。我国社会发展的阶段性和复杂多样的社会环境，造成了人们思想认识的多样性和觉悟程度的层次性，人们的思想观念、价值取向、生活方式更加趋于多样化，产生了多种思想观念并存的状态，形成了我国思想道德领域的多层次状态。大学生思想政治教育必须从这个现实出发，尊重差异，包容多样，在尊重差异中扩大社会认同，在包容多样中增进思想共识，使教育内容具有层次性，即对不同层次的对象设计、制定出不同层次、不同要求的教育内容，克服同质化倾向。

总之，在大学生思想政治教育内容建构中，要坚持整体性与层次性相结合，既要考虑内容系统自身的完整性，使诸多教育内容形成合力，最大限度地发挥整体功效，又要遵循教育规律的内在要求，避免"一刀切""一锅煮"，以适应不同教育对象的实际和社会不同发展阶段的要求。

（三）教育内容上的分别实施

大学生思想政治教育的效果，归根到底取决于教育者所实施的教育内容及受教育者的接受程度。每个人都是独特的个体，都有独特的自我和精神世界，不同群体、不同阶层的人对社会政治问题的关注点和思想理论的兴趣点有所侧重，对社会生活的感受和人生发展的体验不同,因而人们的政治期望和未来愿景有差异,政治诉求和思想追求的内容与程度也有区别,在目标指向、内化过程和外化结果上具有自主性、选择性、重构性、差异性等特点。这些差异、侧重和特点,要求大学生思想政治教育在内容上处理好总体规划与具体实施的关系,即根据不同教育对象的具体特点,分类型、分层次、分阶段地规划教育过程,有重点、有区别、有针对性地开展教育活动。

五、时代性原则

"时代"是人类生存和活动的时间标尺,是对社会历史运动特定时态的确认。人的活动及其结果无不打上时代的烙印,即具有时代性。时代性蕴涵着历史发展的新趋势,体现着社会经济、政治、文化变化的新格局,凝聚着人类文明进步的新信息,展示着社会前进的新风貌。大学生思想政治教育内容是随着时代的发展而发展的。对时代的本质的科学认识和深刻把握,形成了主体人对于社会历史活动所特有的时代感。大学生思想政治教育内容最能敏锐体现和反映时代的特点和面貌,增强大学生思想政治教育内容的时代感,是加强和改进大学生思想政治教育的题中应有之义。这就要求在建构大学生思想政治教育内容时坚持时代性原则,坚持用时代的要求审视大学生思想政治教育内容,用发展的眼光研究大学生思想政治教育内容,用改革的精神建构大学生思想政治教育内容,努力使大学生思想政治教育内容富于时代感、现实性、针对性和亲和力。

(一)体现时代感

在整个人类历史上,每个特定的时代都有反映这个时代本质特点的思想理论体系。我们处在一个变革的时代和开放的世界中,改革是这个时代最鲜明的特征,改革创新是时代精神的核心,与时俱进是时代精神的特征,在改革开放的时代进程中,各项社会实践活动包括大学生思想政治教育,都要与时俱进。

增强时代感是现代大学生思想政治教育的本质要求,走在时代前列是大学生思想政治教育的生命力之所在,不断赋予大学生思想政治教育鲜明的时代特征、时代内容和时代风格,是其富有生机与活力的关键。时代需要大学生思想政治教育,大学生思想政治教育更需要敏锐关注时代变化,紧紧贴近时代脉搏,深刻把握时代主题,积极顺应时代要求,充分表达时代精神,有效解答时代课题,从而使大学生思想政治教育始终保持与时俱进的品质。这就必然要求把改革创新、与时俱进贯彻落实到大学生思想政治教育过程中,积极面对新形势,研究新情况,解决新问题,着眼于新的实践,进行新的探索,认真研究新的时代条件下大学生思想政治教育内容的特点和规律,努力增强大学生思想政治教育内容的时代感,增强大学生思想政治教育的预见性、主动性和创造性。

(二)注重现实性

大学生思想政治教育的内容之所以成为受教育者的接受对象,取决于教育内容具有满足社会现实与个体生活需要的属性。因此,注重大学生思想政治教育内容的现实性,要求增强教育内容与教育对象的相关程度,在教育内容中关注现实生活,在教育过程中解决实际问题。教育实践表明,远离社会现实生活的理论内容和话语体系容易给人说教感,使人敬而远之,甚至产生腻烦和逆反,如果大学生思想政治教育的内容脱离社会发展和时代进步的要求,所传授的思想观念缺乏现代气息,陈腐守旧,空洞乏味,大学生发现教育内容与现实生活脱节或不相符,就会对教育产生反感和排斥情绪,那么,这样的教育不仅不能起到应有的作用,反而会使他们在面对现实时产生困惑、迷茫,从而导致对教育内容和教育者的不信任感。

在新世纪新阶段,在我国社会利益格局多元、社会群体多元、社会价值多元的阶段,社会矛盾交织复杂,就业、社会保障、收入分配、教育、医疗、住房、安全生产、社会治安、环境保护、消极腐败等方面关系人民群众切身利益的问题比较突出,社会热点问题和群众关心的焦点问题多。因此,要坚持贴近实际、贴近生活、贴近大学生的原则,注重人文关怀和心理疏导,尊重人的人格,理解人的处境,关心人的疾苦,注意结合大学生在学习、成才、交友、求职、就业、健康、生活等方面遇到的现实问题开展教育,解答大学生关心的理论热点、思想疑点、社会焦点和现实难点问题,既要关注大学生的成才,又要关心大学生的成长,缓解大学生面临的经济困窘、心理困扰、情感困惑、就业困难等现实问题,坚持把解决思想问题与解决实际问题有机结合起来,做到动之以情、晓之以理、示之以行、施之以爱,从思想上关心给人以智慧和觉悟,从生活上关心给人以温暖和实惠,帮助大学生"思想上解疑、精神上解惑、文化上解渴、心理上解压、生活上解困",从而在解决实际问题中贯穿思想教育,通过解决现实问题引导群众提高精神境界。

(三)提高针对性

大学生思想政治教育内容针对性的强弱是大学生思想政治教育有效性高低的决定性条件。所谓针对性,即明确的指向性,包括教育对象的指向性和教育内容的指向性。大学生思想政治教育内容的针对性,主要是指针对客观实际,包括针对社会生活实际和教育对象的思想实际。

改革开放以来,我国社会生活的状况和社会成员的思想发生了复杂而深刻的变化,给大学生思想政治教育带来了大量新情况、新问题。增强大学生思想政治教育内容的针对性,就是要正确认识社会的新变化,科学把握大学生思想的新特点,从他们的切身利益出发,关注真实的思想问题和实际问题,做到尊重学生、理解学生、关心学生、爱护学生。要适应形势变化的需要,及时对大学生思想政治教育内容体系进行充实和调整,注意增加一些具有教育对象个人特殊性、能有效缓解其思想矛盾、心理冲突、情感困惑等问题的相关内容,解答他们迫切需要解答的问题,做到思学生所想、答学生所问、解学生所疑、释学生所惑,从而指导和引导其现实生活,使大学生思想政治教育既解决方向原则问题,又解决个人现实问题,既有原则高度,又有教育力度。

（四）增强亲和力

亲和即亲切、和悦。大学生思想政治教育亲和力是大学生思想政治教育实践活动对教育对象所具有的亲近、吸引、融合的倾向或特征,是教育对象对大学生思想政治教育实践活动产生的和谐感、亲近感、趋同感,是一种感染、凝聚、吸引、感召的力量。大学生思想政治教育内容的亲和力,是大学生思想政治教育内容与受教育者的互动关系和融合状态,是大学生思想政治教育内容对于受教育者所产生的吸引力、感召力和说服力。大学生思想政治教育内容要在贴近教育对象、注重知识含量、创新话语体系等方面增强亲和力。

六、稳定性原则

大学生思想政治教育内容是动态变动性与相对稳定性的辩证统一。稳定是指系统某一状态持续出现而表现出的确定有序的特性。稳定性是指根据教育方针、教育目标和受教育者自身特征确定教育内容而体现出的相对静止的特性。大学生思想政治教育内容的连贯性和稳定性关涉大学生思想政治教育的可信度,因此,大学生思想政治教育内容的建构应处理好内容的动态性与稳定性、与时俱进与一脉相承的关系,使大学生思想政治教育内容在动态变动过程中形成相对稳定的结构体系。

（一）内容基本要素的稳定性

大学生思想政治教育内容系统状态中包含着不易受外界影响而改变的部分和易受外界影响而改变的部分。虽然大学生思想政治教育内容系统内部各要素由于各种原因经常会发生这样或那样的运动和变化,但在一定的条件下和一定的时间与空间内,内容系统结构还是稳定的。同时,由于大学生思想政治教育内容结构的有序性,也会使大学生思想政治教育内容系统内部诸要素之间在相互作用时产生某种惯性,以维持系统的平衡,即显现出大学生思想政治教育内容结构的稳定性。因此,尽管大学生思想政治教育的内容很广泛、很丰富,且随着社会经济政治形势的发展变化还会不断地产生新需要,提出新要求,增加新内容,创造新形态,但大学生思想政治教育内容的基本要素不会经常发生变化,其内在发展具有相对的稳定性。正因为这些构成要素的相对稳定性,形成了大学生思想政治教育内容特定的质和量的规定性,彰显着大学生思想政治教育的科学性。

大学生思想政治教育内容的基本要素,以不同的标准、从不同的层面可以做出不同的划分。从横向类别上,可以分为政治教育、思想教育、道德教育、法纪教育、心理教育,这五大教育内容已经逐步成为一种共识。从纵向层次上,可以分为大学生思想政治教育的基础性内容、大学生思想政治教育的主导性内容、大学生思想政治教育的拓展性内容,这三个方面的内容也是相对稳定的。此外,还可以作其他的划分。当然,这样的划分是相对的。需要指出的是,尽管大学生思想政治教育内容的基本要素是相对稳定的,但是,每一构成要素的内涵总会随着时代的发展和社会的进步而变化,是一个动态发展的过程。

(二)内容基本观点的稳定性

稳定性的表现是大学生思想政治教育内容在质的方面相互适应,在量的方面相互匹配,从而保持协调平衡的状态。稳定性是大学生思想政治教育内容自身科学、成熟与合乎规律的必然结果,因为只有反映客观规律的科学内容,才能经得起实践的检验和历史的拷问。而以往的大学生思想政治教育内容,变动性有余,稳定性不足。正如有学者在剖析德育内容时所说的那样:"在中国德育现实中人们看到的是太多的应时、应景、应制的成分。起初为适应政治需要,后来为了适应经济发展、商品经济和市场经济,德育研究和实践穷于适应,频换内容体系。"①更有甚者,他们不是以科学的精神对待大学生思想政治教育,而是以实用主义、机会主义的态度"跟风""追潮",反而造成对诸多理论问题和社会现象说不清、道不明、讲不透。对德育内容的这些反思,同样适用于大学生思想政治教育。如果这种状况不加以改变,必将导致人们对于大学生思想政治教育的科学性产生怀疑,从而败坏大学生思想政治教育的声誉,损害大学生思想政治教育的形象,其结果必然危及大学生思想政治教育应有的社会价值的实现。因此,在大学生思想政治教育内容的建构中,要科学把握教育内容的内在联系,注意前后一致,防止前后矛盾,保持基本理念、基本观点、基本原则、基本规范的稳定性、一贯性和连续性。

第二节　大学生思想政治教育内容的结构

大学生思想政治教育的内容是思想政治教育的核心要素,它不仅对思想政治教育的形式有决定作用,而且其不断拓展也充实和丰富了大学生思想政治教育的理论和实践。大学生思想政治教育的内容结构主要可以分为以下三个层面。

一、较低层次的教育内容——"必须"层次

(一)传统美德教育

1.自强不息教育

"自强不息"这个词语最早出现在《周易》中:"天行健,君子以自强不息",它是从中国古代"天人合一"的宇宙观和朴素的人文

---

① 檀传宝.德育美学观[M].太原:山西教育出版社,2001,第10页.

思想中孕育发展出来的人民的心理素质和精神状态,它根植于中华民族的传统之中,是中华儿女发奋图强,自立于世界民族之林,实现民族伟大复兴的精神动力。从另一个方面来看,人类的发展,文明的进步,是永远不会终结的;而人对自然,社会发展的认识,以及在此基础上形成的永无止境的向上努力、自重自信自强的精神。对大学生进行自强不息教育的目的,就是要使大学生志存高远,刚健有为,不怕困难,积极向上,奋发图强。

2.忧患自省教育

忧患意识可以说是一种责任意识,它是个体履行应当承担的社会责任并努力维护社会正常运行的信念和意志。这种意识是个体在社会分化和社会整合中必须拥有的,要求人们在市场经济发展过程中敢于承担风险、敢于再创辉煌,把国家、民族的生存发展放在心上;还要求他们树立以天下为己任的历史使命感,维护国内安定、发展、团结、进步的稳定局面,保持积极进取、艰苦奋斗的昂扬斗志,以自身的行动去实现社会发展和民族振兴。

中华民族的优良传统远远不止这些,物物相依的集体精神、不畏强暴的抗争精神,还有生生不息的变革精神、经世致用的实用精神、正道直行的廉洁精神,大公无私的奉献精神,等等,都是祖先遗留给我们的珍贵的精神财富,加强对大学生进行这些中华民族的优良传统精神教育,会在不同的层次、不同的侧面锻炼他们的意志、完善他们的人格,提升他们的精神境界。

(二)社会公德教育

社会公德又称为公共生活规则,它是人们在一定经济条件下,在经济活动与一般社会生活中应当遵守的起码的道德规范和行为准则,是法律得以正常运作的有效支持和补充。社会公德在人类公共生活的实践中产生,由人们世代相传并得到不断补充和发展的,它的任务在于保证整个社会生活的正常进行,防止危害公共生活的不良道德现象的产生和泛滥。它覆盖了人与人、人与社会、人与自然之间的各种关系,是社会工作、学习、生活能正常进行的重要条件和重要保证,是一个国家和民族文明程度和道德风貌的显著标志,也是培养社会主义精神文明和造就社会主义建设者的重要内容。在社会主义市场经济条件下,我们要在大学生群体中大力倡导以文明礼貌、助人为乐、爱护公物、保护环境、遵纪守法为主要内容的社会公德,鼓励他们在社会上做一个好公民。

二、较高层次的教育内容——"弘扬"层次

(一)爱国主义教育

1.中华民族发展历史教育

历史是不能割断的,只有懂得历史才能正确地了解现在和展望未来。我们要讲中华民族发展史中的曲折,更要讲近百年来我国的屈辱史,讲现代中国革命史,讲新中国的艰苦创业史,使人们懂得,特别是使青少年懂得,新中国来之不易,社会主义建设成就来之不易,让人们知道我们国家有今天,多少先烈付出了鲜血和生命,亿万人民进行了多么艰巨的劳动。还应当注重讲杰出人物个人的历史,讲杰出人物、英雄模范的奋斗史、贡献史。因为这样的史料最真切,最实际,也最感人,同时又包含着这些人物的世界观,也最容易引人效法、学习,具有潜移默化的作用。学习革命先烈为了共产主义的实现而不惜抛头颅、洒热血的精神,学习新时期各条战线上涌现出来的先进人物和事迹,能够使人们更好地认识过去,立足现在,展望未来。

2.中华民族优秀传统文化教育

中华民族是一个有着五千年悠久历史的伟大民族,我们的祖先通过世世代代的辛勤劳动创造出了光辉灿烂的历史文化,这是我们中华民族的历史瑰宝,是进行爱国主义教育的重要内容。古

老的《书经》中，周武王在《泰誓》里就提出"民之所缺，天必从之"的思想，强调要尊重人民的意愿和要求。古老的《周易》和《老子》充满辩证思想，至今为世界许多国家所研究和运用；智育《孙子兵法》和我国古代其他许多兵家的著述，至今被许多国家的军事学院定位必读书，而且被广泛应用于企业和市场竞争，显示出他们的无限生命力。在近代，我们落后了，但在新中国成立不久，我们自力更生制造出"两弹一箭"。我国在尖端科学、尖端医学等方面，有许多重大突破，居于国际领先地位。在当代，随着全球化浪潮的兴起，具有不同历史传统和民族特色的文化之间的碰撞和交融将更加广泛、更加频繁、更加激烈、更加深入。一个国家在全球化浪潮中能否保持其优秀民族文化，不仅关系到本民族文化的生存与发展，还关系到国家的命运和前途。特别是一些西方国家借全球化之际，凭借其雄厚的经济实力和信息高科技优势，打着"文化全球化""文化一体化"的旗号，大肆推行文化殖民主义，以达到损害别国本土文化的目的。因此，我们引导人们继承和发扬中华民族优秀文化传统，培养人们对民族文化的热爱和认同，增强民族自尊心、自信心和自豪感，在西方文化霸权主义面前，人们可以自觉保护和弘扬本民族文化，维护国家的利益。

3. 国家安全教育

当前世界形势动荡不安，地区冲突、局部战争此起彼伏，恐怖活动日益猖獗，给世界和平带来了诸多不稳定因素。在新时期必须加强国防意识教育和国家安全教育，并将此作为爱国主义教育的重要内容。爱国主义教育与国家安全教育有着十分密切的联系，爱国主义教育是国家安全教育的核心和灵魂，国家安全教育是最生动、最实际、最有效的爱国主义教育。国家安全、国防意识，从本质上来说也体现着国家意识、国家观念。没有国家安全意识也就没有真正的国家意识，也就很难产生真正的爱国主义情感；没有国防观念，也就很难从理性的高度把握科学的国家观念，因而也就很难使朴素的爱国主义情感向科学和理性的层面生化。

随着经济全球化的不断深入,国家安全的内涵与以往相比也有了很大不同,不仅包括政治、军事安全,而且更突出了经济安全,同时又包含科技、文化、信息安全。因而要应顺应时代要求,提升与拓展国防教育,树立大国防观念,进行大国防教育,培养人们科学的国家安全意识。

4.民族平等团结教育

中国是一个多民族国家,进行深入的民族平等团结的教育对维护民族团结和国家的稳定是非常重要的。我们国家共有 56 个民族,虽然各民族的人数有多有少,并不均衡,但是各民族之间相互依存,不可分割,并无高低贵贱之分,每个民族都享有相同的权利,履行相同的义务。

首先,让人们明白 56 个民族都是优秀的、勤劳的、富有智慧的民族,民族之间没有优劣之分、贵贱之别,谁也离不开谁,各民族都享有平等的权利、履行相同的义务。还要让人们明白只有加强民族团结,才能消除民族隔阂和民族歧视,真正实现平等。民族团结也是实现国家统一的前提和保证,要让人们了解到民族平等和民族团结是社会稳定、国家昌盛和民族共同繁荣的基础,中华民族是一个同呼吸、共命运的整体,合则兴,分则衰。

其次,进行民族区域自治制度教育,旨在进行民族基本制度教育,在国家的统一领导下,少数民族在聚居的区域内设立自治机关,自主地管理本民族本地区内部事务,行使自治权,从而体现其主人翁地位,发展平等、团结、互助的社会主义民族关系。民族区域自治制度是实现民族平等、民族团结和各民族共同繁荣的法律保障。

再次,进行各民族共同繁荣的教育,要让人们认识到民族地区的现代化与全国其他地区的现代化、民族地区全面小康的实现与全国其他地区全面小康的实现是密切联系,相互促进的,各民族的繁荣将使中华民族立于世界民族之林,各民族地区的繁荣将使整个国家的社会主义现代化实现;要让人们认识到各民族共同繁荣是指各民族在政治、经济、文化和社会等各方面得到全面发展进步，而不单单指某一方面；要使人们认识到经济发达民族和地区帮助少数民族和民族地区发展经济文化事业是责无旁贷的义务，从而实现共同发展。

总之，弘扬爱国主义精神是中华民族的光荣传统，也是每个中国人的责任与义务。作为思想政治教育体系的重要内容，爱国主义教育体现了社会主义精神文明建设的主旋律，有助于推动社会主义现代化建设，爱国主义教育具有划时代的历史意义。

（二）社会主义核心价值观教育

1.社会主义核心价值观的内容

党的十八大用"三个倡导"凝练了社会主义核心价值观的内容，富强、民主、文明、和谐、自由、平等、公正、法治、爱国、敬业、诚信、友善，短短二十四个字以三个层面概括了全部的社会核心观念。在此之后，中共中央办公厅发文为这二十四个字的核心价值观内容正式确定了三个不同的层面。①

社会主义核心价值观的二十四个字内容是与中国特色社会主义发展要求相契合的，与中华民族的优秀传统文化内容和全世界古老文明传承的核心内容是一致的，是我们党凝聚新时期全社会价值共识而做出的重要论断。这二十四个字虽然简短，但内容却非常丰富，是一个完整有机结合的整体，对我国今后一个时期社会建设方向具有重要的指导作用。

2.完整准确把握社会主义核心价值观本质

（1）主导价值与社会制度的统一
从经济基础和上层建筑的角度来看待主导价值和社会制度

---

① 中共中央办公厅印发《关于培育和践行社会主义核心价值观的意见》[N].人民日报，2013－12－24.

的话,主导价值与社会制度属于后者。再从主导价值与社会制度的关系来看,社会制度的地位更加基础,是主导价值的外在表现形式,在各个层面体现了主导价值;而主导价值则起到引领作用,是社会制度的内在精神和生命之魂,对社会制度的内在本质起到规定作用。在社会主义社会,社会主义制度需要当前以社会主义核心价值观为引领的主导价值的理论指导和精神支撑。尤其是在全面建成小康社会的今天,社会主义核心价值观及其体系在政治建设、文化建设、经济建设等各个方面对社会主义制度起到引领作用。社会主义核心价值观及其体系能够让人们确信在中国共产党的领导下,能够更好地维护社会稳定有序地运行,对于政治、经济和文化三方面的秩序都将起到极为有利的作用。因此,从建设社会主义社会的战略角度看,培育和践行社会主义核心价值观,对于更好的建设社会主义社会,实现三步走战略,具有极为重要的作用。

(2)一元化与多样化的统一

当前我国处于社会主义社会的初级阶段,经济制度是处在公有制为主体、多种所有制经济共同发展的阶段。因此,在经济利益问题上、在文化观念问题上存在着一元化和多样化矛盾的问题。从整个社会形态发展的需要来看,社会发展的未来本就存在着无限的可能性。在一元观念的主导之下,人们必将实现多样化观念的最终统一。因此,在建设社会主义的过程中,党必须引领中国人民实现经济利益和价值观念上的一元化与多样化的统一。而引领中国人民的观念则是社会主义核心价值观及其体系。社会主义核心价值观及其体系是既着眼于当前又布局未来的庞大社会统治观念,是社会主义社会的根本所在。

(3)先进性与广泛性的统一

百舸争流,千帆并进。在我国社会主义社会初级阶段,我国实行以公有制为主体多种所有制经济共同发展的经济制度和以按劳分配为主体多种分配方式并存的分配制度。这就对应着我国社会体制中将存在不同系统、不同层次的经济主体、道德主体和价值主体。这种格局的分配制度要求我国社会既能够鼓励先进继续发展，又要照顾多数维护社会稳定。如上文所述，社会主义核心价值观肯定了社会上存在的多样性事实，就确定了社会上存在多个层次主体的现实。因此，社会主义核心价值观及其体系并没有运用一个道德标准要求各阶层的社会群体。总的来说，社会主义核心价值观及其体系对待社会主体的态度可以归纳为倡导积极的，支持有益的，允许无害的，改造落后的，抵制腐朽的，反对错误的。社会主义核心价值观及其体系针对人们在观念上的层次性问题，坚持用先进的思想道德引领全体社会成员在思想观念上不断提升，向主流价值观念靠拢。由此来看，社会主义核心价值观及其体系对于不同层次群众的思想状况的态度，体现了当今社会发展的愿望和追求，涵盖了不同的群体和社会阶层。

（4）理想性与现实性的统一

培育和践行社会主义核心价值观需要广大劳动人民将社会的远大理想与现实情况紧密结合起来，运用扎扎实实的实践实现伟大的理想。社会主义核心价值观及其体系将远大理想通过实践与改革、创新联系起来，致力于破除中国特色社会主义共同理想实现的阻碍。唯有如此，才能不断增强人民群众对团结在中国共产党的领导下实现中国特色社会主义的信心。

（5）传统与时代的统一

社会主义核心价值观及其体系继承了中国传统的价值观念，将中华民族的优秀文化涵盖了进来，用中华民族的语言风格予以精确表达。与此同时，社会主义核心价值观及其体系还将当前时代的发展特色容纳进来，将时代精神作为一个重要内容凝聚中华民族的信心与智慧。因此，社会主义核心价值观及其体系是传统与现代价值观念的统一，实现了中华民族在价值观念问题上的衔接。这也说明，社会主义核心价值观及其体系具有极强的创造力和感召力。正是这种感召力和创造力，不断凝聚一个又一个时代发展的文化内核。

（6）理论性与实践性的统一

社会主义核心价值观念及其体系作为上层建筑的一种，是抽象的理论形态。社会主义核心价值观及其体系的内容包括了当前社会发展过程之中最本质、最普遍的价值规律，具有极大的包容性，能够在多元社会思潮的发展中形成明确的引领方向，从而达成最广泛的社会共识。但是，社会主义核心价值观又是具体和实在的。社会主义核心价值观是对当前社会具体状态最深刻的总结，因此，社会主义核心价值观与社会生活的方方面面紧密联系，是社会上每个个体在当前生活状态之中世界观、人生观和价值观的灵魂和内核，对人们的生活选择产生具体而又实在的影响。当前，我国社会建设过程中，将社会主义核心价值观融入社会建设的各个方面同样体现了社会主义核心价值观与当前社会状态紧密结合的具体性。

（7）稳定性与发展性的统一

社会主义核心价值观是一个能够包容社会多样价值观的开放系统。从其性质、地位、特征和功能等方面来说，社会主义核心价值体系始终是我国社会主义社会建设的核心理论内涵，始终在我国社会主义建设过程中占据引领地位，始终包容我国社会多元价值体系。因此，社会主义核心价值观及其体系在未来一个较长时期内会引领我国的社会发展。而且，我国社会是发展的社会，结合这一点还可以发现社会主义价值观及其体系在一个较长时期内都将以一个包容的姿态容纳各个社会阶段的时代精神，不断凝聚，最终形成一个集中华民族精神的一元价值体系。

三、最高层次的教育内容——"追求"层次

（一）马克思主义世界观

马克思主义世界观正确地揭示出自然界、人类社会和人类思维发展的普遍规律，并在实践的基础上达到了革命性和科学性的

高度统一,因而是唯一科学的世界观,成为无产阶级认识世界和改造世界的强大思想武器。马克思主义世界观教育是思想政治教育内容中带有根本性的教育,是思想政治教育的核心内容,主要体现于辩证唯物主义教育、马克思主义认识论教育和历史唯物主义教育之中。

1.辩证唯物主义教育

马克思、恩格斯创立的辩证唯物主义把唯物主义和辩证法有机地统一起来,建立了既是唯物主义又是辩证法的世界观。进行辩证唯物主义教育,最主要的就是帮助人们正确认识物质和意识的辩证关系,确立实践第一的观念,坚持解放思想、实事求是的辩证唯物主义原则,学会用联系的、发展的、全面的观点看问题,掌握矛盾分析法这一最根本的认识方法。进行辩证唯物主义教育,可以使人们树立辩证唯物主义的基本观点,从而提高人们认识世界和改造世界的能力。

2.马克思主义认识论教育

马克思主义认识论是以实践为基础的革命的能动的反映论,其基本观点是反映的观点、实践的观点和辩证的观点。作为唯一科学的认识论,它坚持从物质到感觉和思想的唯物主义认识路线,认为物质世界是不以人的意识为转移而客观存在的;认识是人脑对客观世界的能动反映;认识不仅反映客观世界,而且能动地反作用于客观世界,通过实践改造客观世界。因而,进行马克思主义认识论教育,最主要的是要自觉坚持实事求是的思想路线,在实践中检验真理和发展真理,使无产阶级和劳动民众的主观认识与客观实践保持具体的历史的统一。

3.历史唯物主义教育

历史唯物主义即社会历史观上的辩证唯物主义。它解决了社会历史观的基本问题,揭示了社会生活的客观性和社会发展的辩证法。历史唯物主义为研究社会生活和社会历史,为分析和考察社会生活中的各种错综复杂的现象及揭示其本质,提供了科学的理论基础和方法论指导。进行历史唯物主义教育,最主要的是要引导人们掌握社会发展的基本规律,坚定社会主义信念,积极投身于社会主义现代化事业;学会运用历史唯物主义的观点和方法分析和看待历史事件、历史人物和各种社会现象;树立群众观点,尊重群众,依靠群众,紧密地和人民群众联系在一起。

(二)共产主义理想信念

1.共产主义理想信念的基本内容

共产主义理想是全世界无产阶级和广大人民群众的崇高理想。共产主义理想的内涵包含着理论、运动、制度和精神等深刻的内容。作为理论的马克思主义,早已闻名于全世界;作为运动,它通过国际共产主义运动推动着世界历史的发展;作为制度,其第一阶段即社会主义已成为现实;作为精神,如全心全意为人民服务、集体主义等,早已成为共产党员的宗旨和实践。实现共产主义是共产党人的崇高理想。

共产主义虽然是远大理想,但是未来共产主义社会的特征还是具体的:其一,社会作为一个整体直接占有全部生产资料,即实行生产资料公有制;其二,在此基础上,对全社会的生产进行计划调节;其三,社会劳动产品直接分配给劳动者,实行按劳分配,到高级阶段进而实行按需分配;其四,在实现公有制前提下,消灭阶级、消灭剥削;其五,最终实现每个人全面、自由的发展。

理想的实现是一个过程,理想的追求也是一个过程。从共产主义理想实现的全过程来看,每一代共产主义者对共产主义理想的追求,都为这个理想的最终实现做了贡献,因而他们的追求无疑是有价值的。共产主义理想的实现是若干代人不懈追求的结果,没有前面若干代人的追求作为铺垫,就没有共产主义理想的最终实现。若干代人的理想追求的价值都积淀在共产主义理想的最终实现之中。共产主义理想的实现是一个漫长过程,一代代共产主义理想的追求者,尽管处于理想实现总过程的不同时期,但每一代人都有其付出的辛劳,也都有其收获的喜悦。理想是一个不断实现或逐步实现的过程。理想目标并不只是最终目标而已,它实际上包含许多具体的目标或阶段性理想。人们通过实现这些小的或中等的目标,最后达到最大的目标。

2.为实现远大的理想而努力奋斗

第一,正确认识理想与现实的辩证统一关系。理想与现实的关系是对立统一的。一方面,理想来源于现实,理想的材料来源于现实,理想的可能性来源于现实,理想的动机也来源于现实。另一方面,理想又高于现实,是现实的升华。理想是透过现实中的表面现象,对事物发展趋势和发展规律的能动反映。在一定的条件下,理想与现实可以相互转化。共产主义理想是人类最伟大、最崇高、最科学的理想,它的实现并不是一蹴而就的,而需要经过一代又一代人长期的艰苦奋斗才能实现。一方面要教育大学生,"志不立,天下无可成之事",每个人都应该有为之奋斗的目标;另一方面,要教育他们,理想目标的实现,既受客观条件的限制,需要奋斗终生,需要用汗水去浇灌。

第二,把个人理想融入共产主义理想之中。共产主义理想不仅是一种社会政治理想,也是一种个人道德理想。它不仅是人类社会发展所追求的理想社会,也是个人道德修养所追求的理想人格和道德境界。因此要把共产主义理想的追求与自己的日常生活融在一起。个人理想是以人的一生为全程,是在一生中可能实现的;而社会理想则是以大时代为单位,是若干代人的事情。作为社会政治理想,共产主义的实现非常漫长,在我们这一生中不能实现,但作为个人道德理想,则可以在我们这一生中得到实现。

第三,要发扬艰苦奋斗的创业精神。艰苦奋斗在不同的历史时期有不同的具体特点。在进行社会主义现代化建设的今天,当然不是要人们回到"小米加步枪""缝缝补补又三年",重过节衣缩食的艰苦生活。我们说艰苦奋斗精神是永存的,指的是振兴中华的责任心和使命感,不怕困难,无私奉献的拼搏精神和创新精神。艰苦奋斗是建立在科学的世界观、人生观和价值观之上的一种精神、一种品格、一种风范、一种生活方式和一种人生追求。青年大学生是最富有创新意识、创新能力的群体,在全面建成小康社会的今天,开创社会主义事业新局面有着艰苦的任务,要求我们青年大学生保持和发扬艰苦奋斗的精神,紧跟时代,勇于创新,敢于攻坚,保持奋发向上、开拓进取的精神状态,不断有所发现,有所发明,有所创造,有所前进。唯有如此,我国现代化建设事业才能永远充满勃勃生机。

第三节　大学生思想政治教育内容的时代发展

大学生思想政治教育的内容是一个既相对稳定又不断发展的一个体系,随着时间的发展,为了适应新环境的要求,为了人的全面发展,需要不断对大学生思想政治教育的内容进行拓展创新。

一、大学生生命观教育

古罗马思想家西塞罗有一名言:"教育的目的是让学生摆脱现实的奴役,而非适应现实。"生命观教育是满足个体需要、促进个体发展的教育,是我国当前大学生思想政治教育的前沿内容之一,也是国家教育行政机关目前要求教育者探索的一个重要内容。生命教育是解决当前大学生生命质量的一个重要方式,是启发大学生找回信仰,找回生命意义的一个重要途径。

(一)生命观教育的内涵

生命观,即人们对生命的总的认识或看法,具体说就是对生死的看法。生命观不仅包含了生,还包含死。向死而生,从死亡之中寻找生命的真意,是人们看待生命的正确途径。生命是死和生相互交织在一起的网格,任何一方的缺失都会造成生命的不完整。对于大学生来说,准确理解"生"与"死",对于他们正确看待生命,促进他们热爱生命,都有积极的意义。

但生命观不仅是人们对人的生命的单纯看法,它综合了对人和社会的共同认识。它是一种社会性观念,社会政治、经济发展状况、文化决定人们生命观的走向,决定生命发展的价值取向。更加准确地说,生命观是构建在人物质生活基础之上的意识形态,会促进社会政治、经济、文化的发展。

(二)生命观教育的内容

生命观教育的内容包括生命知识的教育、生命关系的教育和生命价值的教育。

1. 生命知识的教育

生命知识的教育是任何生命观教育研究者和实践者不可绕过的问题,因为它构建了生命观教育最基础的内容。没有对生命的认知做基础,对生命的关系与价值的思考也就成了无源之水。

(1)自然生命之认知——珍惜生命

生命的产生是大自然的一个奇迹,生命拥有着无以穷尽的神奇性和神秘性。现代生命科学和医学对生命机体的研究更加让人为之惊叹。生命观教育要引导人们从多个视角如生理学、社会学、心理学方面来认识生命的独特,生命的宝贵,进而学会珍惜生命。珍惜生命的原则不应当仅仅适用于人类,而应当适用于一切生命,人类应当像爱惜自己的生命一样去敬畏和爱惜所有的生命。

(2)生存知识的教育——保护生命安全

社会上一些人的非正常死亡引发了人们对生命教育的思索,而且很多人认为生命教育等同于生命安全教育。实际上,这种看法是有偏颇的,生命安全教育只是生命教育的一部分,两者之间并不能画上等号。

生命安全教育包括自身生命安全保护和他人生命安全救援两个方面,涉及消防安全、自杀预防、伤害远离、灾难救助等具体内容。

生命的价值首先基于生命的存在,生命的终止意味着与之相关的其他一切也将随之终结。因而,大学生生命教育应首先关注大学生自身的生命安全。生命安全教育还应教育大学生在自身安全得到一定保障的同时,对处于困境的他人的生命安全实施救援。然而,环视当下的传媒环境,互联网、影视、报刊等传媒充斥着血腥的故事和报道,导致大学生对生命的珍惜、怜悯观念和意识大为减弱,甚至产生模仿心理,其危害深重。因而,净化传媒环境和网络环境,对于大学生生命教育具有极大的促进作用。

(3)死亡教育——热爱生命

有什么比"死"更让人留恋"生"呢?又有什么比"死"更让人珍惜"生"呢?面对"死亡"这个人类难以逃脱的宿命,"向死而生""以死观生"成为历代热爱生命的人们的理智选择。法国作家蒙田说:"谁教会人死亡,谁就教会人生活。"所以生命观教育最不可回避的反而就是"死亡教育"。首先要引导学生正确认识死亡;其次,要引导学生体验死亡;最后,是树立超越死亡的意识。

(4)性教育——延续生命

作为一个古老而常新的敏感话题,"性"的存在完成了物种的生殖繁衍和生命的代际传递。它本应是人类自然而美好的生命活动,因之我们常把"性"与"命"联系在一起,称之为"性命"。然而对"性"的不正确认识和不科学的实践,却让人的生命面临各种困惑和伤害,甚至是道德的拷问。对年轻人而言,"性"不仅是一个生理问题、心理问题,更是一个社会问题、道德问题,它对人的生命质量有潜在的弥漫性的影响。然而,遗憾的是,在这方面,我们的教育几乎是一个空白,年青一代的自我教育往往又会产生诸多误导。因此,生命观教育显然不能回避这个"生命攸关"的问题,应积极引导年轻人正确认识"性"与"命"的关系,理性面对因"性"产生的困惑。把性知识教育与性道德教育、性生物学知识和性心理学知识、性心理健康与精神文明建设结合起来,使年轻人正确了解性心理差异,正确处理两性关系,理性对待婚姻和家庭。

2.生命关系的教育

如果说生命知识的教育主要针对自然性生命,那么生命关系的教育主要针对社会性生命。马克思说"人的本质是一切社会关系的总和",人的社会属性和人的自然属性一样,都是人固有的特征,所以人是社会性的存在。每个人的社会性的存在为他人构建了生存的社会环境。

(1)加深生命之认知——皈依生命

生命与生命相互联结构成了各种不同的关系网络,如家庭、社会组织、国家等。生命只有向这个网络开放、与这个网络沟通、交流,才能获得他人的支持而不断发展和提升、才能获得安全感、归属感和依存感。这个网络实质连接的是生命对生命的尊重、生命对生命的需要以及生命对生命的责任。因此,生命观教育要引导人们理解个体生命与他人、家庭、国家之间的双向的权利与义务关系,在为他人、社会、国家的付出和贡献中提升个体生命的意义,也为生命找到得以安身立命的精神家园。

(2)培育生命情感——关爱生命

生命在以他人构成的生命网络中获得社会性发展,但生命交往的基本方式还是生命对生命的交往。也就是说我们交往的对象、教育的对象是活生生的生命,而不是没有生命和情感的物或工具。生命与生命的交往是人化的,而非物化的。然而,当今工具理性和物质主义支配下的人际交往,已从"人—人"方式让位于"人—物—人"的方式,生命之间缺乏真诚的沟通和交流,人的心灵倍感孤独。在教育领域则体现为无"人"的教育或非"人"的教育现象(如应试教育的弊端)而备受攻讦。生命观教育就是用生命和以生命的方式对生命进行教育,即"用生命去温暖生命,用生命去呵护生命,用生命去撞击生命,用生命去滋润生命,用生命去灿烂生命"。因此,生命观教育必然要关注教育主体和教育对象的生命感受和情感体验,给生命的成长以爱的呵护,体现教育的关爱情怀和人文色彩。

3.生命价值的教育

生命价值的教育是生命观教育最核心的部分,生命价值教育就是引导人们认识生命意义与价值、实现人生超越的过程。生命价值的教育首先建立在对生命内在价值的剖析上。第一,生命存在的价值。人的生命是一种特殊的存在,这种存在本身就具有一定的价值。生命存在的价值是人的最基本的价值。只有尊重人的生命存在的价值,才能更好地承认和尊重人的其他价值。肯定人的生命存在价值即肯定人的基本人格价值。第二,生命延续的价值。所谓生命的延续,是指人的生命的自然连续存在,是人自身生命的生产和再生产。它不同于生命存在的价值,它不仅与个人的寿命长短有关,还与生命延续过程中每个人所创造的价值大小有关,生命延续的价值是人的劳动价值或创造价值的体现。

（1）生命本质观教育——成就生命

人之生命所具有的独特性、有限性、价值性、主体性和创造性等内在本质,决定了生命本体的自在和自为性。因此,人类的一切活动是实现生命的本质,使生命成为它自身,而不是被异化成为外在的工具或其他无价值的东西。人类的社会实践活动一旦凌驾于生命之上甚至以戕害生命为代价,也就背离了人的本质追求而失去了意义。所以,生命价值教育首先要拨开纷繁芜杂的生命现象,明晰生命的本质,以"万变不离其宗"的理念引领复杂多样的生命活动,使人类的生命活动和创造发展的历史始终体现"人本"的精神。

（2）生命权利观教育——尊重生命

生命存在和延续的价值,决定了生命的存在是个体与生俱来的权力,即生存权。生命与生命之间有平等的生存权,任何生命不能随意剥夺其他人的生命,任何物种也不能剥夺其他物种的生存权。人作为自然界唯一的理性存在物,并非是万物的尺度,而是大自然的恩赐。因此,人类既要基于善的情感,更要基于权利的公正,来对待自身的生存环境——人类社会和自然界,尊重构建了人类生存环境的其他生命体。因此生命观教育要引导人们正确认识人的存在及其存在的意义,尊重自己的生命、他人的生命和其他物种的生命。

(3)生命尊严观教育——敬畏生命

对于每一个体而言,生命不仅是唯一性的,而且是个人最宝贵的,因而生命也就具有了神圣不可侵犯的尊严。任何生命都要有尊严地被对待,如此才能彰显生命的美好。生命的神圣性不应因为个人化的生活方式而被消解。生命观教育要引导人们以敬畏生命的态度对待人类社会和自然界中的一切生命,维护一切生命的尊严,体验到自己生命存在的美好,亦能体验到他人生命存在的意义。只有对生命怀有敬畏感,才能在心中产生道德的信念。

(4)生命道德观教育——升华生命

人的生命道德性是人的基本属性,道德有利于充实生命,使生命获得意义,因此,生命观教育必然重视具有生命取向的道德教育。道德教育不但有利于提高个体的社会化程度,而且有利于引导人们去追求理想的精神境界与生活方式,从而使个体的生命实现了超越和提升。

(5)生命价值观教育——超越生命

生命观教育要唤醒个体生命的自我意识和超越意识,启发人们追问生命的意义,追求人生的理想,从自然的、功利的、政治的境界向伦理的、艺术的、宗教的境界提升;还要引导人们对现实的规定性进行批判、反思,从现实生活中提升生命的价值,并建构自身的生活方式,超越现实世界,实现人生价值。

二、大学生国际视野教育

在国际化大背景下,社会经济、政治、文化的变革与发展,为大学生日常的学习、生活等创造了全新的环境，同时也带来了思想观念和心理层面的多重变化，注重大学生国际视野教育，是当前大学生思想政治教育的重要内容。

（一）大学生国际视野教育的必要性

大学生国际视野教育是国际化发展的必然要求，是实现大学生具有国际化视野和国际竞争力的最优途径，是培养创新性人才的重要方法，是造就国际化大学生人才的必然选择。

1. 是思想政治教育学科不断发展的内在需求

思想政治教育学科是运用马克思主义的理论与方法，专门研究人类社会中思想政治教育及其规律的学科。思想政治教育这一概念经历了从政治工作、思想工作、思想政治工作、政治思想工作等相邻术语的演变，最终形成"思想政治教育"这一表述，由此可见，思想政治教育是一门在实践中不断发展着的学科。新中国成立以来，我国有关思想政治教育的研究有了长足的进步，取得了一系列的研究成果。如对大学生思想政治教育的内涵和外延进行了界定，对大学生思想政治教育的重要性和原则进行了论述，对开展大学生思想政治教育的方式方法进行了有益探索，对大学生思想政治教育面临的新环境、新形势、新要求做了解读，有的学者还从哲学、教育学、心理学、管理学、社会学、伦理学等不同学科角度探索高校思想政治教育的创新策略。然而当前，我们更加关注的是，思想政治教育这门学科的适用范围能否进一步扩大。如何在国际化的大趋势下开展具有各国特色的高校思想政治教育已经成为理论界和教育工作者关注的热点问题。鉴于此，思想政治教育学科应该将目光投向国际舞台，在立足中国实际、弘扬我国传统文化的同时，勇于在国际竞争中将自身的理论体系在世界范围内不断充实和完善。从这个意义上说，开展大学生国际视野教育是思想政治教育学科不断发展的内在需求。

2.是顺应新时期人才培养目标的具体体现

国际化进程带来了高等教育的开放，这使得世界各国的高校不得不突破以往封闭、僵化的观念，融入社会、走向世界，突出表现为各国把大学教育国际化摆在了十分重要的位置，有选择地吸收国际最新科学成就和先进文化的有益内容，普遍确立了面向世界的培养目标。《国家中长期教育改革和发展规划纲要（2010—2020年）》指出，要适应国家经济社会对外开放的要求，培养大批具有国际化视野、通晓国际规则、能够参与国际事务和国际竞争的国际化人才。培养大学生的国际素质正是思想政治教育的重要内容。我们应该清醒地认识到，在国际化的背景下，世界可以影响我们，我们同样可以影响世界。培养大学生的国际素质，有助于当代大学生跳出传统狭隘的思想区域，不仅可以使他们学会从本国、本民族的角度思考问题、看待事物，而且能让他们学会从国际的、其他民族的角度来审视问题和处理问题，从而形成新的思维方式，更好地适应世界变化，满足社会需求。因此，开展大学生国际素质教育是顺应新时期国际化人才培养目标的具体体现。

3.是我国借鉴国外高校先进经验的必然选择

国外高校思想政治教育虽然在规模上与我国还有一定差距，但在许多方面仍然能为我国高校思想政治教育提供有益的借鉴经验。例如，在教育内容上，西方高校思想政治教育重视对大学生道德能力的培养；在教育方式上，注重通过自由教育、博雅教育和普通课程中内涵的理性道德因素对大学生的思想道德产生影响；在教育模式上，着力突出社会实践的综合性，积极引导学生体验社会的激烈竞争、国际化的交流与合作以及人与人之间的复杂关系，等等。以上这些做法，给我国的大学生思想政治教育带来了一些启示。开展大学生国际素质教育，就要倡导用国际化视野来把握和发展思想政治教育，这是我国借鉴国外高校思想政治教育成功经验，提升我国大学生思想政治教育综合效能的必然选择。

(二)大学生国际视野教育的内容

1.态度教育

态度是指国际化视野下的大学生需要具备适应国际化战略发展要求的多种意识和态度,包括民族意识、世界意识、坚定中国特色社会主义方向意识、终身学习意识、了解世界文化意识、鉴别社会思潮意识等。民族意识是指大学生在国际交往、工作中需要知晓中华民族历史、优秀传统文化、中华传统美德,具有民族自尊心、民族自豪感、民族认同感,热爱祖国等;世界意识是指大学生在处理各种问题时能够充分考虑国际因素,关注科技进步,关心全球治理问题;坚定中国特色社会主义方向意识是指大学生在国际交往、工作中应坚持中国共产党领导,坚定社会主义共同理念,为中国特色社会主义国家谋取利益;终身学习意识是指大学生应具有不断发展变化的认识,主动了解、接受、运用新事物,放眼全球,始终不断地学习提高;了解世界文化意识是指大学生应该承认世界文化的多样性,主动了解世界各国,特别是文明发展程度较高国家的文化;鉴别社会思潮意识是指大学生在接触各种良莠不齐的社会思潮时应保持"去其糟粕、取其精华"的意识,始终保持正确的世界观、人生观和价值观。

2.国际知识教育

国际知识是国际化视野下大学生所需的知识支撑,包括国际形势、国际政治、世界历史、国际礼仪、国际交往规则、国际基本法律知识、国际语言知识和宗教知识等。国际形势是指在国际风云瞬息万变的时代大背景下,大学生应通过有效方式了解国际各种情况和大事件的发展变化,并能判断其发展趋势;国际政治是指大学生应了解和掌握世界各国,特别是主要大国的政治制度、政治现状、政治趋势情况;世界历史是指大学生应了解和知晓世界各国,特别是主要大国的历史情况,更好地了解和判断各个国家人民的思维习惯和价值取向；国际礼仪是指大学生在与外国人交往中，行为方式要尊重其习惯，避免因伤害其风俗信仰而造成误解；国际交往规则是指大学生应熟悉国际商务知识，通晓国际商务惯例，并能熟练运用和处理问题；国际基本法律知识是指大学生要了解和通晓基本的国家法律，以及一些主要大国或业务交往国的法律知识；国际语言知识是指大学生应至少掌握一门国际通用语言，能够做到基本的听、说、读、写，能够与外国人进行流畅沟通；宗教知识是指大学生要了解不同宗教的教义教规，知晓不同国家、不同地区人民的宗教信仰状况，避免因宗教无知导致不必要冲突。

3.先进技术

先进技术是国际化视野下大学生应具有的技术支撑，主要包括新媒体技术和专业知识技术等。新媒体技术在国际化主导下在一定程度上有超越国界的统一趋势，大学生应能了解互联网特征，掌握互联网技术，如熟练使用 Office 办公软件、网页制作软件、数据库统计分析软件等；专业知识技术是指大学生从事具体职业或行业所需要的专业知识技术，应确保自身专业知识技术能够与国际先进水平接轨。

4.国际思维

国际素质教育中的国际思维是指国际化视野下大学生应具有的先进的思考问题的方式，主要包括竞争思维、合作思维、问题思维、战略思维、时间思维、媒介思维等。竞争思维是指大学生在从事国际工作、处理国际事务时应具有"国际一流、勇于担当"的积极精神，以在日趋激烈的国际环境中处于有利地位；合作思维是指大学生应将个人目标与团队目标紧密结合，并与团队成员并肩工作，形成巨大的团队优势；问题思维是指大学生应具有预见问题、发现问题、分析问题、解决问题的能力，将各种不利问题和矛盾解决在"萌芽"状态；战略思维是指大学生在国际交往、合作和工作中应具有战略眼光,考虑全局发展,拥有巨大的决策勇气和准确预见力;时间思维是指大学生应该具有短期、中期、长期的发展计划,在处理具体工作和事务中应该具有准确的时间观念,珍惜分秒时间;媒介思维是指大学生应该重视传播媒介的重要作用,将传播媒介作为获取重要信息的途径和开展工作的重要手段。

5.国际能力

国际能力是国际化视野下大学生应具有的有利于促进工作开展、自身发展的各种能力,主要包括心理抗压能力、国际沟通能力、国际交往能力、批判创新能力等。心理抗压能力是指大学生面对激烈的国际竞争,要有良好的心理承受能力,能够自我或通过其他途径排解排除巨大压力,保持心理健康;国际沟通能力是指大学生能够站在他人的立场上思考问题,尊重他人,欣赏和听取他人的意见,以赢得对方的肯定,促进工作顺利开展;国际交往能力是指大学生能够以开放的态度了解、掌握、适应和参与世界多元化发展,并不断建立、维持和发展良好的国际关系;批判创新能力是指大学生在国际交往和工作中应具有分析判断能力,对不良事务要敢于批判,并能够创造性地开展各项工作。

第五章　大学生思想政治教育的方法构建

大学生思想政治教育方法具有十分深厚的马克思主义理论基础,并植根于马克思主义方法论和当代中国特色社会主义理论体系的沃土中,汲取着丰富的养料。研究大学生思想政治教育方法的一般理论,并对其发展趋势进行深刻分析,有助于从根本上把握大学生思想政治教育方法的基础与走向,指导他们从事思想政治教育的各项实践活动,不断解决思想政治教育问题的矛盾,实现思想政治教育的目的和任务。

第一节　大学生思想政治教育方法的一般理论

加强对当代大学生思想政治教育方法一般理论的研究,能有效促进思想政治教育学科理论的发展,有助于厘清发展中国的思想政治教育方法理论和实践形态在运作过程中遇到的系列问题,有助于提高思想政治教育方法的实效性,同时促进当代思想政治教育方法论的发展。

一、大学生思想政治教育方法的科学内涵

(一)大学生思想政治教育方法的含义

大学生思想政治教育方法是大学生思想政治教育者在大学生思想政治教育的过程中,为了实现教育目标,传递教育内容,使教育对象形成正确的思想观念和良好的道德品质所采取的各种

手段和方式的总和。

　　大学生思想政治教育方法包括两方面内容:思想方法(即认识方法)、工作方法(即实践方法)。在大学生思想政治教育中,人们在认识教育对象时所采取的手段和方式就叫作思想方法。思想方法有诸如用发展的、联系的、全面的观点看问题,具体问题具体分析,从抽象到具体,分析与综合等方法。例如,我们学习和掌握马克思主义思想方法,最根本的就是要认真学习马克思主义哲学。马克思主义哲学既是世界观又是方法论,是认识、评价、改造事物的方法,是思想方法。毛泽东曾说过,在人们的思想方面,实事求是和主观主义是对立的。思想方法不同,对理论的理解不同,对形势和任务的认识不同,解决问题的思路不同,所以实践的结果也不同。因此,科学的认识方法是人们实现正确认识,把握事物的本质和规律性,提高思维能力所必不可少的。大学生思想政治教育工作者作为主导者,如何使用正确的思想方法来引导教育对象,是至关重要的。工作方法是指人们在实施大学生思想政治教育的过程中所采取的手段和方式,例如调查研究方法等。科学的工作方法和思想方法是密切联系的。科学的思想方法是前提和基础,为工作方法提供理论依据。科学的工作方法能够帮助大学生正确认识事物发展的客观规律,并且按照这些规律完成规定的任务。可以说,科学的工作方法将党的路线、方针、政策转化为群众实践的桥梁。

　　大学生思想政治教育方法包括两个层次:一般方法原理和具体方法应用。一般方法原理是对大学生思想政治教育方法的宏观把握和总体概括,相对抽象和笼统。大学生思想政治教育的一般规律通过方法体现出来,大学生思想政治教育方法的一般作用机制也因此得以体现。大学生思想政治教育的方法原理同时包含概括了其应用的教育方法及一般原则。具体方法应用是大学生思想政治教育方法的微观认知和特殊表现,针对性和操作性较强,它反映了大学生思想政治教育的具体规律,体现了大学生思想政治教育方法的作用机制,同时突出指明大学生思想政治方法的适应范围,指出大学生思想政治教育方法的应用条件。大学生思想政治教育的一般方法原理与具体方法应用是相互贯通的。一般方法原理是具体方法应用的逻辑前提,具体方法应用若脱离一般方法原理,就会陷于随意性和盲目性,难以保证其科学性。具体方法应用是一般方法原理的体现和展开,一般方法原理若不转化成具体方法应用,就是游离于实践之上的空洞方法说教,难以显现实践效果。大学生思想政治教育方法受到大学生思想政治教育过程的影响,二者之间是相互关联的关系。大学生思想政治教育的过程包括思想信息的获取与分析以及大学生思想政治教育的决策与实施环节,每一个环节都离不开大学生思想政治教育方法的运用。按照大学生思想政治教育过程的环节展开顺序,创造性地将思想信息的获取和分析方法运用其中,并将思想政治教育的决策方法和实施方法进行融会贯通,对大学生思想政治教育结果的评估方法进行恰当使用,便反映了这些方法之间及其与大学生思想政治教育过程的有机关联。

将大学生思想政治教育的思想方法与工作方法密切联系,一般方法原理与具体方法应用相互贯通,大学生思想政治教育方法与大学生思想政治教育过程有机关联,进行贯通研究,形成方法体系,就突破了对大学生思想政治教育方法的罗列性论述,使之成为大学生思想政治教育方法论,即由"论方法"上升为"方法论"。

(二)大学生思想政治教育方法的特点

大学生思想政治教育方法作为社会科学方法论体系的一部分,它具有与其他方法的共性特征,又具有自身独特的个性。这种共性与个性的交汇,便彰显出大学生思想政治教育方法的特点,主要表现如下。

1.合目的性

大学生思想政治教育要反映大学生思想政治教育中最基础、

最本质的愿望和要求,要体现一定社会发展的目标。目的是大学生思想政治教育的出发点,也是最终归宿,对大学生进行思想政治教育,就是要不断提高他们认识世界和改造世界的能力,就是要求大学生思想政治教育对象获得政治方向的正确确立和道德品质的全面提高。大学生思想政治教育方法必须为大学生思想政治教育的目的服务。方法如果能取得良好的教育效果,达到教育目的,就会得到肯定,并加以传承与完善;反之,若不能取得良好的教育效果,未实现教育目的,就会被否认、舍弃。

大学生思想政治教育方法的合目的性,是指大学生思想政治教育的任务目标与具体内容必须与社会发展和个体发展的正确方向相一致。合目的性要求大学生思想政治教育的任务目标与具体内容,必须建立在促进社会发展和个体发展辩证统一的基础上。只代表了社会发展的正确方向,而不利于促进个体的全面发展;或者只代表了个体发展的意愿,而不适合社会发展的方向,这样的大学生思想政治教育任务目标或具体内容,在一定意义上都是不符合目的性的。大学生思想政治教育的目的与要求会随着人类社会的思想道德要求的提高而不断发展,因此,大学生思想政治教育方法也必然会不断变化。

2.合规律性

大学生思想政治教育方法取得成功的前提,是方法符合教育对象思想道德认识形成、发展、转化的规律和大学生思想政治教育规律。任何学科都是建立在对规律的把握基础之上,大学生思想政治教育也不例外。大学生思想政治教育方法的合规律性,就是其"合理性",是指教育方法必须符合社会发展的基本规律,特别是要符合教育内容、符合教育对象个体成长与思想发展的基本规律。例如因材施教之所以有效,是因为其符合教育内容一定要适应教育对象思想实际的规律;循序渐进方法体现了教育对象思想道德认识形成、发展、转化中所蕴含的量变质变规律。那些无效的或是不当的大学生思想政治教育方法,是由于不符合客观规律所致的。例如单向灌输法,由于违背了大学生思想政治教育效果取决于教育者和受教育者双方共同努力的规律,使其在实践中难以有效发挥作用。基于我国现代社会的发展,大学生思想政治教育方法的合规律性,从根本上说,就是要看方法是否符合科学发展观的要求。

3.工具性

方法是工具,方法是手段,方法是过河的船和桥。这些观点早已深入人心。任何方法都是人们在认识世界和改造世界的过程中,为达到预期目的所采取的手段和方式,是实现主客体之间双向交流和沟通的渠道,所以方法具有工具性。从实践的观点来说,方法是最重要的实践工具。人的任何实践活动,都必须凭借相应的方法才能得以完成,方法对头,往往事半功倍,方法不对,往往事倍功半,甚至一事无成。从认识论来说,方法又是理论与实践的中介,既有主观性的一面,又有客观性的一面,既受客观规律的制约,又是客观规律的体现。方法作为一种工具,作用于人们处理实践活动面临的问题和具体情况之中,帮助人们实现目标与目的。

大学生思想政治教育方法和一般方法一样,也具有工具性。大学生思想政治教育方法是联结教育者和教育对象的纽带和桥梁。教育者与教育对象通过方法这个中介,构成一个有机整体,并且相互依存,在一定条件下能够相互转化。另外,教育者与受教育者也是通过方法这一工具,形成相互影响、相互作用的互动过程,在大学生思想政治教育过程中发挥着各自的主体性作用。

方法的运用必须凭借一定的工具,正是这种工具性本质,使得大学生思想政治教育方法具有应用性与可操作性。方法的应用性、可操作性越强,方法的工具性本质越能得到充分、丰富的发展与运用,越能使科学的理论成功转化成有效的方法。反之,当理论不能成功转化为方法时,理论只能是一种概念化的存在。大学生思想政治教育方法成功地从科学的理论转化而来,进一步证明了大学生思想政治教育的真理性、科学性,以及教育者运用方法的可能性;若理论不能转化为方法,或者教育者缺乏将理论转化为方法的能力,大学生思想政治教育就不能产生客观实际的效果,方法就没有获得工具性实质。

大学生思想政治教育方法作为一门工具,包括物质性工具和精神性工具两方面。例如我们可以通过放映具有爱国主义精神的影视片、或是举行升旗仪式、或是参观祖国的风景名胜等进行爱国主义教育,这些影视片、升旗仪式和风景名胜就是作为物质性工具来达到教育目的的。另外,教育者在方法的使用中所运用的语言、逻辑、范式等就属于精神性工具。这两种工具都增强了大学生思想政治教育方法的可操作性,提高了方法的有效性,帮助大学生思想政治教育目的顺利完成。

二、大学生思想政治教育方法的理论来源

大学生思想政治教育方法是在对中国古代思想政治教育方法的借鉴基础上,结合中国共产党的思想政治教育方法,并且对西方的思想政治教育方法进行创造性的吸收的基础上,建立并发展起来的,为此,本节将着重介绍这三部分内容。

(一)对中国古代思想政治教育方法的借鉴

1.中国德育中的"施教"传统

许慎《说文解字》解释"教:上所施,下所效也",即指统治者、管理者、长辈等"上"者施行政教措施,与之对应的广大"下"者则仿效之。所以,"教"的方法,也称为施教的方法,是指在统治阶级的领导下,对各种社会力量进行有效调动,进而将封建统治阶级的意志和利益的伦理观念传播灌输给社会大众,是一种有组织、有计划、有目的地传播道德规范的教育方式,目的就在于不断强化封建伦理思想在社会意识领域中的统治地位。"施教"的方法

非常强调"上施"和"为先"的作用,具体表现为下面三方面指向和目的明确的率先施教。

第一,圣王之教。国家主导的圣王之教在施教中起主导和支配作用。圣王之教就是指由统治者及其官僚(往往是当时被社会所认可的大儒、贤人)以王权的名义和知识权威的身份向社会大众所实施的思想道德观念的灌输方式。封建统治君王大多非常注重用周朝之礼和孔孟之道来维护自身的统治地位,大多通过大兴文教将其统治思想施教于民。

第二,宗社之教。为了保证国家政权所直接实施的圣王之教的有效性,封建统治阶级还在乡里设置和扶植了大量的施教机构,较为有名的是宗族私学等,并在乡里这一社会基层中培养从事灌输和传播封建思想道德观念活动的施教者。宗社之教的建立基础是一种乡里百姓之间的宗族关系。施教机构、施教者以及它们与乡里百姓之间的宗社关系,是实施宗社之教的前提。一般而言,实施宗社之教的人,往往是氏族宗姓中地位比较高并且比较有名望的乡绅,他们会凭借自身的社会声望以及官方势力的支持,进行封建礼教以及统治秩序的维护。

第三,家长之教。除了国家直接实施的圣王之教和乡里实施的宗社之教外,古代思想道德教育方法最主要的施教机制还有家庭生活的家长之教。我国古代的小农经济生产方式决定了家庭经济在个体生活中的重要地位和作用,决定了拥有家庭经济生产和支配权力的长辈在家庭关系中的权威。而儒家文化的家庭礼制又将这种权威进行了制度和文化双重的规定。在这样一个尊老敬长的家庭生活中,子女往往是家长的从属,父母长辈对儿女晚辈具有决定性的影响力,父母长辈的施教功能十分突出。

2. 中国德育中的"修养"传统

修养也即修身,是指在无任何外力要求的条件下,自己对自己的德行和德性进行培养和完善,以达到"内圣"的自觉过程。主要方法有以下三种。

　　第一，志道与弘毅。"志道"与"弘毅"是儒家文化非常看重的修身方法。"志道"中的"志"是立志的意思，修身首先要立志，要有一个明确的目标指向（志向），而这个"志"，必须要指向儒家思想的核心价值"道"。"道"在儒家的思想体系中的核心范畴是"仁""义"，所以"志道"就是志仁、志义，就是首先要立下遵循"仁"与"义"的道德要求行事做人的志向。孔子说："志于道，据于德，依于仁，游于艺"，"苟志于仁矣，无恶也"；孟子说："尚志"即是"仁义而已矣"，讲的就是这个意思。古代道德教育家认为一个人只有从内心认同并崇尚"仁义"的道德要求和人格品质，并以此为指向立下高尚的修养目标，才能使修身有正确的方向和不懈的动力，否则就无所谓修养。所以"志道"是修身的根本出发点。"弘毅"，就是要培养自己的坚强毅力，弘扬不怕困难和挫折、勇往直前的精神，为实现确定的目标，发奋不已。所谓"士不可以不弘毅，任重而道远"，所讲的就是这个道理。修养的动力来源指向正确和高远的志向，而高远的志向和理想要通过艰苦的拼搏奋斗，经历无数次挫折失败才可以实现。

　　第二，存善与慎独。修身的最重要问题就是要能抵御和排除环境和生活中的各种诱惑和干扰，保持道德心的不断向善。古代慎独与存善的修养方法就是针对此提出的。慎独，是指"慎其独处之所为"，即在自己独处而无人监督的情况下也要自觉地考虑做有道德的行为。"君子慎其独，非特显明之处如是，虽至微至隐，人所不知之地，亦常慎之。小处如此，大处亦如此，显明处如此，隐微处亦如此。表里内外，粗精隐现，无不慎之。"也就是要求人即使在无人知道和无人监督的情况下，也要一丝不苟地按道德要求做人做事，人前人后一个样，不因"不为人知"而为不该为之事，也不因"以为人知"而做表面文章，应做到表里一致，内外一样。不管是显明处、细微处、隐蔽处都自觉按道德要求去做。在古代的道德修养中，"慎独"是一种通往无愧无畏的道德理想境界的至关重要的途径和方法。存善，是一种强调从小事做起、积善成德的方法。儒家认为人都有善良之心，但易在外部环境不良因素的干扰和诱惑下丢失,必须从小事做起,通过点点滴滴的积累来达到善的境界。同理,人的道德修养也需要通过自觉从身边的小事做起,不间断地日积月累,积小善而为大善,才能逐步牢固道德信念,养成道德习惯,最终达到内圣外王的道德境界。慎独与存善是我国古代最具中国传统文化特色的修身之法,历来被许多思想家和教育家赞许和推崇,认为是不断提高自身道德素质和品质、使自己成为无畏和有为之人的不二方法。

第三,好学与自省。儒家思想认为要完善和提高自身的德行必须"敏而好学",将"学而时习之"当作不断提高自身智慧和道德境界的基本方法,当作人生一大乐事。在学的基础上,儒家思想家还特别强调自省(内省)在道德修养中的重要作用。孔子说"见贤思齐焉,见不贤而自省也",要求自己和学生以他人行为为镜,遇到德才兼备的人要以其为榜样,向其学习,努力赶上,遇到不贤良的人要对照自己加以检查,时时反省自己在"仁"和"礼"方面做得怎样。孔子的学生曾参曾言"吾日三省吾身:为人谋而不忠乎?与朋交而无信乎?传而不习乎?"认为自己正是以儒家的道德规范内容为标准,通过经常性的自我检查和自我反省,才逐步达到老师所要求的道德目标的。好学和自省,一个向外求知求真,一个向内反省求善,相互依赖和促进,共同构成实现个人道德理想和自我完善目标的基本途径和方法。

3. 中国德育中的"默化"传统

"默化"方法是属于隐形的思想道德教育方法,它主要是通过心理感化、文以载道将封建社会的道德要求渗透到生产、生活以及精神文化需要满足的过程中。默化方法有风俗感化、示范身化以及礼制规化。

第一,风俗感化。风俗是指一定地域或社会群体所长期遵循的风俗习惯,是人们日常的生活行为规范,它是由一系列的规矩、习惯和准则组成的,包含着群体长期共同生活所积累的经验和感情,是与每一个人的现实生活直接相连的。风俗感化是将统治者所倡导的思想、制度和规章转化成乡约民俗,从而使民众在人际交往和日常生活中养成符合封建思想道德要求的价值体系和行为习惯。

第二,示范身化。示范身化是不言之教,是指施教者通过在日常生活中率先践行儒家伦理道德规范来对教化对象进行无声影响的方法。一国之君只要身体力行儒家道德规范,就能"不动而敬,不言而信,不赏民而劝,不怒而威"。示范身化是一种以自身的德行感化人,以自身的德行说服人,以自身的德行引导人的不言之法。古代不少君主都以自身的行为来向民众示范封建思想或观念,希望民众自觉地接受这些思想或观念,因此,示范身化的传统已经融入国人的社会文化心理之中。示范身化具有一种自然的感召力,可以化解人们对教化内容和要求的排斥心理,使社会大众在不知不觉中受到影响并发生内在心理的改变。

第三,礼制规化。礼制,是一种对人们在现实生活中的行为进行规范,对人们的思想态度进行无形之中要遵守的制度。其主要目的是为了不断改进人们的思想,使其朝着社会所期望的方向进行发展。我国古代的很多知识分子都强调礼仪制度对于人性的规划作用,因此,封建社会的统治者经常会设置各种各样的礼仪制度实现对人们行为的约束,对人们思想的引导。一些制度的存在,由于其历史比较久远,时间比较悠长,人们会在日常的风俗习惯中无形遵守,这些礼制就在生活的点滴中不断渗透。

(二)对中国共产党思想政治教育方法的继承

1.坚持党的领导,充分发挥党的政治组织优势

在当前,坚持党的领导,不断发挥党的政治组织优势,是坚持高等学校社会主义办学方向的根本,同时也是加强和改进思想政治教育的关键。坚持以党建为核心推进思想政治教育,是我国思想政治教育的独特优势,同时也是我国思想政治教育的基本经验。

自新中国成立以来,党建工作一直在高校处于十分重要的地位。高校的各级党组织和党员在思想政治教育中发挥了独特的影响和作用。改革开放以来,高等学校的党建工作面临着许多新情况。改革开放和社会主义市场经济的发展,社会生活和思想观念的深刻变化,以及国际局势的变幻,给高校党组织和党员带来了种种影响,对党的建设也提出了新的课题和更高的要求。为此,高校在学生思想政治工作中坚持以党建为核心,在学生党建中坚持以思想建设为核心,在思想建设中坚持以理想信念为核心,不断加强学生党建工作。在21世纪新阶段,面对经济全球化和价值多元化的冲击,面对宗教等势力的渗透,高校更以"两学一做"为契机,不断增强在高校学生中发展党员的紧迫感和责任感;以支部建设为根本,形成支部建设推动党员发展的长效工作机制;以增强党员先进性为重点,全面提高党员的素质,加大在学生中发展党员的力度,努力实现学校党建工作的新突破。

2.充分发挥创新精神

新中国成立以后我国的思想政治教育工作,一度曾以堵和压制的办法来对待人们思想上的困惑和疑虑,并在"文革"中演变成为整人的工具。这些办法在改革开放后得到根本扭转。思想政治教育工作强调要充分发扬民主,广开言路,平等待人,实行疏导的工作方针,因势利导,以理服人。思想政治教育的形象大为改观,教育者和受教育者的关系得到矫正,思想政治教育发挥关心人、理解人、支持人的作用,在工作中收到了越来越明显的效果。在新时期,针对信息社会的发展和网络的普及,大学普遍建立了一些思想政治教育的"红色网站",不断加强网络引导和网上思想政治教育。除此之外,思想政治教育的教育模式、体制、教育的内容、方法、载体等也在随着时代的发展而不断进行改革变化。

3.围绕党和国家的中心来开展思想政治教育工作

我国思想政治教育工作的一个重要的基本经验就是,坚持围绕中心工作进行思想政治教育的开展活动。正如中央16号文件指出的,改革开放特别是党的十三届四中全会以来,思想政治教育工作在多个方面发挥着极为重要的作用,不仅帮助国家培养了许多高素质的人才,与此同时推进我国高等教育不断改革不断发展,维护了学校的稳定和社会的稳定。思想政治教育必须与国家和社会的需要及中心工作紧密结合,才能有广阔的空间和舞台。可以说,自新中国成立以来,我国的思想政治教育在每一个重要历史时期,都紧紧围绕中心工作,服从和服务于中心工作,通过一系列扎扎实实的工作,推动了社会进步,促进了高校发展,在培养人才、服务建设和改革方面做了突出的贡献。

在社会主义改造时期,新中国面临着建立新政权和维护社会政治稳定的难题,高等教育也百废待兴。思想政治教育工作紧密围绕中心工作,创造性地建立起新的学校思想政治教育工作体系,配合党和国家的工作方针,积极开展社会政治运动,使大学生在思想政治方面经受了考验,锻炼了才干。在十年社会主义建设时期,思想政治教育工作与火热的社会生活紧密相连,大学生通过参加生产劳动、投入社会实践、接受社会教育等,直接参与到党和国家所确立的中心工作的伟大实践中,成为又红又专的人才,其中许多人成为社会的栋梁。"文革"十年强调"以阶级斗争为纲",思想政治教育畸形地服从于这个中心,给党和国家带来了巨大的危害。这个时期的思想政治教育受制于整个政治斗争的需要,是一种极端不正常的状态,其教训应该认真汲取。

改革开放以后,我国的工作重心从"以阶级斗争为纲"转到以经济建设为中心上来,整个社会生活步入正轨。这个历史性的转变要求思想政治教育工作也迅速地进行相应的转变。它使思想政治教育工作逐步以培养人才为中心,由凌驾型变为服务型,即由过去政治工作可以冲击一切,政治工作可以冲击业务工作转变为思想政治教育工作必须服务服从于经济建设这个中心工作,必须服务服从于高等教育的改革和发展以及人才培养等高校的中心工作。具体来说,这个转轨和转型一是要求思想政治工作在服务经济建设中凸显自己的价值,为经济建设培养社会所需要的人才;二是要求在学校教育层面,使思想政治教育服从和服务于学校的中心工作,服务于人才培养、科学研究等中心工作,使思想政治教育与学校的中心工作密切配合,把思想政治教育渗透于教学、科研等人才培养的各个环节中。

加强和改进思想政治教育工作,归根到底是为社会主义经济基础服务的。只有在经济建设中贯穿思想政治教育,解决现实问题,才能实现思想政治教育的价值。对于高等学校而言,人才培养、科学研究和社会服务等是其中心工作,思想政治教育工作必须紧密围绕这些工作尤其是人才培养这个中心开展,才能体现其独特价值。在具体的思想政治教育实践中,高等学校密切结合各校的实际,结合每一代大学生的思想实际,努力通过各种途径和渠道,不断拓展大学生的思想道德素质,不断增强大学生的全面素质,使思想政治教育为其成长成才服务。思想政治教育通过社会实践、文体活动、校园文化建设、就业指导、心理咨询等多种手段,围绕人才素质结构的方方面面下工夫,始终抓住人才培养的中心工作不放松,在培养人才中找准定位、全程育人、实现价值。

(三)对西方思想政治教育方法的借鉴

1.道德认知方法论

道德认知方法论是以道德认知发展理论为基础建构的方法体系。一是道德讨论法,通过引导学生讨论道德的两难问题,进而引发认知的冲突,促进道德思维的碰撞,最终实现道德判断发展。二是公正团体法,这个方法强调的是民主管理的教育作用,重视团队的教育力量。

2.价值澄清方法论

价值澄清方法论,重视现实生活,针对西方无所适从的道德教育实际提出来,具有可操作性和时效性,因而受到人们的欢迎,在西方各国传播很快,对西方现代道德教育影响较大。

3.社会学习法

社会学习法是以社会学习理论为基础的一种道德教育方法体系。一是榜样法。榜样的力量是无穷的,道德教育的重要手段就是榜样示范。二是强化法。通过对不良行为的惩罚,以及对良好行为的奖励,使人们产生行为上的约束与改进。

4.政治社会化技术

政治社会化不仅有可能使国家自身的合法性权威得到普遍的承认和接受,而且还可能降低社会统治成本而有利于社会稳定。

第二节　大学生思想政治教育的具体方法

要做好大学生思想政治教育工作,不仅要遵循客观规律、遵循正确的方针和原则,深谙原理,还必须掌握和运用科学的方法。方法得当,就会事半功倍;方法不当,就会事倍功半。大学生思想政治教育方法是多种多样的,并随着实践的发展而不断丰富发展。把握和运用好大学生思想政治教育的方法,是对大学生思想政治教育者的基本要求之一。

一、大学生思想政治教育的基本方法

在整个思想政治教育活动过程中,一些基本方法对于活动的开展发挥了很重要的作用。在传统的思想政治教育领域,理论教育法和实践教育法是两种最基本的最主要的方法。即使到了现在,高校为了提高思想政治教育的实效性,开拓出一些新的方法,但传统的理论教育法和实践教育法依然是思想政治教育方法的主要核心,其余的方法都是在这个基础上衍生得来的。因而,重视理论教育法和实践教育法是必然的要求。

(一)理论教育法

通常而言,理论教育法还有两个别的名称,即理论灌输法或理论学习法,是教育者有目的、有计划地向教育对象系统传授思想、政治、道德等理论知识,使他们能够逐步形成科学的世界观、人生观、价值观和道德观的教育方法。运用理论教育法,最重要的就是让教育对象(在高校主要是大学生)树立科学的正确的理论,能够让教育对象在马克思主义的正确指引下,对于党的路线方针政策有一个全面的了解,从而使个人的思想不断充实,不断提高。理论教育法主要有以下几种。

1.理论学习法

理论学习法主要是了解、掌握并运用马克思主义的原理和观点,理论学习是阅读文字的一种主要方式,主要是通过读书籍、报刊、网络文本进行的。读书活动是引导人们自己学习、思考、运用的一种自我教育方式。在思想政治教育方面,读书的内容是很多的,有政治理论、历史知识、法律知识、伦理道德、人生修养等,这些内容要同思想实际、工作实际相结合。

2.讲授讲解法

讲授也叫讲解,是高校思想政治工作者通过讲授和讲解向大学生传授思想政治的理论知识,也是使用最多、应用最广的一种理论教育方法。其具体方式有讲述和讲解两种。

讲授讲解教育法,是摆事实,讲道理,以理服人的方法。"理论只要说服人,就能掌握群众;而理论只要彻底,就能说服人。所谓彻底,就是抓住事物的根本。"说理是高校思想政治教育的基本方法,是打开大学生心灵的钥匙,讲授讲解尤其要说理充分透彻。讲授讲解教育法是语言灌输的一种主要方式,它主要运用于系统的马克思主义理论教育、理论学习辅导和党的路线、方针与政策的解释、宣传。

3.宣传教育法

宣传教育法是指运用大众传播媒介向大学生传播正确理论和先进思想的方法,既有理论的阐述与辅导,也有典型的学习、运用示范。

(1)宣传教育法的基本方式——专题讲座

专题讲座法是思想政治教育者就某个专门的思想政治问题作系统的讲述,使大学生对这一问题产生系统的思想认识。专题讲座法可以系统地阐述某个政治道德问题,例如十八大专题报告、科学发展观专题报告、抗震救灾英模报告、大学生文化素质专题讲座等。专题讲座的专题,大多是选择大学生关心的思想政治热点问题,通过听专题报告或讲座,使大学生获得对这一问题的系统正确的认识。专题讲座法是高校思想政治教育中经常运用的一种形式,一般分两个阶段进行,先是由讲座人就专题作系统讲授,然后留适当的时间与大学生作双向的思想交流,当场回答大学生提出的问题。

(2)宣传教育法的新方式——网络宣传

在电子媒介中,网络是最具现代特色的传播方式,它信息量大、及时,视野最为开阔,并且能够做到声、光、图、文并行,既能对人进行外部引导,又能促发人的内部引导,其对人们的吸引力和影响力已经超越电影电视。在高校开展网络思想政治教育是十分必要的,高校也要将网络这个有利的平台有效利用,广泛开展宣传教育。

4.个别谈心法

个别谈心法也叫谈话法,是教育者采用交谈的方式,引导教育对象运用事实、经验和政治理论、道德原则,分析和解决思想问题和现实问题的方法。这种在个别交谈中进行的教育方法,不仅能够彼此沟通思想、交流感情、增强信赖,从而解除教育对象的思想顾虑,把思想脉搏搞清楚,而且易于集中教育对象的注意力,启发教育对象开展积极主动的思维活动和思想斗争,增强教育针对性,提升教育效果。实施个别谈心法需要注意:一是谈话要富有感情,善于同教育对象交朋友;二是根据外界环境的状况和教育对象思想实际选择合适的谈心时机;三是注意掌握谈心的合理程序,导入、转接、正题和结束,在不同阶段处理好相应任务,从而使谈心顺利有效地进行;四是对于谈心中了解到的情况,如果是对方要求"保密"而又必须在一定组织范围内加以解决的问题,应严格组织纪律,不得任意扩大传播范围。

(二)实践教育法

实践教育法是思想政治教育主体,有目的、有计划地组织教育对象参加各种有益的实践活动,引导其在实践中学习和培养优良品德和行为习惯的方法,是一种让教育对象在"做"的过程中,获得正确认识、深刻体验、提高各种能力养成良好习惯的教育方法。实践教育法的实质是人的个性思想品质社会化的过程。随着社会的发展,实践教育也在不断拓展其社会领域,不断扩展其实施范围,不断丰富其具体实施方式。当前,这些具体方式主要有以下两种。

1.劳动教育法

劳动教育法,就是让受教育者从事一定量和一定程度的生产劳动,使之在劳动过程中树立正确的劳动观念,并培养热爱劳动、亲近劳动人民的感情。

新中国成立初期对知识分子的思想政治教育是劳动教育法的实施最典型的例子。在社会主义条件下,人人都需要思想改造,知识分子更是如此。当时对知识分子思想改造的主要途径,是引导知识分子与生产实践相结合,与工农相结合,在结合的过程中确立正确的政治立场和思想观念,磨炼意志和作风,以利于为社会做出更大贡献。

2.社会考察法

社会考察法是思想政治教育常用的一种教育方法,与理论教育法不同,社会考察法是社会问题、社会现象的分析,帮助受教育者提高自己的思想认识。社会考察法要求受教育者要对将要分析的社会现象有一定的认识,在分析的过程中受教育者要提出自己的看法与疑问,从而使受教育者能够更加深刻的理解所分析的社会事件,提高人们的分辨能力。

二、大学生思想政治教育的一般方法

大学生思想政治教育一般方法是高校在进行思想政治教育的过程中通用的方法。仅仅使用思想政治教育的基本方法已经不能满足现实的要求,因而,在实际的思想政治教育过程之中,我们必须要紧随时代的脚步,积极地创新更多的教育方法,使思想政治教育的意义更加凸显。

(一)激励教育法

"激励"一词含有激发动机、鼓励行为、形成动力的意思。所谓思想政治教育中的激励方法,是指思想政治教育者依据受教育者的不同需要,施以相应的激励手段,以达到调动受教育者潜能的方法。

激励通常包括物质激励和精神激励两种类型。所谓物质激励,就是给予物质方面的奖励,包括颁发奖金、奖品和实物;所谓精神激励,就是给予各种荣誉或表扬,包括发给奖状、奖牌和授予各种荣誉称号等。物质激励和精神激励互为补充,相辅相成,缺一不可。在思想政治教育中,由于人们的不同需要以及"内在短缺"和"外在目标"的矛盾,实施激励方法的形式也是多种多样的。

1. 情感激励

所谓情感激励,就是通过多形式、多渠道,触及受教育者的内心世界,培养健康情感,提高理性认识的一种方法。在现实生活中,感情对人的认识活动有着极大的影响,它为做好思想政治教育创造了重要条件。要充分利用感情的力量,寓理于情,使人们放下对思想政治教育"说教"的"戒心",在毫无觉察的情况下,让思想政治教育潜移默化地渗透到人们的心中。

2. 物质激励

所谓物质激励,就是对为国家和社会有重大贡献的人们,给以包括颁发奖金和奖品在内的实物奖励。在现实生活中,物质激励有着深厚的社会基础。马克思指出:"人们奋斗所争取的一切,都同他们的利益有关。"①因此,实行必要的、恰当的物质激励,是调节人们行为、调动人们积极性最重要的手段之一。在思想政治教育中应用物质激励的方式,不仅是必要的,而且是可行的。

3. 表扬激励

所谓表扬激励,就是充分肯定受教育者正确的思想和行为,鼓励其巩固和发展优良品行的方法。表扬激励符合思想政治教育的目标,同时,它直接满足了人的精神需求,因而也符合人们的心理特点。思想政治教育者在实施表扬的时候,也要进行广泛的社会宣传,以在更大的范围内激发人们的热情,增强人们的责任感。

4. 榜样激励

所谓榜样激励,就是运用有影响的先进事迹和优秀的品德激

---

① 马克思恩格斯全集(第 1 卷)[C]. 北京:人民出版社,1956,第71 页.

励、感染、影响受教育者的方法。从唯物辩证法的角度讲,榜样激励的方法是符合事物发展不平衡规律的;从社会心理学的角度讲,榜样激励的方法是符合人的模仿心理和学习心理的。因此,在思想政治教育的过程中,教育者运用正面典型事迹进行教育,对于提高人们的认识、培养道德情感、坚定道德意志、规范道德行为,具有强有力的感染力和说服力。

5.目标激励

西方行为科学认为,人的需要只有指向某种特定目标时,才能变成行为的动机;而人的需要一旦转化为动机,就会形成一种促使自己发奋的内在力量。目标是影响人的行为的重要因素,因此,目标激励是思想政治激励教育法的形式之一。但是,我们在思想政治教育过程中,引导人们设置目标时,要注意两个方面的问题。一是合理性。这种合理性包括:目标要有一定的难度,但经过努力又是可以实现的;把个人目标与社会和国家的目标有机结合起来,一方面个人目标不能损害社会和国家的目标,另一方面个人目标也能够得以实现。二是期望性。根据行为科学的"期望理论",人的需要是有目标的,但当目标还没有实现的时候,这种需要还只是一种期望,而期望本身就是调动人的积极性的力量。"期望理论"认为,目标效值和期望概率越大,激励力量也就越大,其公式为:激励力量＝效值×期望概率(其中"效值"即目标价值,指满足个人需要的程度;"期望概率"即期望性,指目标实现可能性的大小)。由此可见,目标既不能过高,也不能过低,否则就会失去激励的作用。

此外,兴趣激励也是一种重要的激励方式。兴趣往往是推动人们求知的一种力量,人们对自己感兴趣的事物,总是力求认识它、研究它。在思想政治教育中,只要激发起受教育者的兴趣,就能收到事半功倍的效果。

就激励方式而言,还可以举出很多种,上述几种激励方式只不过是我们常用的方式,它们是互相联系、互相渗透的。思想政治教育者在实施激励教育的过程中,总体上既要有利益的关怀、情感的熏陶,又要有思想的共鸣、道德的感化;同时还要因时制宜、因事制宜、因人制宜、因地制宜,采用适当的激励方式,从而真正做到联之以利,晓之以理,动之以情。

(二)典型教育法

所谓典型教育法,是指在思想政治教育中运用具有代表性的人物或事件对教育对象进行引导和教育的方法。从哲学的角度,典型是在一定的时期或一定范围具有相当程度影响的人物和事件,它能代表一类或一般事物的典型特征和本质、发展趋势或发展规律的个人或个案;典型示范教育就是通过典型教育使其吸收先进典型的有益成分,并对照自己的不足,吸取经验和教训,消除自己的不良思想和行为,提高自己的思想政治素质。典型教育法的种类有很多,按照不同的方式划分,有不同的类型。这里主要讨论以下两种。

1.正面典型教育法

正面典型是社会生活之中经常可以看到的典型,是能够体现或代表先进,具有示范和榜样作用的典型,又称先进典型、进步典型。

运用正面典型教育法时应注意以下几点。

第一,要善于发现和推广具有时代感和代表性的典型。先进典型常常产生于我们身边的日常工作、学习和生活之中,需要去发现和识别。典型的选择要具有广泛的群众基础:既要树立全国性的榜样,又要树立不同类型、不同层次、不同行业的榜样,更要善于发现和树立本地区、本行业、本单位的典型。

第二,要注意对典型事迹的宣传实事求是以及典型的真实性和局限性。所以对典型的宣传、推广要实事求是,注意分寸、留有余地,决不能言过其实、任意拔高。

第三,要注意对典型的培养和教育,以关心爱护的态度对待典型。

第四,要教育大学生尊重典型,正确对待典型。任何先进典型都来自群众,尽管他们有超出普通人的一面,但并非也不可能是"完人"。只有全社会都来扶持典型、学习典型,典型之花才能常开不败。

2.反面典型教育法

反面典型就是落后的或反动的典型,利用反面教员和反面教材开展思想政治教育,就是通过揭露或批评其错误或反动的观点,给人以教训,使人引以为戒,或使人认清其反动实质,与此同时,宣传正确和进步的观点。从我们党思想政治教育的历史来看,注意利用反面教材、反面教员开展思想政治教育是我们党思想政治教育的一条基本经验。今天,用社会主义核心价值观引导社会思潮,是思想政治工作的重要任务,正确地运用这一方法也一定会发挥其应有的作用。总之,利用反面教材、教员开展思想政治教育,目的是把非马克思主义和反马克思主义的东西摆在大家面前,让大家分清其本质,从而接受锻炼,增强辨别和选择的能力。

运用反面典型教育法时应注意以下几点。

第一,要勇于面对反面教材和教员,并加以正确的判断和识别。

第二,要主动引导大学生从根源和危害性上分析反面典型,进而帮助大学生自觉抵制反面典型,接受正面典型。

第三,要根据大学生的不同思想水平,选取适当的内容,"种"上适当的"牛痘"。否则,不看对象,乱点"鸳鸯谱",选取的"牛痘"不合适或种得过量,则会害多利少,甚至是有害无益的。

(三)感染熏陶法

感染熏陶法,是指思想政治教育者充分利用教育情境和社会环境,对大学生进行思想政治上的感染和熏陶的方法。感染熏陶法是渗透原则的重要体现,具有非强制性、隐蔽性,能够寓理于情,以情感人,能使大学生在不知不觉中受到教育。感染熏陶法有多种形式,经常采用的有榜样教育法、艺术熏陶法。

1. 榜样教育法

所谓榜样教育法,是指以先进人物的先进事迹为模范,通过树立先进典型,教育人们提高思想政治觉悟的一种方法。榜样教育法把抽象的说理变为通过活生生的人物和事迹来进行思想政治教育,激起大学生的思想感情上的共鸣,引导大学生去学习和仿效。具有激励大学生奋发向上的功能,易于为大学生接受,因此,历来是高校思想政治教育的主要方法之一。

运用榜样教育法,第一要善于发现典型,树立榜样,实事求是地宣传典型事迹。模范人物是在工作、学习和生活中产生的,因此要经常深入实际,调查研究,及时立意升华,让大学生感到先进典型与他们一样是有血有肉的人,就是他们中间的一分子,从而产生亲和力和仿效心。第二要正确引导。学习先进,重在学习其精神,不能不顾时间、地点、条件单纯地模仿其行为,而是要与自己的实际结合起来,并按自身的特点创新发展。

2. 艺术熏陶法

艺术熏陶法,是指借助于影视、文学、舞蹈、音乐、美术等艺术手段,开展相关思想政治教育活动,使大学生从中受到感染熏陶。艺术感染法把大学生思想政治教育贯穿在直观形象、生动具体、感染力强的文化娱乐活动之中,融思想性、艺术性于一体,富于潜移默化的作用,为大学生所喜闻乐见,有利于增强思想政治教育的吸引力,扩大思想政治教育的覆盖面。

运用艺术熏陶法,教育者要注意加强自身修养,善于选择和利用环境中的积极因素,消除不良因素,创设良好的教育环境,并且与说理等其他方法结合使用,充分发挥它的思想政治教育效果。

三、大学生思想政治教育的特殊方法

在大学生思想政治教育过程中,在运用一些基本的方法来达到教育效果之外,还需要采取一些人们所常用的一般方法,除了这些方法之外,还有一些特殊的思想政治教育方法可以采用和借鉴。

(一)心理咨询法

心理咨询法是近年来高校新兴的思想政治教育方法,不仅解决了心理问题还帮助人们解决了思想问题。具体来说,心理咨询法是指在思想政治教育中运用有关心理科学的理论和方法,通过语言、文字等媒介,给咨询对象以帮助、启发和教育,以使其认识、情感和态度有所变化,解决其在学习、工作、生活中出现的心理问题,解除咨询对象的心理问题,来维护和增进他们心理健康,促进思想提高,实现潜能开发的过程,从而保持思想的进步和身心的健康,更好地适应环境和发展人格。

心理咨询的对象不是患者,不同于医院的专业性心理治疗,主要是心理咨询专业人员针对大学生存在的思想问题、心理失衡、情感问题和学习困惑,依据心理学的专业知识,给予疏导解惑。心理咨询是基于科学的一种教育手段,其进行不可能像一般的谈话那样随便,必须遵循一定的步骤、通过一定的环节才能逐步达到了解并引导受教育者的目的。心理咨询一般分为掌握材料、分析咨询、引导帮助和检查巩固四个步骤。心理咨询方法作为思想政治教育方法的一种,在高等学校越来越受重视,主要原因在于随着大学扩招,学生就业压力越来越大,导致不少学生对社会、对人生、对事业产生严重的焦虑感,进而产生迷茫情绪。另外,现在的大学生大多是独生子女,当离开家庭独立在大学生活学习后,在人际关系、情感问题、竞争挫折等方面,往往出现不适应,需要及时地给予心理疏导和思想解惑。

（二）预防教育法

预防教育法实质上就是在问题还未发生前,就采取一定的教育方法来阻止问题的发生。通常在大学生思想政治教育中,可能出现的问题往往主要有两个方面,一个是思想上的,另一个是行为上的。采取预防教育法就是为防止学生思想上的一些问题的发生或者行为出现偏差而采取的教育方法,使可能出现的问题被消灭在萌芽状态。

预防教育的方式方法是多种多样的,通常有以下两种。

1.普遍预防

普遍预防,就是以客观实际情况为基准,根据情况的变化对大多数学生可能出现的思想问题,在问题还未发生前就进行教育,尽量避免问题的发生,进一步避免问题的大范围扩散。通常会有以下几种重要的情况会对大学生思想产生重大的影响。如社会发生转折、体制发生了改变、在社会中以及学校中出现了一些重大的事件,以及大学生自身的生活或者学习发生了重大的变故。例如,钓鱼岛事件、新生的大学适应、学生宿舍的调整、夏天禁止学生到江河游泳、通货膨胀与物价上涨,等等,这些情况的出现往往会使大学生提出许多问题,发生许多议论,产生思想认识上的种种矛盾和困惑,这时就要采取一定的思想政治教育手段来尽量减少这些事件给大学生思想带来的影响。预防教育法就是其中一种重要的手段。因而,普遍预防是十分重要的,运用得好,它能保证学校的安定团结和平稳发展,避免不必要的曲折和损失。进行普遍预防,要关心大学生的利益,掌握他们的心理,坚持正面引导,注意化解矛盾,努力避免思想积怨和矛盾激化。

2.重点预防

重点预防,实际上就是有针对性地进行预防。就是对突出的人或者具体事件,或者是在关键时期可能出现的问题,及时进行事先教育从而预防一些可能出现的对大学生思想产生不好影响的情况。大学生群体是一个人数众多的群体,同时,每个大学生都是一个单独的个体,虽然同在校园里学习,但每个大学生的具体状况是不同的。如大学生自身的情况、大学生的家庭状况、人际状况、所处的环境等,这些不同会对大学生思想状况产生直接或间接的影响,最终导致大学生思想状况的不同。因而,针对不同的学生、针对不同的状况进行重点教育是十分贴近大学生的,是一项很具有实效性的思想政治教育方法。

第三节　大学生思想政治教育方法的应用与创新

在科学技术迅猛发展的今天,创新已经成为国家发展的一种重要动力,其不仅可以促进经济和政治的发展,同时还可以促进思想政治教育科学化和实践性的实现,激发思想政治教育的活力。在这种国际大背景下,对大学生思想政治教育方法不断进行创新,正是大学生思想政治教育目标的不断深化、教育观念的不断更新、教育内容的不断充实、教育理论的不断丰富的必然要求。

一、大学生思想政治教育方法应用选择依据

在高校学习中,对大学生进行思想政治教育,选择恰当的教育方法极为重要,有利于大学生思想政治教育目标的实现。在对教育对象进行认真的分析和探索的基础上,因材施教,选择恰当的教育方法,不仅可以最大化的获得思想政治教育的效果,同时还可以有针对性地提高大学生思想政治的教育水平。

(一)教育目标与任务

目标任务的完成需要方法的妥当运用,方法是完成任务的工

具和手段,受到目标任务的制约。在对大学生进行思想政治教育过程中,教育目标和任务需要依靠一定的教育方法来实现,教育方法是为教育目标任务服务的。根据大学生思想政治教育的目标任务来选择教育方法,才能够保证教育目标任务的实现。

对大学生进行思想政治教育,实现大学生思想政治教育的目标与任务是首要的目的,其是一个完整的教育体系,具有多样性、层次性和系统性等多种特点。应当明确的是,大学生思想政治教育的目标与任务,是确立教育具体内容的出发点,而思想政治教育方法则是实现思想政治教育目的的重要手段与途径,是在确定思想政治教育目标的基础上而具体设计和实施的。如果没有了思想政治的教育目标和任务的指引,那么教育方法的选择也就会失去活力。

(二)教育对象的具体特点

思想政治教育目标的实现要紧密结合教育对象的具体情况和不同特点,有针对性地选择教育方法。大学生作为思想政治教育的接受者,选择合适的教育方法,会对思想政治教育活动的最终实施效果产生直接的影响。在新的时代条件下,大学生体现出了自身独特的特点,对大学生思想政治教育方法的选择和设计必须要结合这些特点,满足当代大学生的实际需求,那么其在实施过程中就易于被接受,容易产生效果。大学生思想政治教育对象有个体和群体之分,不同年级、不同层次的学生群体所适应的思想政治教育方法各不相同,同一个学生群体中不同成长经历、不同家庭环境、不同个性特点的个体适应的教育方法也存在差异。在对大学生进行思想政治教育过程中,还要考虑学生在思想观念和道德水平方面的不同。

(三)教育面临的实际问题

在对大学生思想政治教育方法进行选择的过程中,一个重要的依据就是要具有实效性。只有选择合适的大学生思想政治教育方法,配合针对性和恰当的使用,这样才可以有效避免大学生思想政治教育主体的盲目性,能够根据教育目标的指引自觉地改善实际行动。大学生面临的实际问题往往决定了如何具体实施思想政治教育。如果教育者能够深刻分析引发学生实际问题的原因,针对问题的性质、程度和影响因素进行具体分析,选择合理的教育方法,那么解决学生的实际问题,提高学生的思想认识就会相对变得容易。

二、大学生思想政治教育方法应用中存在的问题

(一)重教师主导作用,轻学生主体地位

大学生在思想政治教育中的主体地位,一方面表现为思想政治教育的"目的合理性价值",即实现道德对人生的调节、引导和提升;另一方面也包括思想政治教育维护国家政权、维持社会稳定的"工具合理性价值"。[①] 一直以来,我们的思想政治教育方法一味强调教师的主导作用,忽视了学生的主体地位,在一定程度上偏离了对人自身道德建设的"目的合理性价值"。具体表现在两个方面:一是将德育过程等同于智育过程,忽视了学生对伦理道德的主观思考;混淆了"掌握"和"认同"的概念,没有对学生外在道德需求向个体道德需求转化的心理接纳引起足够的重视;忽视了大学生面对的实际问题,缺乏促进学生进行全面发展的服务意识。二是缺乏双向交流的单向主客体教育方式使学生在受教育过程中处于被动接受状态,失去了建设自身道德的内在热情;学生掌握的道德规范、准则体系不能主动地内化为道德信念,导致"知而不信";道德信念不足以外化和指导道德行为,表现为"言而不行"。

---

① 于永成.大学生思想政治教育方法模式的建构研究[M].北京:清华大学出版社,2004,第 10 页.

(二)重传统人际传播,轻现代科技含量

现行的大学生思想政治教育主要依靠人际方法传播,这种传播方式无须经过中介作用,说者与听者的传播关系具有完整性,人们通过直接的个性对话沟通心声、交流情感、达成共识。传统的上课、做报告和参观访问等人际教育方法,在过去的历史条件下,发挥了重要的作用。但伴随着"国际化"进程的逐渐深入,信息技术迅猛发展,大众传媒高度发达,大量的音频、视频、图片等时时刻刻充斥着大学生的视觉和听觉世界,其传播速度之快、传播范围之广、传播渠道之多,加大了大学生思想政治教育外部环境的不可控性,也使教育者传统的信息优势地位丧失。缺少现代科技含量的教育方法导致我们信息传播的质量不高,网络思想政治教育的"超前服务"功能滞后,教育的定量分析与定性分析缺乏统一性,高校思想政治教育的"公信力"受到前所未有的挑战。

(三)重课内理论灌输,轻课外生活实践

众所周知,只有在科学的理论指导下才能帮助学生树立正确的世界观、人生观和价值观,但是科学理论需要教育者对学生进行灌输,不能由学生头脑中自发形成,因此在传统教育中,理论灌输法就成了大学生思想政治教育中常用的一种方法。其中,集中式的课堂理论灌输方法因便于人、财、物的组织和管理而受到高校的普遍青睐。思想道德修养与法律基础、毛泽东思想和中国特色社会主义理论体系概论、马克思主义基本原理等理论课程长期以来成为高校思想政治教育的主阵地。然而在实际工作中,我们忽视了与课内理论灌输相辅相成的一个重要环节——课外生活实践。大学生不能在生活实践中体验社会竞争、国际化的交流与合作以及人与人之间的复杂关系等,就会因缺少对外部规范的真正消化过程,出现"知行脱节"的虚伪现象和阳奉阴违的双重人格。

三、国际化视野下我国大学生思想政治教育方法的创新

通过总结国外高校思想政治教育方法的基本经验，我们发现，无论是发展隐性教育方法、组织课外生活实践还是提倡家校教育合作，国外高校的种种做法都回归于一个核心，那就是通过不断提升思想教育的亲和力来促进教育效能的最大化。借鉴国外高校的部分先进经验，我国的大学生思想政治教育也必须加强对青年学生的吸引力和凝聚力，使青年学生变被动接受思想教育为主动参与思想教育，进而在复杂的国际环境中保持清醒的头脑和坚定的信仰。打造亲和力是国际视野下我国大学生思想政治教育方法创新的战略引擎。

（一）以三元交互决定论为依据，发展大学生思想政治教育的渗透式方法

国外高校思想政治教育方法的基本经验告诉我们，现代思想政治教育方法论在一定程度上是显性教育方法与隐性教育方法相互补充的方法体系。渗透式教育方法正是教育者运用科学的方法将体现教育目标的教育内容以一定的载体形式贯穿到受教育者可能接触到的一切事物和活动之中，更容易增强思想政治教育者的亲和力。20世纪60年代，美国心理学家阿尔伯特·班杜拉在他的"三元交互决定论"中提到，人既不是单向地受内在力量的驱使，也不是单向地受环境的约束，人的内部因素、行为和环境影响相互联结、相互决定。借鉴三元交互理论的部分观点，发展大学生思想政治教育的渗透式方法，是显性教育方法与隐性教育方法互补结合的重要途径。

第一，要注重培养学生的自主体验意识，在学生道德习惯养成中充分发挥个人观察和学习的作用。例如，利用榜样示范法对学生进行道德激励，帮助学生在理解榜样行为的基础上，从榜样行为中凝练出具体的精神内涵，如民族传统精神和品质、富有时

代特征的先进意识和观念等,从而提升学生对榜样学习的理性认识。

第二,要发挥学生的主体性思维在知行关系中的积极性中介作用,体现大学生思想政治教育的渐进性。班杜拉认为:"即使人们已充分认识到该做什么,他们也经常不去最大限度地做出这种行为。这是因为,有关自我的思维在知识和行动的关系中起中介作用。"①长期的教育实践告诉我们,思想教育不是一蹴而就的。鉴于此,我们要根据学生所处的不同时期,分阶段进行渗透式教育,达到教育目的。对新生采取"造势法",着重进行养成教育,培养学生自主学习和独立生活的意识;对二、三年级学生采取"顺势法",把思想教育与专业学习有机融合,着力提升创新实践能力;对毕业年级学生采取"定势法",强化职业信念教育和为社会服务的意识。

第三,充分发挥学生在思想政治教育过程中自我认知的调节作用。教育的最终目的是不教育,班杜拉也强调自我调节在德育中的重要作用。渗透式教育方法的优点就在于,教育者不会把既定的道德模式强加给学生,为学生预设好善、恶、美、丑的评判标准,而是通过对学生心智模式的潜在影响,让学生学会依据自己的价值标准对自身的行为做出奖惩。因此,创设一定的思想政治教育情境,通过对学生在视觉、听觉和触觉上的"正强化"来促进他们的心智发展,构建学生强大的自我认知和调节系统是很有必要的。

(二)以主体间性理论为核心,发展大学生思想政治教育的同构式方法

所谓主体间性,指主体与主体之间的相关性、统一性和调节性。主体间性以个人主体性为基础,如果人不成为主体,不具有

---

① (美)阿尔伯特·班杜拉.思想和行动的社会基础——社会认知论[M].上海:华东师范大学出版社,2001,第551页.

主体性,人与人之间就不会有主体间性。而"同构",从抽象代数中来看,指的是在数学对象之间定义的一类映射,可以对这些对象的属性或操作之间存在的关系进行揭示。

发展以主体间性理论为核心的大学生思想政治教育同构式方法就是要根据教育"以人为本"的根本要求,突出受教育者的主体地位,找出教育者与受教育者之间的共同属性或是对应关系,然后将其作为大学生思想政治教育中重点关注的地方。

第一,要围绕高校的国际化人才培养目标,必须要明确大学生发展的多项需求,确保思想政治教育社会目标与大学生个性发展目标的一致性。一方面,要在思想政治教育的课堂中增加国际理解教育和跨文化教育内容,加强大学生对世界的全面理解,引导学生理性面对文化选择;另一方面,针对大学生的社区模式和教育基地模式要不断进行优化,鼓励大学生对周围环境进行观察,搭建思想政治教育的文化平台,并在社会实践过程中对文化渠道不断进行拓展和创新。

第二,要打破传统的主客体教育方式,建立双主体教育协商模式。具体来说,就是要加强教育的师生互动,引导学生以主体的身份通过"角色进入—体验—选择"参与教育过程;要研究大学生的思想"兴奋点"和语言环境特点,及时更新教育者的"语料库"和"思维系统",使教育者的表达方式和交际方式符合大学生的期望和习惯,实现思想政治教育的政治话语、学术话语和教学话语与社会生活话语的对接。

第三,要加强思想政治教育的"技术含量",通过在主题网站、信息平台和辅导员博客的建设中注入学生喜闻乐见的时尚科技元素,牢牢把握教育的网络话语权,同时鼓励学生创设个人主页、班级博客等自我教育平台,完成他律到自律的转变。

(三)以社会服务思想为引领,发展大学生思想政治教育社会工作方法

20世纪初,在美国的纽约、波士顿等地区开始出现学校社会工作,在后续的发展过程中,又先后经历了家庭访问教师时期、个案工作时期、制度化时期、团体工作和社区工作时期以及"充权"时期。[①] 在美国、英国、德国、法国、加拿大等发达国家的高校,学校社会工作者起着重要的作用,对改善与学生成长有关的"社会—情绪—文化"因素、维护学生权益、对特殊学生施以特殊关照等方面效果显著,并逐渐形成、构建起了学校社会工作理论与实务体系。随着经济全球化的不断发展,我国部分高校也开始引进国外学校社会工作的教育模式,并随之进行了研究与探索。

强调服务是社会工作的一大特色,而服务是通过社会实践来体现的,离开了实践,社会工作就不能实现其"助人"服务的本质。从这个方面来说,社会工作与大学生思想政治教育的出发点是相同的。借鉴国外思想政治教育的成功经验,以及我国思想政治教育的反复实践证明,社会实践正是大学生思想政治教育的有效途径。"全心全意为人民服务"是党的宗旨,大学生思想政治教育是党的思想政治教育的一项重要组成部分,因此大学生思想政治教育的宗旨也将是"全心全意为人民服务"。在原来高校的教育中,教育者没有对服务中进行思想政治教育引起足够的重视,导致工作人员服务理念不强以及服务成效不显著。这就使得在很多情况下,对大学生多提供的服务通常都是一般性质的服务,不具有针对性,一些特殊的学生没有获得有效的帮助。由此可以看出在大学生思想政治教育中引入社会工作的服务理念十分必要,这有助于强化思想政治教育的"服务性",加强教育者的服务意识,有针对性地对大学生提供帮助,提高大学服务工作质量。

第一,我们要借鉴社会工作的"服务"理念,既要全面掌握学生的共性特点,摸索思想政治教育的普遍规律,又要充分尊重学生的个体差异,并承认差异、悦纳差异,体现思想政治教育的个性色彩。

---

① 张莉.社会工作理念和方法在大学生思想政治教育中的运用[M].武汉:华中师范大学出版社,2008,第15页.

第二,要运用社会工作的小组工作方法,解决大学生思想政治教育的共性问题。小组工作方法,其对象是小组中的个人,通过小组过程及小组工作者的协助,使这些人获得小组经验、行为的改变及社会功能的恢复与发展,并达到个人、小组、社区及社会的发展。大学生思想政治教育可以根据不同的教育目标设立不同的小组,发挥小组活动的优势,让学生在活动中发挥自身特长,通过增强学生之间的"了解与对话",使他们在同辈群体中获得接纳和尊重,进而帮助学生树立正确的人生观和价值观。例如,华中师范大学的恽代英党校培训班,培训对象全部是刚进入大学的新生党员,班级内部打破专业限制,分成了若干个学习小组,小组的目标就是要提升成员的党员身份认同感,端正入党动机,查找自身不足,明确努力方向。培训班除了开展日常的课堂教学之外,还通过小组风采展示增强学员之间的相互了解,通过党员工作坊的小组集体游戏培养学员的团队意识、奉献意识和责任意识,通过制定小组党员成长计划,将激发学生的内在成长动力与提供外部环境保障相结合。这种针对新生党员的群体教育就是运用了社会工作的小组工作方法,受到学生的普遍欢迎。在实际工作中,高校思想政治教育借鉴社会工作方法在学生中组织小组活动以学生社团最为常见,因此,我们要高度重视大学生社团的教育功能,帮助社团争取更多的发展资源,鼓励学生多参加有意义的社团活动,让学生在发展兴趣爱好的同时调整认知结构,达到知行统一。

第三,要尝试运用社会工作的个案工作方法,解决大学生思想政治教育的特殊问题。缓解个别学生的考前压力、就业压力,疏导部分学生的心理困惑等都是思想政治教育工作者工作的重要内容。社会工作的个案工作方法经过近百年的发展,已经形成沟通、会谈、访视、记录等基本技术和一系列比较成熟、完善的治疗模式,如心理社会治疗模式、危机调适模式、行为治疗模式、人本治疗模式、任务中心模式和个案管理模式等。这些基本技术和治疗模式正是大学生思想政治教育所需要的。

（四）以协同理论为借鉴，发展大学生思想政治教育的协同式方法

协同学理论认为，形成系统之间、系统各要素之间相互作用、相互协调关系，有助于形成子系统之间时间、空间、结构、功能上的有序。国际化视野下的大学生思想政治教育方法创新是一个复杂的系统工程，也需要各要素之间的协调与合作。只有系统各要素的"涨落"合理，态势平衡，才可能出现结果的"质变"。"国际化"使思想政治教育被迫置于综合化的环境之中，置于整体性建构的对象面前，各种教育方法的局限性和互补性为大学生思想政治教育方法的协同运用提供了现实可能。鉴于此，协同式方法也是大学生思想政治教育创新的必然选择之一。

第一，要进一步推动思想政治教育学及相关学科的发展，增强大学生思想政治学教育方法系统的兼容性。要适当打破原有方法系统的封闭性和平衡性，在摒弃、完善或改革传统教育方法的过程中，不断结合当代大学生的新特点研究和引入一些新兴教育方法，通过不同方法间的渗透、弥合和嬗变，创造大学生思想政治教育方法系统与外界进行信息交换、资源共享的有利条件。

第二，要加强政府、学校、家庭和社会教育资源的协同，实现思想政治教育从"孤军奋战"向"协同整合"的转变。在我国，思想政治教育的"5＋2＝0"效应时有发生，即学校对学生5天的正面教育被社会对学生2天的"负面影响"抵消了。在西方国家，思想政治教育从来就不是一个部门的事情，而是由全社会共同承担的"伟大事业"。针对我国目前大学生思想政治教育"孤军奋战"的格局，学校教育必须在苦练内功的基础上获得外力支援，尽早形成一个全民参与的大学生思想政治教育网络。学校教育是主导，家庭教育是主托，社会教育是主线，政府政策是保障。一方面，在学校教育中，我们要树立"大学工"的工作理念，将社会学家、心理学家、教育学家充分吸纳到思想政治教育工作的队伍中，通过提供更专业的心理咨询和就业服务解决大学生的实际问题，提高思想政治教育的针对性和适用性。另一方面，要突出家庭教育的基

础性地位和社会教育的熏陶作用，在把家庭回归作为大学生接受思想政治教育的第一课堂的同时，充分运用文学艺术、先进典型、大众传媒、改革开放和现代化建设的巨大成就、重要节日纪念日、爱国主义及社会实践教育基地、祖国大好壮丽河山等资源，丰富思想政治教育的载体。西方国家还有大量从事思想政治教育的社会团体和公共机构，我国政府也应该通过政策引导、财政拨款和奖励机制扶持这类团体和机构，鼓励社会各界参与到思想政治教育工作中，形成政府"掌舵"，学校、家庭和社会"划桨"的育人格局，将我国的大学生思想政治教育在国际化背景下推向"全面协同"的新境界。

第六章　大学生思想政治教育的路径构建

　　大学生思想政治教育路径是大学生思想政治教育过程中一个重要的内容,在实践过程中,有效的路径有助于指导大学生思想政治教育工作者在教育过程中运用科学方法达到事半功倍的效果。

第一节　大学生思想政治教育的主要路径

　　大学生思想政治教育的主要路径有理论课教学路径和校园文化路径,其中理论课教学是传统思想政治教育的路径,是目前我国大学生思想政治教育的主要战线。校园文化是社会主义先进文化的重要组成部分,是学校软实力的重要体现,大力建设校园文化,对于推进高等教育改革发展、加强和改进大学生思想政治教育具有重要的作用。

一、理论课教学

(一)当前思想政治教育理论课教学中存在的问题

1.教学内容的针对性不高

　　思想政治理论课多是些抽象概念和原理的演绎,很难用理解的方法,容易照本宣科。调查结果显示,一些学生对思想政治理论课缺乏兴趣的一个重要原因是教师的教学缺乏条理性或生动性,思想政治理论课的内容难以理解。另外,思想政治理论课的教学内容脱离了社会实际、学生实际,学生要学的只是一些空洞的理论教学内容,实践性、针对性不强,再加上一些思想政治理论课教师自身素质的缺乏以及教材的陈旧,导致思想政治理论课教授的观点脱离学生的生活和思想实际。

2.教学方法比较简单

教师在传统思想政治理论课堂上,单纯地借助口头语言,进行"填鸭式"的教学。现代的思想政治理论课课堂上,虽然出现采用了多媒体课件等现代的教学方式,但内容也只是把教材上的文字放到课件中,课件制作质量不高,难以全方位激发学生的兴趣。同时现有的思想政治理论课课堂忽视了实践教学的运用,缺乏说服力。事实上,现在大学生对当前社会的一些理论争议热点、社会现实困惑,渴望得到相应的理论解答。但是,照本宣科的方式方法,不能做到有的放矢,不能很好地满足大学生的需求。

3.教学实践机会较少

思想政治教育根植于中国历史和现实,包含了广泛而深入的内涵,这就要求思想政治理论课教学主渠道要有更广阔的视野。将思想政治理论课教学仅仅局限在课堂内开展,不能适应新时期大学生对理论的需要和要求,但是由于思想政治理论课程建设经费较少,难以在组织教学中大范围地向大学生提供走向社会验证理论的机会,限制了主渠道作用的发挥。

4.教学管理不合理

理论课教学管理中存在着一些不合理因素:一是教学安排不合理。高校把绝大多数专业课安排到了上午,而将思想政治理论课安排到了下午或是晚上,这样学生在经过了一上午或者一天的学习后,极易感到疲劳,而教师在半天或一天的教学后,也不堪重负,有时候教师在下午或晚上还要连上好几班的思想政治理论课。这样的教学安排虽然节约了教学成本,但影响了教学效果。二是教学规模庞大。近几年,随着各高校的普遍扩招,各个专业的在校生人数明显增多。思想政治理论课的班容量也明显扩大,但思想政治理论课教师却没有进行同步的补充。再者,思想政治理论课一般属于公共必修课,往往是不同专业的学生同时上课,这样的大班授课人数上百,甚至是多达数百。这样庞大的教学规模影响了讨论式教学方式的开展,也影响了师生的互动。三是管理制度缺失。管理体制的问题,实质上是大学生思想政治理论课的地位问题。中宣部、教育部将思想政治理论课的教学机构作为独立的单位而存在,但在多数高校中它却被归入了二级甚至是三级机构,机构级别较低,很难决定课程的开设或是课程的设置。同时,思想政治理论课教师只讲公共课,不参与学生的学习与生活,对学生了解不够,很容易把思想政治理论课当作是单纯的知识传授,无法全面发挥思想政治教育的功能。

5.教师的教学水平和能力不足

第一,舍本逐末。"本"即指思想政治理论课的主要内容,也可以是指思想政治理论课所采用的教材。"末"是指教材中没有而又必不可少的内容。在思想政治理论课的教学过程中,教师往往增加一些教材中没有的东西来调动学生的积极性。但有的老师过于侧重"末",而逐渐忽视了"本",或是任由"本"被"末"掩盖。

第二,自导自演。思想政治理论课的教学需要师生互动完成。虽然近几年来,高校开始注重采用互动式教学,发挥学生在课堂上的积极作用,但课堂教学还是属于教师的"独角戏"。很多时候都是教师在讲台上讲的天花乱坠,学生在下面却无动于衷,没有丝毫反应。另外,有些教师对师生互动的理解局限于"提出问题—回答问题",单纯地提出问题让学生回答,并不考虑学生的知识基础和关注焦点,最终陷于自导自演的境地,即平时所谓的"冷场"。

第三,重言传轻身教。在思想政治理论课中,人们往往认为教师只需要口头宣传党的理论、方针和政策。其实,教师的"身教",以道德楷模的方式来对学生进行引导,比口头宣传更具有说服力,也更容易让学生接受,但有些教师却言行不一,这使得学生对理论课不再有兴趣。

6.学生的积极性和认可度不高

学生的积极性和认可度不高主要表现在以下三个方面。

一是思想政治理论课在学生方面出现的问题最明显的就是学生的学习积极性不够高。一部分学生,在教师不点名的情况下,出勤率很低。即使到教室里上课,也很少做笔记或认真听课,大多时候不是看其他书,就是趴在桌子上睡觉,或是跟别人聊天、玩手机,课堂秩序差。

二是对理论课的认可度不高。随着社会主义市场经济体制的建立,以及西方一些所谓的"自由""人权"思想的影响,一部分大学生对马克思主义理论的基本内容不认同。

三是无法坚持到底。根据调查显示,一部分学生对思想政治理论课起初非常感兴趣,上课前能按时到教室,上课时认真听讲,积极回答问题,课后也能按要求完成作业。但随着时间的推移,往往会有学生产生厌学情绪,课上看其他书籍或漫不经心,缺席情况、迟到早退情况也比较多。大多时候都是教师在"唱独角戏",学生对思想政治理论课的兴趣无法坚持到底。

(二)加强思想政治理论课建设

1.及时吸收转化大学生思想政治教育相关学科建设与理论研究成果

马克思主义理论学科建设在大学生思想政治教育中发挥基础支撑性的作用,并要为思想政治理论课课程建设提供内容和方法的指导。自国务院学位委员会和教育部于2005年底确定调整增设马克思主义理论一级学科及所属二级学科之后,全国新设立的马克思主义理论及相关学科的博士点和硕士点明显增多,从事马克思主义理论研究的人员逐年增加,大量科研成果以论文、文集、专著等形式发表。在成果的内容中,有许多研究者探讨了思想政治理论课的建设理念、课程内容、教材建设、教学体系、教学途径方法及教师队伍建设等。但是,这些理论成果并没有真正运用到思想政治理论课建设中。成果不能转化为有效的生产力,是多方面原因造成的,根本的原因是我国至今没有建立起马克思主义理论研究成果转化为指导和帮助大学生思想政治教育实践的转化机制,缺乏专门从事转化的管理部门、工作人员和相关制度,这使大量的理论成果仅仅成了科研人员内部交流的材料和职称评审的条件,造成研究成果的巨大浪费,也使理论成果失去生命力。因此,需要我们重视理论成果的转化,要将学科建设与理论研究成果及时转换服务于思想政治理论课作为一项重要的、具有开拓性的工作来抓,从而更好地解决思想政治教育主渠道中存在的问题。

社会科学理论成果的转化不同于科技成果的转化,在转化的环境和条件方面比科技成果的转化更为复杂,在构建理论成果转化机制中,需要从理论与实践两个方面,探索马克思主义理论成果转化到大学生思想政治教育主渠道建设中的途径、过程和规律等。应着力培养一支既能从事马克思主义理论学科建设,又能开展思想政治理论课教学的高素质人才队伍,使他们成为理论成果转化的专门人才。教育部、地方教育行政部门、各高校都要为此承担起相应的责任,解决好成果转化的政策支持、转化渠道、转化投入等问题,要吸引科研人员、教师、管理者和学生积极参与到理论成果转化的实践中来,切实为大学生思想政治教育主渠道——思想政治理论课建设提供服务。

2.创新教学观念,体现教育时代性

(1)坚持"以学生为本"观念

理论课教学应树立"以学生为本"的全心全意为学生服务的

思想。大学生的价值观是在认同家庭、学校、社会的基础之上树立起来的。大学生个体只有自我的需要得到了满足,才会认同社会主义的核心价值观。随着市场经济的深入发展,人的主体性不断加强,为适应时代的变化和要求,大学生要具备主体人格和创造能力。理论课要依据大学生思想行为的实际特点,将工作的立足点和重心转移到切实解决学生的实际问题上来。寓教于情、寓教于理,扎扎实实做好学生的基础工作。防止工作内容的抽象化,防止工作方式的简单化,防止工作态度的强硬化,防止工作效果的单一化。高校要根据其内在需要和合理愿望来设定教育目标,选择教育方式,因势利导,因材施教,充分尊重学生的个体差异,给大学生创造自主的发展空间,从而调动大学生的积极性,唤醒大学生的主体意识,学生的需要得到了满足,大学生就会自主认同主流价值观,加强其核心价值观修养,不断提升自己的思想政治品德素质。理论课坚持"以学生为本"的思想,正是贯彻科学发展观的体现。

（2）坚持"教育引导"观念

"教育引导"是指教育者的主导性和教育对象的主体性。大学生思想政治教育是关于政治立场、精神信仰、道德品质、伦理行为的教育。大学生在被教育外化之后,只有将教育内容内化为指导其社会活动的价值体系,才是真正树立了大学生自己的价值观。

在对大学生进行思想政治教育时,高校要注重坚持教育者的主导作用与教育对象的主体作用的有机结合与辩证统一。教育者是教育活动中的组织者、设计者、发起者与领导者,通过灌输理论知识、启发觉悟、言传身教等多种方式影响教育对象。教育者与教育对象应该建立民主、平等、教学相长的关系。在教育中既要充分发挥教育者的主导作用,又要注意调动教育对象的积极性。高校要充分发挥教育者与教育对象的两方面的积极性,实行教育教学效果的最优化,必须加强对教育对象的思想引导。大学生思想上的问题解决了,思想政治教育才能水到渠成。

（3）坚持"深入沟通"观念

大学生处于青年时期，心理变化较大，积极心理与消极心理并存。由于缺乏社会阅历，大学生既对自己的未来存在着美好的向往，也会因社会上的一些黑暗面而低沉、消极。他们有着自己的亚文化，同辈全体对其影响很大。他们会与较他们年长的人有代沟。因此，理论课教育要深入学生中间，辅导员在这个问题上要负起责任来，与学生形成亲密的朋友关系，及时、深入、准确地把握学生思想动态，切实解决学生的实际困难，找到学生思想问题的根源所在，并及时将大学生反馈的信息汇总给理论课教师，使得教师通过思想政治理论课教学，不仅解决学生的政治问题，更要解决学生的道德品质问题。

3.创新教学方法，提高理论课教学的有效性

（1）启发式教学

启发式教学法是指教师在教学过程中激发学生学习的主动性和积极性，调动和培养学生的启发思维。教师在课堂教学中通过举例子、课堂讨论、提出问题、创设启发情境等方法，在课下通过布置作业、课外指导等各个教学环节指导学生掌握获得知识的工具，培养学生根据需要处理各种信息的能力。"启发式"教学过程中，教学的中心转移到了学生身上，重视调动学生学习的主动性和积极性，教师作用的发挥取决于学生主动性和积极性的调动。

高校思想政治理论课启发式教学模式绝不能停留于让学生找到问题的答案，而是应该引导学生学会闻一知十、举一反三。即运用所学知识和方法去解决众多的新问题，这才是它的实质。有经验的高校思想政治理论课教师，总是善于运用迁移规律把要解决的新问题与已解决的某一类问题联系起来，突出共同规律，把未知转化为已知，引导学生学会以简驭繁、举一反三。

（2）讨论式教学

思想政治理论课讨论式教学是指在思想政治理论课的教学

过程中,为了实现思想政治理论课教育教学目标,教师引导学生自学、思考一系列有关问题为线索,师生之间以及学生相互之间利用讨论、辩论等形式,通过问题的思辨过程相互启发、达成思想共识、提高思想政治理论水平和能力的一种教学方法。讨论的精神实质是启发式教学思想,通过钻研问题、发言讨论,师生能相互从他人的发言中得到有益的启示,通过启示重新组织自己的知识理解和认知体系,进而使自身得以发展。

(3)研究性学习教学

研究性学习教学是指教师在教学中,引导学生从理论学习和社会生活实践中选择和确定研究性问题或课题,发挥主观能动性,积极主动地去收集资料、相关理论观点,运用分析研究、综合比较、归纳演绎等理性逻辑方法和非理性方法,从研究中获取知识、应用知识、解决问题,锻炼思维能力,获得全面进步发展的教与学的方法。研究性学习教学是基于强调科学原理形成过程为主要特征的教学方式,强调教学内容的呈现方式要面向过程、将理论观念等得以产生的起因和研究过程展示给学生,并引导学生的发散思维,激发学生自主学习和探究的动机,增强学生自身参与知识建构的积极性和自觉性。

二、校园文化

(一)当前校园文化建设面临的挑战

1.内容的丰富性与复杂性

全球化带来了物质和文化上的极大丰富,新的观念和方法也随着文化一同被注入人们的生活。不同文化之间不可避免地互相渗透、吸取,这种互相吸收和补充,形成了"你中有我,我中有你"的局面。但这也对原有的文化观念提出了挑战。如何做好不同文化的相互融合,做出正确的价值判断,需要较高的判断力和分析力,这对个人素质提出了要求。当前在校的大学生正处在身心快速发展的阶段,他们涉世未深、阅历较浅,对很多社会现象还不能很好地把握,且极容易受鼓动和影响。因此,国际上社会思潮的进入,为学生们的成长提供了机遇的同时,但也给各高校提出了培养的难题。提升学生的文化甄别能力,多元文化才能够真正为学生的成才服务,才能尽可能地避免负面效应。

2.评价标准的创新性与变化性

校园文化建设的目的是要实现育人的效果。不同的时代背景和社会需求,对人才的要求也是不同的。学校培育的人才要能适应社会发展、实现自我的完善,因此育人的理念不是一成不变的,要能与时俱进,适当地进行调整。当今社会,全球联系广泛加强,高新技术快速更新,经济发展日新月异,文化交融错综复杂,这对学校育人提出了更高的要求,要求高校培育出满足社会多元需求的复合型人才。多元社会思潮下要求学生要有国际化视野,与经济全球化、教育国际化和文化多元化等时代特点相适应,全面提升综合素质。因此,校园文化的评价标准也会随之发生变化。

3.文化选择的多元性与甄别性

当下的文化交融日益增多,学生在校园里接受到各种文化气息的熏陶,思维活跃,长于思考,因此不同类型的文化在大学校园里很容易引起共鸣,产生作用。要进行选择,做出适宜的价值判断,学生们必须进行全面的了解,凭借敏锐的观察力,通过缜密的分析,根据自身实际情况做出取舍,这样才能促进个人的健康发展。如先前在一些学生中出现的拜金主义、享乐主义等,即是对一些外来文化的盲目追求、片面理解、曲解和误解,形成的一种不良风气。在多元文化背景下,本土文化被越来越多的国外文化观念影响,不能简单地沿用和吸收这些异域文化,而要对其进行甄别。校园文化建设是对学生进行思想引领的重要方面,对学生的世界观、人生观和价值观有着深刻的影响。

4.文化理念的开放性与传统性

校园文化作为校园里的一种精神文化,对学生的教育引导功能是十分明显的,因而它必须是在长期的实践检验中不断完善和延续而形成的。校园文化元素本身就包含了相对稳定和传统的成分,在历史的积淀中,逐渐被广大师生所接受,具有一定的社会影响力。但现代社会,新的文化思潮带来了与许多传统不太相同的理念,若一味地因循守旧,延续陈旧的做法,必然会和学生当下的生活理念发生冲突,容易遭质疑。校园文化必然要兼收并蓄,广泛吸收新文化理念,进行加工改造,以更具时代色彩的新形式出现,从而为己所用。因此,校园文化本身又必然具有一定的开放性,应主动融入学生的学习生活中去,实现双向互动。

(二)加强校园文化建设

1.遵循校园文化建设的基本原则

(1)坚持主旋律与尊重多样性的统一

大学是人类文化传承、创新与发展的重要基地。大学不但要传承和创新知识,更具有熔铸、守望人文精神的神圣使命。校园文化建设是实现这一使命的必然途径,是高校精神文明建设的重要基础和重要前提。

高校必须建设一个文化层次较高的校园文化环境,传承大学精神,使广大青年学生能养成良好的思想道德品质。党的十四届六中全会决议提出的社会主义精神文明建设指导思想中,提出了"以科学的理论武装人,以正确的舆论引导人,以高尚的精神塑造人,以优秀的作品鼓舞人"的理论指示。这也就要求校园文化建设必须坚持正确的政治方向、价值导向和审美旨向,贯彻党的基本路线和教育方针,高扬社会主义、爱国主义和集体主义主旋律。

当今社会处于文化井喷时代,各种类型的文化层出不穷,相互交融并得以发展。随着社会这种发展趋势,社会发展必将呈现出更大的开放性和适应性,文化多样性将是一种必然趋势。历史无数次证明保守和封闭只能走向停滞和僵化,建设高水平的校园文化必须使校园与社会联网,走开放之路,尊重主体多样性的发展。

当然,尊重校园文化多样性也不等于忽视主旋律建设的精神引领作用。文化主旋律和文化多样性是相互促进的关系,也就是必须坚持主旋律与尊重多样性的统一,这才是对校园文化建设应该持有的态度。

(2)坚持积淀传承与创新发展的统一

文化是历史形成的。不经过一定的历史积淀和传承,文化的优秀品质难以体现。在高校长期发展的历史积淀中形成的、具有相对稳定性的文化传统意识是现代校园文化传统中最宝贵的部分,是大学抵抗挫折、谋求发展的顽强生命力的底蕴所在,是一所学校的灵魂,是一个学校精神与氛围的集中体现,也是高校赖以生存的根基,更是高校可持续发展的精神动力,对于稳定大学的风格和水准具有至关重要的作用。

大学能够得以持续健康发展的推动力源自优秀的高校校园文化。高校校园文化的建设与创造,既是一个继承、借鉴、创新的综合过程,也是一个德育与智育、科学与价值以及人与人相互作用、相互促进的复杂过程,需要精心构建,要在理念上精心提炼,在实践中长期培育。传承高校的特色与优势文化依靠于学校师生的共同努力与不懈创造。

(3)坚持立足国情与面向世界的统一

呼唤面向世界和未来的校园文化创新已成为全球高等教育发展的一大潮流。面对经济全球化的挑战,校园文化不能回避(事实上,它也回避不了),而应积极主动地融入世界大潮之中,通过与大风大浪的搏击,使自己的羽翼逐渐丰满,从而实现国际化与民族化的统一,实现自身的完善和发展。从根本上说,对待面向世界和立足国情的态度是与我们对外来文化和传统文化的态度完全一致的。对外来文化和传统文化,校园文化的基本原则是采取分析、辩证的态度,积极利用其合理成分,并结合具体情况加以批判继承、消化吸收。因此,这也是我们在看待面向世界和立足国情时的总方针。但长期以来,校园文化在实际发展中,往往偏离或忽视了这个方针,完全凭主观臆断,感情用事,这是制约校园文化发展的重大问题。

2. 突出文化育人,加强科学精神与人文精神和谐发展

高校校园文化建设应始终坚持人文精神和科学精神的相互依存、和谐发展。在高校校园文化建设中,科学精神和人文精神是大学生观察与认识世界不可缺少的两种素养。

高校校园文化建设保持人文精神与科学素养的统一,是突出校园文化育人功能的关键。高等教育培养的社会主义事业的建设者和接班人,应该是既有严谨认真的科学素养,又有健康崇高人文精神的现代意义上的完整的人。从人类发展的文明史来看,自然科学和人文科学之间是相互补充、不可替代的。我国高等教育担负着培养中国特色社会主义建设需要的合格人才的重要任务,高校应充分认识到,校园文化建设中培养健康合格大学生的关键在于倡导和推进科学精神与人文精神的和谐发展,以此培养的高素质的大学生才能在国家发展建设中起到中流砥柱的作用。

3. 加强组织领导建设,完善建设机制

(1)加强组织领导

所谓大学校园文化建设的合力与共谋,除了内部合力问题之外,对于外部应该从两个向度予以考察:一方面强调大学校园文化建设要与外部环境相适应,另一方面还要强调外部环境促进大学校园文化的建设与发展。通过这样的厘清,我们发现,大学校园文化建设的合力与共谋必然是多方面、多层次、多角度的,并不是单打独斗,也不是闭门造车。所以,从大学自身、大学与政府之间、大学与社会之间的关系出发,必须强调各级组织领导与形成

建设合力之间的必然关系,而理想的关系状态则是通过加强各级组织领导,共同促成合力的形成。

(2)加强制度建设

大学校园文化需要制度框架的支撑,大学校园文化是娇嫩的花朵,高贵的理念也只有在与之相容的正式制度下才能存在并得以发扬。因此,只有完善各项制度措施,大学校园文化的凝聚力和创新力才能竞相迸发,大学校园文化才能卓尔不群、历久弥坚。

具体来说,各项制度措施的完善必须着眼于以下几个方面:第一,在起点上,一项制度措施的制定与完善首先要建立在民主和法制的基础之上,反映在大学校园文化中,就是依法治校和民主管理,有这样一个逻辑前提,才有可能营造一个宽松和谐的学术环境,发扬批判和独立的精神,鼓励教师进行开创性的研究。第二,在转变学校行政职能方面,要更多地体现"精神性"而非"物质性","全员性"而非"科层性",加强教授治学、教师参与学校学术事务管理的权力,唯有如此,学术权力才能超越行政权力。第三,各学科的高度交叉和融合是当前全球语境下学术发展的必然选择,因此,改革现有的学科和科研管理的组织模式,不断提高大学的学科和科研的管理水平,以更好地适应现代学科的发展,促进学科的交叉和科技创新。

4.坚持传统文化与西方文化融合发展

随着社会生活国际化程度越来越高,社会思潮的不断进入,西方文化越来越被大学生所熟悉并接受,这就要求高校校园文化建设应该在坚持大力发展传统经典文化,宣传主旋律的基础上,积极吸纳西方文化的精髓,引进国内外优质文化建设资源,充分发挥高校校园文化的教育功能。'

(1)积极弘扬传统经典文化

中国传统文化,指的是以中华文化为源头、中国境内各民族共同创造的、长期历史发展所积淀的文化。积极弘扬传统经典文化,首先,必须坚持马克思主义的指导地位。马克思主义理论是指导中国特色社会主义建设的理论基础,为我党代表先进的文化指引了方向,因此,我国高校校园文化建设中必须坚持马克思主义的指导地位不动摇。坚持马克思主义的指导地位,在新时期,就是要用社会主义核心价值观教育人民,在社会中形成共同的理想追求和精神支柱。其次,应传承和发扬中华民族的优秀传统文化和民族文化。民族的就是世界的,中华文化作为世界文化的重要组成部分,自身的繁荣发展是世界文化繁荣发展的根基,中华文明的发展进一步促进着世界文化的发展。除了营造良好的传统文化教育环境,借助现代各种媒介进行大力宣传,积极引导他们学习、了解传统文化的相关内容外,高校还应帮助大学生提高对中国传统文化和历史知识的重视程度,从而更好地把自己塑造为适应社会和时代前进所需要的复合型人才。

(2)吸收借鉴西方文化精髓

高校校园文化建设应注意帮助大学生树立正确的民族意识与国家意识,对本民族和民族文化保持高度的自豪感和自信心,同时引导学生正确认识西方文化,避免大学生对西方文化的盲目崇拜。

第一,加强学生的各种国际交流,开展各种国际学术交流与合作。我国高校应进一步适应自身国际化发展需求,努力创造条件增加出国留学和来华留学的人数,有效地创造我国高校学生到国外学习的机会,增加出国留学的人数。

第二,吸取西方文化的精髓。高校校园文化建设应在各种国际交流活动中,注意剔除西方文化的糟粕,把握其民主、法制、自由和平等、宽恕与博爱等是西方主流文化的精髓,并将之贯穿于校园文化建设之中,与传统文化交叉融合,相互补充、相得益彰,培养学生更加健康的人格和素质,以充分发挥高校校园文化的教育功能。

第二节　大学生思想政治教育的发展路径

大学生思想政治教育的发展路径主要有社会实践路径和建

制路径。关于社会实践习近平总书记指出,不论是新问题还是老问题,不论是长期存在的老问题还是改变了表现形式的老问题,要认识好,解决好,唯一途径就是增强我们自己的本领。增强本领就要加强学习,既把学到的知识运用于实践,又在实践中增长解决问题的新本领。建制路径也称为组织路径,是指通过建立组织,把教育对象有效地组织起来,对他们实施教育。

一、社会实践

(一)当前大学生社会实践存在的问题

1.社会实践执行过程中缺乏思想内涵

开展大学生社会实践的目的是促进大学生的成长成才,作为社会实践活动的组织管理部门,高校团组织一般根据社会主义核心价值体系教育的内涵制定社会实践活动的主题,但是在执行的过程中,往往会出现思想性不强、内涵缺失、以活动谈活动、缺乏理论反思和进一步提升的现象。究其原因,主要有以下几方面。

一是大学生对理论的掌握不够充分,驾驭实践的能力有待提升。虽然大学生能够认识到只有掌握了马克思主义科学实践观、具有中国特色的社会主义共同理想,才能够驾驭社会实践活动的基本方向,但是还不能在实践中较好地践行。内涵不足导致的最显性的结果就是社会实践活动流于形式,这也成为目前大学生社会实践活动普遍存在的问题。有的大学生在图书馆里做农村调查,没有深入到农村一线,有的社会实践活动的口号多于实质性的内容,甚至有的学生托关系找基层单位盖个章就回学校混学分。

二是开展活动之前没有明确的目的性。专业针对性不强。社会实践活动流于形式,缺失社会实践活动应有的内涵,活动的开展脱离学生专业结构,未能体现学生专业特色和知识水平,形式单一，内容空泛，没有新意，毫无特色，实践活动多是些简单的参观、调查，很难引起学生的兴趣，对学生自身素质的提高更是收效甚微。

三是指导教师力量不足。由于社会实践活动参与面大，但尚未形成多方齐抓共管的局面，而是仅仅由部分教师承担指导工作，因此，不能为学生提供有效的指导。

2.社会实践工作机制有待完善

工作机制不完善主要表现在：

一是领导机制不完善。大学生社会实践活动是 20 世纪 80 年代由团中央组织倡导的。当前，高校寒暑假社会实践一般是由共青团或学生工作部（处）的一个部门组织实施的。但是，社会实践活动还涉及行政、教学、后勤等多个部门。只有各个部门齐抓共管，相互配合，才能确保大学生社会实践活动平稳有序地开展。目前，高校大学生社会实践活动还存在着领导机制不完善的问题，突出表现在领导责任不明确、没有形成合力。

二是指导机制不完善。社会实践活动内容十分丰富，不同类型的社会实践活动有着不同的要求，学生参与其中需要有专职教师作专门的指导。但目前大学生社会实践活动指导老师团队建设还很不够，分类管理、指导思想和机制还很薄弱。

三是激励机制不完善。从目前来看，绝大多数高校在社会实践活动的激励机制建设上仅仅停留在一年一度的"暑期社会实践总结表彰大会"上，通过层层推荐审核，对先进个人和组织进行公开表彰。应该说，这只是一种通行的经典激励模式，不仅激励面不宽，而且激励的深入性和持久性均不充分。

四是保障机制不完善。这首先表现在投入不足、经费紧张上。其根源在于许多高校把日常专业教学当作硬任务、把社会实践视为软任务的思想根深蒂固，对大学生社会实践重视不够，同时在争取校外社会资源支持方面缺乏新思路和新举措。此外，缺乏规范稳定的实践基地也是制约大学生社会实践活动开展的重要"瓶颈"。单靠学生个人去联系实践单位,其效果将大打折扣。只有校方主动与各个企事业单位联系,广建基地,才能保证社会实践活动的持续稳定。

(二)加强社会实践建设

1.充分发挥学生的主体性

大学生是社会实践的主体。主体性是人在实践活动和认识活动中所表现出来的自主性、能动性、创造性。主体性源于人的社会性,它体现在主体要认识社会、改造社会。主体性水平应从自觉自由角度来衡量,自主性是主体性的核心。大学生在社会实践过程中,应在老师的指导下,独立参与实践,社会实践的内容应根据学生的实际情况来制定,应该在学生力所能及的范围之内,应给学生留有一定的空间,激励学生的创新意识,使学生体会到自我价值实现的成就感。

2.拓展社会实践渠道,形成合力

首先,高校要积极拓展社会实践渠道,进行多向交流,与社会和家庭、教师和同学等之间进行不同维度的交流实践。高校应当突破传统思维定式和狭隘眼界,多视角、全方位看问题,主动出击,寻找有效载体,积极拓展教育阵地,寻求新的发展点,构建一个开放的社会实践工作体系。

其次,学校、社会、家庭要形成合力,构建学校教育、社会教育、家庭教育的大平台,树立学生主体的育人思想,以实践为主要形式,形成社会大网络,进一步推进社会实践活动,以促进大学生核心价值体系的树立。

3.增强社会实践的针对性

首先在教育对象上要区别对待。大学生群体具有显著的差异性。每个人都有自己的个性。由于年龄、性别、生理、心理、生

活经历等的不同,不同的大学生个体对实践的内容、方法和传递的信息的接受能力、接受程度和范围等存在着差别。因此,社会实践活动要从大学生个体的实际特点出发,根据个体的不同思想状况,因材施教,因人利导,有的放矢。根据大学生个体不同道德主体的层次,处理好先进性和一般性的关系,确定相应的道德标准要求。

其次在教育目标上要有共同性。这里的教育目标是针对不同专业背景的大学生而言的。由于不同的专业背景,社会实践的目标必然是不同的。但大学生社会实践有一个共同的目标,那就是为社会主义现代化事业培养可靠接班人和合格建设者。

最后在教育内容上要有层次性。这里的教育内容是针对不同年级的大学生而言的,这里涉及一个分层次教育的问题。大一、大二、大三、大四的学生的社会实践内容应该是不同的,应该各有其侧重点。对于大一、大二的学生,社会实践的侧重点应该放在一些体验式的、人际交往方面上,低年级学生要通过社会实践,学会人际交往,认识社会与学校的区别。对于大三、大四的学生,社会实践侧重点应放在求职就业方面上,要通过社会实践,提高他们的社会化程度以及对社会的认识水平和社会适应能力,掌握必要的进入社会角色的知识和技能,为学生从学校走向社会打下必要而良好的基础。

4.创新社会实践的方式,与其他教育方式相结合

首先,社会实践要与家庭教育相结合。家庭教育与学校教育、社会教育相比,具有日常性和感染性等特点,"家庭影响的主体具有血缘伦理的亲和力和权威性"[①],家庭教育在青少年价值观的形成和发展中具有特殊的作用。家长要为了青少年健康成长与成才,切实担负起对孩子的监管和教育责任。家庭教育要注重

① 陈万柏,张耀灿.思想政治教育学原理[M].北京:高等教育出版社,2007,第106页.

青少年的人格发展和心理发展。一是家长要发挥榜样作用。大学生也具有模仿性的特点,家长要以高尚的情趣、文明的言行为孩子树立一个健康向上的学习榜样,营造健康氛围。二是家长要保持愉快、乐观的生活态度,不要把工作、生活中的烦恼带到家庭中来,不要给孩子压抑感,因为这种消极情绪一旦在家庭中蔓延开来,进而充斥整个家庭生活,对孩子产生巨大的情绪污染。三是家长对孩子的教育应该是民主科学的。家长要针对孩子的实际情况,对孩子进行说服教育,切忌用打骂、体罚等粗暴的方式进行教育,这样会适得其反。家长应采取科学的方式、宽容民主的教育对孩子进行积极引导。心理学家拉特克认为,"父母很宽容的家庭中的孩子和家庭严厉管教的孩子相比,更加能体贴别人,并对他人的批评很敏感;民主家庭的孩子比专制家庭的孩子更富有同情心,人际关系更协调,情绪更稳定"①。

其次,社会实践要与专业教育相结合。学习是学生的天职。大学教育的一个突出特点就是专业教育。专业知识是大学生日后在工作岗位上的重要"武器"。社会实践要与专业教育结合起来,应根据大学生所学专业的特点,在社会实践中融入专业知识,根据学生不同专业、不同阶段的学习内容和水平,开展相应的活动,使社会实践活动内容和学习内容结合起来,促进学生理论联系实际,把所学知识运用于实践,在实践中检验知识,巩固课堂所学知识,并提高学生进一步学习知识、运用知识的积极性,从而将专业知识转化为实际技能,以便在工作岗位中能够运用专业知识,以提高自身适应社会的能力。将社会实践与专业教育相结合,既有助于帮助大学生更好地了解社会的需求,明确自我发展的方向,又有助于鼓励大学生在实践中锻炼自我展示的能力,使得工作单位与学生能够顺利进行双向选择,以满足现代社会对人才的多层次要求。总之,通过社会实践,将专业教育融入其中,大

---

① 时蓉华.社会心理学[M].上海:上海人民出版社,1986,第53—54页.

学生借以积累就业创业所必需的认识能力、选择能力、社会活动能力、独立工作能力、社会适应能力、创造能力等等,增加自己的职业竞争力。

5.完善大学生社会实践管理机制

大学生社会实践活动的宏观管理关键在于大学生社会实践活动领导机制、指导机制、激励机制和保障机制的建设。

第一,建立领导机制。

要建立校、院(系)两级领导机构。在此基础上,要建立和完善包括责任制、督查制、报告制等在内的领导机制。每种类型的社会实践活动都要明确责任部门和责任人,形成齐抓共管、一级抓一级、层层抓落实的工作局面。校级领导机构要在明确责任分工、优化资源配置、协调工作冲突、进行督促检查、开展专题培训等方面发挥主导性作用;院(系)级领导机构要在策划部署、人员配备、考核评定、社会实践基地建设等方面发挥关键性作用。教学管理部门要抓好属于"第一课堂"的专业实习类、军事训练类社会实践活动;学生管理部门、党群组织要抓好属于"第二课堂"的生产劳动类、社会调查类、勤工俭学类、科技服务类、志愿服务类和挂职锻炼类社会实践活动。

第二,建立指导机制。

没有高水平的专业指导,就不可能有高质量的社会实践活动。要建立校、院(系)两级指导教师团队。在此基础上,要进一步完善指导机制。一是通过加强课程建设,建立和完善大学生社会实践培训课程体系及课酬制度,来推进校级指导教师团队的知识化和专业化;二是通过建立大学生社会实践指导教师进修培训制度和活动补助制度,来推进院(系)指导教师团队的建设。

第三,建立激励机制。

社会实践活动的最终受益者是学生。如果学生在活动中没有积极性,只是被动地参与,那么这样的社会实践活动就没有什么实效性可言了。因此,必须从学生在社会实践活动中可以获得什么,或者说作为施教者可以通过社会实践活动给予学生什么这个根本问题出发,建立完善的激励机制,才能实现学生从"要我参加"到"我要参加"的转变。

第四,建立保障机制。

开展大学生社会实践活动是有成本的,也是有风险的,因此有必要建立大学生社会实践投入机制和风险机制等保障机制。一是要建立学校、学生和社会三方共同参与的多元投入机制。二是要建立社会化的风险保障机制。此外,购买商业保险是一种规避风险的比较稳妥可行的办法。

二、建制路径

(一)班级

班级是大学生思想政治教育建制路径的基本单元,是大学生的基本组织形式,是大学生自我教育、自我管理、自我服务的主要组织载体。加强班级建设可以从以下方面入手。

1.注重班级建设的自我设计

要着力加强班集体建设,组织开展丰富多彩的主体班会等活动,发挥团结学生、组织学生、教育学生的职能。这可以从以下两个方面入手:第一,关注学生个性,将学生的个体发展纳入班级整体格局之中。学生发展存在差异:就学业表现来说,有成绩优秀者、成绩居中者和暂时落后者;就行为表现来说,有班级活动的骨干分子、积极参加者和暂时孤独者。这些差异都可以成为班级管理的教育资源。可以帮助学生建立三个层面的班级人际关系网络,帮助同学们联系之间的感情。第二,做好学生的心理辅导。大学生思想政治教育者应当成为学生信任、亲近的人,以期待、平等的眼光看待学生,期望每一位学生健康成长,尊重、关心、信任他们,真诚地发现学生的长处,平等待人,在平等相处中建立师生间的信任关系和双向交流,消除学生疑惧心理与对立情绪,缩短师生心理距离,从而形成一种老师关心学生、爱护学生,学生尊重老师的教育情境,建立融洽、合作、互相支持、互相理解的师生关系。

2.优化班级建设的运行机制

在弹性学分制等因素的影响下,班级成员在时间和空间上的离散程度高,因此加强同学间的相互交流和有效沟通,建立通畅的沟通渠道是非常有必要的。可以从以下四个方面入手:第一,加强班会的开展。只要班主任和学生们对班会善加利用,就可以在学生之间、师生之间、老师之间创造更有成效的沟通机会。第二,组建学生合作小组。组建小组的方式可以多样化,并根据实际需要灵活调整:既可以将不同发展水平的学生组成一个小组,也可以在另一阶段、另一领域根据学生成绩组建学习小组,还可以根据学生自愿组合的原则,将非正式群体转变为班级正式群体。第三,健全班级制度。加强大学生班级群体教育,塑造积极向上的大学生班级群体,需要相应的制度规范对班集体及其成员进行制约和引导,使其不致偏离班级群体教育的目标。这其中的制度规范至少应该包含两个方面。首先,学生的个人行为规范,主要由学校制定颁布的学生纪律规范和班级自我约定的行为规范组成。其次,班集体的行为规范,同样可以分为学校的规范和班级自我规范。第四,搭建虚拟化班级平台。搭建虚拟化班级平台可以通过申请网络空间建立班级论坛,论坛中设有管理员、版主等组织机构,根据班级成员的偏好在论坛内部设置专业学习区、情感交流区、影视区、灌水区等诸如此类的版块,在这些区域中,班级成员进行信息发布、班务管理、专业学习探讨、情感交流,等等。

3.加强班级文化建设

班级文化对于大学生品质的塑造和综合能力的培养起着潜

移默化的作用。营造和谐的班级文化,能为学生创造良好的教育环境,有助于学生的可持续发展。

构建优秀的班级文化,可以从以下几个方面着手:一是创建优秀的班级文化氛围,努力创造浓厚的学习气氛、团结和谐的同学关系和勇于拼搏的进取精神,同时还要努力构建愉悦的文体活动氛围。二是制定系统的日常行为规范。"没有规矩,不成方圆。"大学生班级群体教育应该注重运用各种行为规范来约束成员的日常行为,有奖有罚,奖罚分明。三是树立班级目标,结合专业特色科学合理地界定本班级的目标,并使班级成员明确要达到目标自身需要进行哪些努力。四是培育班级精神。班级精神是班级活动的指导思想与行动准则,是对班级目标的高度凝练。班级精神要根据专业的特点进行浓缩和提炼,倡导诚实信用、公平友爱、团结协作、顽强拼搏的高尚班级精神。

4.举办班级活动,增强班级凝聚力

各种班级活动,不仅可以使大学生获得知识,愉悦身心,更重要的是,它是班级成员之间互相沟通交流的主要形式,对于增进班级情感,增强班集体的凝聚力有着至关重要的作用。这就要求我们要十分重视大学生的班级活动,每次活动前都要精心地策划、认真地准备,进行广泛的动员,宣传参加活动的意义,并带领学生进行必要的培训和练习,尤其是要在活动中使学生感受到实现自身价值的乐趣,感受到集体的温暖。这样,他们才会倍加珍惜同学之间的友情,对班级活动产生强烈的共鸣,对班集体产生更强烈的认同感和归属感,集体主义精神才会在悄然之间深入到每个人的心中。

(二)党团组织

党团组织是大学生思想政治教育建制路径的骨干力量,是大学生思想政治教育开展的组织基础。

1.加强大学生党建

第一,坚持党委的统一领导。党的领导是大学生思想政治教育工作的核心保证,坚持党委的统一领导,首先必须明确党委的领导职责,党委领导主要是政治方向领导、决策领导、协调和监督领导。其次,坚持党委的统一领导,必须确立党委书记的责任。党委领导是集体领导,对思想政治工作集体负责,每个党委成员都是思想政治工作的责任人。在党委班子中,党委书记是班长,对党委决策具有重要的影响作用,在党委集体负责人中自然是第一责任人,一所高校能否在党委领导下,真正将思想政治教育搞上去,关键在于一把手是否重视。

第二,加强大学生党组织的思想建设。思想建设是学生党组织建设的首要任务。学生党组织建设工作者应适应不断发展的形势,针对高校实际,特别是学生思想实际,以切实有效的措施,抓好思想建设工作。一是构建学习教育体系的多样化。二是改组学生组织建设,强化学生组织教育功能。

第三,严格大学生党员发展程序。大学生党员的发展应在从严把握党员标准的基础上,严格遵从党员发展的程序,坚持政治审查、集中培训、发展对象公示、党组织集体讨论表决等程序,把符合条件的优秀大学生吸收到党的队伍中来。各院、系在初步确定发展对象后,把相关资料报到学校,学校组织部门在审查后,把发展对象的基本情况进行整理、汇总,然后召集学生处、团委等进行联合会审,严格筛选,共同把关,保证新党员的质量。对发展对象进行系统、严格的培训,把培训表现作为考察、审批的重要内容。在发展对象通过会审初步确定后,学校组织部门要组织具有丰富经验的党务工作者组成考察组,直接到学生和老师中听取对该学生的意见,全面了解每个发展对象的情况。对具备条件的,要及时研究并报党委审批;对不符合条件的,宁缺毋滥,坚决不予审批,但要说明理由,做好解释工作。

2.加强大学生团建

加强和改进大学生共青团建设,是执行党的政治路线,贯彻大学生共青团工作任务的组织保证,是大学生思想建设的基础和前提。

(1)加强大学生共青团的思想建设

团委思想建设的基本形式是坚持开展团的组织生活。团的组织生活是团组织对团员进行自我教育的主要形式,一般是指团的支部大会、团小组会,以及团的基层组织面向大学生开展的以思想政治教育为主要内容的各种活动等。

第一,组织学习。学习是团的组织生活的经常性、必要性内容。在组织学习时应注意经常组织大学生进行主题讨论。鼓励团员青年敞开思维,认真思考,各抒己见,加深对学习内容的理解交流。

第二,加强载体和阵地建设。思想建设的重点不仅仅要存在于现实之中还要在网络上开展。网络是大学生交流的一个重要平台,因此网络社区也要成为开展团员青年思想教育的载体和阵地。积极建设大学生思想教育网站,占领网上思想教育的阵地,以加强网站的服务力度,增强团组织思想教育的吸引力,通过学习、就业、交友、心理咨询、法律援助等大学生感兴趣的、能切实为大学生服务的形式建设网站。

第三,开展活动。活动是团的基层组织较为经常采用的一种组织生活形式,共青团组织已经积累了丰富的活动经验,并有待继续深化。团的组织生活采用活动形式不仅能开阔大学生的视野,增长知识才干,而且能够使团的组织经常保持旺盛的生机与活力。在团的工作逐步向社会化拓展的形势下,要认真研究和探讨如何使活动更适合团员和青年特点,坚持思想性、知识性和趣味性的有机结合。同时,要注意调动大学生的主观能动性,使他们的积极性得到充分发挥。在活动中有意识地进行自我教育、自我提高。

（2）坚持改革创新

当前共青团事业正处在一个新的历史高度上，共青团工作要在工作思路上进行观念创新，在工作方式上进行方法创新，在自身建设上进行体制创新，推动共青团工作不断焕发出蓬勃的生机和活力。观念创新就是要在学习继承和坚持马克思唯物主义认识论优良传统的基础上，用新观念、新思维来观察、认识新情况，并努力学习借鉴先进的社会组织理论和管理经验，结合当前的形势，对团委工作实现认识上新的突破。方法创新则是指在观念创先的基础上，对团建的工作方法要提出新的举措，一定要做好之前对于团建工作在新形势下的认识，积极探索总结新形势下团的建设工作规律，反思之前团建出现问题的原因，并解决工作中新的问题。体制创新是指团的建设在方法创新的基础上，改革团委建设过程中不符合新形势下团委建设要求的旧体制，要提倡大胆尝试、大胆创新，要敢于冲破体制格局的束缚，慎重而积极地推进团的体制改革，逐步建立起与社会主义市场经济相适应的团的建设和团的工作新体制。认识创新是方法创新和体制创新的基础，方法创新和体制创新是认识创新的检验标准，这是马克思主义认识论在团委建设的又一次重大指导。

（3）建设新型团组织

第一，学习型团组织。

大学生共青团是广大在校大学生在实践中学习中国特色社会主义和共产主义的另一所学校。从这个意义上讲，共青团本身就是一个学习型组织。学习型团组织可以概括为：全体共青团员和共青团各级组织具有持续增长的学习力的、能让全体团员进行创造性学习并在学习中体会到工作和生命意义的、能使整个组织获得快速应变能力和持续创造能力的组织。建设学习型团组织，要求高校团委坚持"解放思想、实事求是、与时俱进"的思想路线，要坚持结合自身的实际，对其他学习型组织的管理理念加以借鉴和吸收，把学习型组织的理论与党的重视学习和重视自身改造的优良传统结合起来，营造终身学习的组织环境，使学习成为一种经常化、普遍化和制度化的行为,使团组织成为团员相互学习的课堂、交流思想的精神家园和团结前进的战斗团体。

第二,创新型团组织。

创新是一个民族进步的灵魂,是一个国家兴旺发达的不竭动力。团委工作在思路上要进行创新。有思路,才有出路。解放思想,实现工作思路上的创新,是共青团创新的根本。做到工作思路创新要把握好三个方面:一是要努力把握新时期做好共青团工作的规律。二是在谋划和部署工作中,积极开辟工作的新领域和新的生长点。三是在推进工作中,要努力摆脱在计划经济条件下形成的单一行政思维模式,树立适应市场经济发展要求的思维模式。

面对经济社会的深刻变革,要积极推进团的建设理论创新、制度创新和工作创新,切实加强和改进团的自身建设。首先,要认真研究把握共青团工作面临的新情况。其次,我们要在始终坚持团组织的根本性质和宗旨的前提下,着眼增强团组织的适应性,扩大团组织的覆盖面,把巩固与创新结合起来,发挥好党联系广大在校大学生的桥梁和纽带作用,努力把团组织建设成为团结教育大学生的坚强核心。最后,在团干部队伍建设方面,广大团干部要树立强烈的政治意识、责任意识、学习意识,把工作激情、科学精神和务实作风结合起来,加强团干部的教育培训,拓宽团干部培养锻炼和交流、转岗的渠道,培养一支专业化、职业化的青少年事务社会工作者队伍。

第三,服务型团组织。

服务大学生是大学生共青团的重要使命,是新时期大学生共青团工作的总体要求。团委工作必须全面重视这一要求,把服务大学生作为大学生共青团全部工作的出发点和落脚点。

其一,服务大学生学习成才。青年时期是学习的黄金时期。来到大学,学习成才是大学生的强烈愿望。大学生共青团要服务大学生学习成才,要在他们学习成才的道路上帮助他们解决心理上的障碍,解决知识上的困惑,指导成才的方向,让他们在身体上和心灵上健康成长。只有服务青年学习成才,才能为国家和人民培养合格的"四有"人才,大学生共青团才能完成党交给的重大任务。

其二,服务大学生做好就业。大学生共青团要重点服务当前大学生最迫切的需求,而当前最突出的地方就是大学生就业。因此,大学生共青团要高度重视和配合政府做好大学生就业促进工作,帮助就业困难大学生做好就业工作。把党培养的优秀大学生输送到祖国建设的第一线,为国家经济建设服务,发挥大学生青年的创造力和激情,是服务大学生工作的重要方面,也是圆满完成党的任务的关键一步。因此服务大学生就业是共青团当前重大而艰巨、光荣的任务。

其三,服务有特殊困难的大学生群体。共青团服务高校大学生要优先服务困难群体,积极帮助家庭经济困难学生,深化和拓展希望工程,通过开展济困助学、勤工助学、大学生互帮互助等活动照亮学子前行的道路。

其四,服务青年的精神文化需求。高校大学生是一批有着高素质的青年群体,因此在校大学生有着很强的精神文化需求。高校青年的文化阵地我们不去服务不去占领,西方资本主义文化就要去服务去占领。

第三节　大学生思想政治教育的时代路径

新媒体作为当代最具有革命性的科技成果之一,以一种全新的信息传播方式加速了思想政治教育的知识传播,更好地满足了思想政治教育者和受教育者之间双向互动的需要,不断地推动着思想政治教育的发展与完善。

一、微博:充分发挥自媒体的教育作用

微博时代给大学生思想政治教育提供了崭新的环境和平台,

拓展了现有的网络思想政治教育领域,提升了大学生思想政治教育的影响力。如何善于把握微博这一新媒介,利用微博加强大学生思想政治教育是当前大学生思想政治教育应当思考的一个重要问题。

(一)正确认识微博,树立发挥微博教育功能新理念

微博的快速发展,不仅见证了传播技术与传播手段的创新,更意味着思想教育、政治传播、意识形态建构的目标群体越来越庞大,领域越来越广阔,方式越来越灵活,监控越来越困难。这就要求高校的思想政治教育一定要深入研究微博的教育和传播功能,充分发挥微博的思想政治教育作用,提高大学生的思想道德水平,树立起正确的世界观、人身观和价值观。

从一定程度上来说,以微博为代表的"微时代"的来临,对传统思想政治教育者的信息传播主导权和话语主导权,都造成了一定的削减。因此,新时期的思想政治教育工作者要解放思想,不断与时俱进,看到微博在教育方面的优势,树立全新的教育理念。大学生思想政治教育者,应开通个人的微博,将社会主流文化融入微博文化建设中,充分发挥出微博对于社会先进文化的传播作用,在"微博"空间中营造主流文化的舆论环境,扩大个人微博的影响力。一方面,对多元化的思想应给予包容和理解,对学生进行心理疏导,让学生感受到人文关怀,学习微博中的积极态度,丰富自身的语言体系,提高思想政治教育的感染力。另一方面,由于微博对于信息的传播速度很快,交互性也很强,从而通过微博这一媒介载体,既可以强化正面观念和情绪,又可以使得负面观念和信息得到传播和放大。这种双面性使得思想政治教育工作者必须积极主动"介入",对于传播的规律进行积极研究,及时发现微博中的负面观念和情绪,对其进行消灭,从而切实提高思想政治教育的实效性。

(二)积极创建微博,构建思想政治教育新平台

当前,大学生思想政治教育过程中并没有充分挖掘出微博在

其中所产生的巨大作用,很大一部分大学生思想政治教育者往往忽视了大学生思想政治教育中微博所产生的巨大影响,因此也就没有探索出利用微博进行思想政治教育的实践载体。对高校来说,必须科学、理解、及时创建微博平台,并且保证微博平台的运行和维护,主动经营"微博"阵地。更重要的是要把学生微博与大学生思想政治教育有机融合起来,将主流意识形态和核心价值观教育科学地渗透到微博中,采用隐性方式对学生进行思想政治教育。

(三)科学使用微博,正确引领微博舆论导向

由于微博在大学生群体中使用广泛,从而引发了校园舆情形成、发展和传播的新趋向,从一定程度上对于大学生思想政治教育的舆论文化和社会心理都产生了直接或间接的影响。对此,为了切实提高大学生思想政治教育的实效性,思想政治教育工作者就必须积极适应大学生,创建微博并正确使用,从而在与学生进行交流沟通的过程中,发现学生个性化语言中所包含的思想态度和价值观念,体察学生群体丰富的内心世界和社会心理状况,引导学生主流意识形态的形成。

此外,大学生思想政治教育还应建立舆论监测和信息反馈机制。由于通过微博这种媒介传播的信息其速度和广度都是非常大的,可能一个不经意的消息通过微博就会在学生群体中产生非常巨大的影响。对于这种情况,校园舆情监测就会起到非常重要的作用。高校的宣传或学生工作部门,就要对校园的微博网络进行分类管理和全面识别,全面分析用户数量、信息流量、舆论内容等信息。

二、网站:建设大学生思想政治教育网络基地

主题网站是我们党舆论宣传的重要平台,是进行大学生思想政治教育的前沿阵地。目前,我国存在着各级各类的以思想政治

教育为主题的"红色网站"。但从调查的情况看,这些"红色网站"的点击率普遍偏低,大学生群体中经常使用"红色网站"的人数不足一半,教育效果不尽如人意。

要建设好大学生思想政治教育主题网站,必须在汲取以往在思想政治教育主体网站建设经验并反思的基础上,首先对主题网站我们必须做到办网目的明晰,办网思路明确,发展定位科学。用先进的思想文化占领高校网络文化阵地,大力传播积极向上的主流文化,这是我们建设主题网站必须始终坚持的导向和原则。高校不断探索、分析、研究社会中出现的各种新情况、新问题,用科学的理论引导网络舆论,让各种先进的思想和文化在校园网上唱响主旋律,打好主动战,及时组织和发布信息,使主题网站成为以传播社会主义核心价值观和先进文化为主的重要载体。其次在增强吸引力方面不断完善主题网站的内容和形式。严谨性、严肃性、思想性是对思想政治教育主题网站中内容的具体要求,但是为了增强吸引力,就必须针对大学生的特点增强内容的生动性、多样性、趣味性,以使大学生更容易接受,所以要处理好两者之间的矛盾,就要针对思想政治教育的主要内容进行精心编排,在网站上从形式和内容两方面改造严谨的思想政治理论,使其变得更为深入浅出和生动活泼,增强主题网站的吸引力。

网站建成之后是需要用户访问的,没有或很少有用户访问的网站是没有意义的。网站访问量的多少与很多因素有关,首先与网站内容的质量有着直接的联系,其次与网站的宣传和推广也有很大的联系。在网站的宣传上,我们至少可以从以下四方面入手加大网站的知名度:其一,在用户访问网站的时候,提供实现将用户浏览器的主页改为德育网站的首页功能。其二,在积极推广开发本网站的时候,可以和其他较为著名的相关网站合作,扩大知名度。例如,可以向中国大学生在线、中青在线等知名网站投稿,不仅可以在其他的网站上进行德育工作,更可以宣传本网站。其三,向互联网上的导航台提交站点的网址和关键词,以便受众能够尽快找到网站。其四,可以利用网站的名义举办各种有关德育的特色活动来提高网站的社会影响。

网站在建设完成之后,除了要进行积极的宣传推广之外,网站的维护工作同样不可缺少,特别是在现代信息社会。在进行网站维护时,至少需要做到以下几点:其一,在网站硬件和软件的选择上,网站为了确保访问顺利畅通和网络系统的安全,需要配置先进的网络服务器和网络运行软件,并建立高技术平台;其二,在建设与使用理念上,要做到边建设、边使用,边完善、边建设,建设与使用同步,实现网站建设与使用的良性循环;其三,在内容的选择和更新上,建立与师生的动态沟通,根据反馈结果,及时更新网页内容,改变网页形式,进而提高网站的吸引力和点击率,保持网站的生命力。

三、QQ、微信:巧妙运用即时通信工具

(一)充分利用QQ平台加强大学生思想政治教育

1. QQ可以缩短师生之间的空间距离,增进彼此了解

通过QQ平台的连接,可以缩短师生之间的空间距离,建立起融洽的师生关系,防止因空间地域的差异而对师生之间的交流造成阻碍,通过网络可以实现随时随地的交流沟通。在网络时代,老师们在课余时间进行备课或学术研究工作的主要辅助工具为电脑,而学生也会经常利用电脑或手机进行上网,从而极大地便利了师生之间的交流沟通。因此,可以说在现代大学生师生之间交流的最佳方式是通过QQ工具实现的,它的重要性和广泛程度已经远远超过了师生之间的亲身交往,从而对于师生间的交往不仅克服了空间距离,还大大缩短了时间损耗。只要老师在网上,学生随时都可以利用QQ和老师"面对面"的交流,教师也可以利用QQ对学生的疑问进行解答,帮助学生解决思想的困惑、学习的困难、生活的困境。

2.QQ可以拉近师生之间的心理距离,打开学生心扉

日常的学习生活中,很多同学一听说老师找他就紧张,担心自己是不是犯了什么错误,"恐惧感"就不自觉地产生。这种传统的师生之间的交流方式都是点对点、面对面的交流,在这样的环境下,学生无法全部敞开心扉,表达其真实想法,彼此之间的交流一定具有"保留性"。此外,学生的一些隐私或者其他问题,他们有时碍于面子难以启齿,给师生之间的坦诚交流设置了一把无形的枷锁。

在QQ上交流则不同。QQ因其具有匿名性、隐蔽性和无约束性,从而导致学生不用顾忌现实世界的困扰,他们在虚拟空间上能够放松心态吐露自己的心声,把自己的真实想法表达给倾听者。再者,在QQ中,教师通过设置个性化的网名,特别的头像,并且在与学生沟通的过程中可以使用一些诙谐的QQ表情,轻松幽默的语言,只可意会不可言传的QQ图像等,使得教师在学生心目中的形象不再那么严肃,而是亲切可爱,进而就会大大拉近师生之间的心理距离,能够更容易获得学生的认同。这样的表现无疑可以使彼此之间袒露真性情,甚至可以无话不谈,进入更深层次的精神交往。可以使教师能及时地了解学生的真实想法,从而帮助学生解决思想和心理上的问题,对他们进行正确引导。

3.尊重聊天对象的性格爱好,做到因材施教

作为教育工作者,在与学生的交流中,首先,要做到尊重学生。尤其是在网络交往中,虚拟性与现实性并存,导致很难分辨出真实信息与虚假信息,同时由于网络的开放性,使得网络交流内容很容易泄漏出去,从而造成严重后果。因此,对于在与学生交流沟通的过程中那些涉及学生个人隐私的聊天内容,教育者必须尊重学生个人的隐私,慎重对待,不可随意外传。而且教师在与学生聊天的过程中,要以平等和关心的态度对待学生,语言运用要得当,语气和善,做到充分尊重学生。其次,由于网络语境和现实语境有很大的不同,因此教师在与学生进行网络沟通的时候

必须多方面了解网络交往规则和网络语言的使用特点,减少与学生网上交流的障碍。另外,教师在与学生交流之前,应该先了解一些学生的个人信息、空间日志等资料,尽可能熟悉学生的性格特征、兴趣爱好,这样能够做到因材施教,对于与学生展开进一步的深入交流是大有帮助的。

(二)开通微信交流平台,抢占思想政治教育阵地

随着网络的迅速发展,使用微信进行免费的即时信息推送与语音对讲等功能已经成为多数年轻人生活中必不可少的一部分,通过微信这一平台,大学生在思想政治教育过程中的交流是平等的,而且受到的效果也是快捷高效的。以学院或者班级为单位在微信上阻止交流群,师生可以通过手机将所遇到的热门话题进行实时互动,及时进行交流和探讨;除此之外,把学校作为一个更大的单位群体创建微信平台,将与校园文化相关的文章推送给相关关注者,图、文、声并茂,用丰富多彩的形式宣传主流意识形态,抢占大学生思想政治教育阵地。

四、手机媒体:充分挖掘智能通信工具的作用

"手机媒体是以移动终端(手机)为媒介,以通信网络为基础,以双向或多向互动为主要传播方式进行信息传播的新媒体,是通过手机进行信息表示和传输的载体。"[①]

(一)重视手机媒体作用,增强引领的导向性

大学生思想政治教育在树人、育人的过程中,既要注重互动性、针对性,也要重视信息传播媒介的导向性、理论性。深入了解不同教育对象的实际认知能力、道德水平和思想状况,有的放矢

---

① 杜亮.论手机媒体成为高校思想政治教育新载体的可行性与重要意义[J].文教资料,2010(12).

地引领、疏导其提升境界、树立信念,通过增强引领的导向性来提升思想政治教育的实效性。

要在全社会范围内建立信息平台,引领正确舆论导向。国家机关、政府机构、社会组织必须充分认识到手机媒体在思想政治教育中的引领作用,在全社会范围内建立广泛的信息应用平台,以现代信息技术为先导,提高信息加工处理和反应速度,扩大信息传播的覆盖面积,凝聚力量、鼓舞士气、导正风气,增加思想政治教育的控制力和主动权。同时,也必须认真考虑青年一代的各方面需求,在大学生思想政治教育过程中调动青年人的积极性和参与性,在教育者和受教育者之间营造出平等、开放、互动、共享的教育氛围,充分发挥手机媒体的舆论引导功能,将社会主流文化渗透其中,弘扬社会正气。

(二)聚焦大学生主体地位,倡导健康文明的手机文化

大学生是校园活动的主体,要重视大学生的主导地位,给予其充分的尊重,通过手机媒体的运用,实现教师与学生之间的平等沟通与交流。此外,高校要重视校园内的手机文化建设,构建独具魅力的手机文化环境,倡导积极健康的手机媒体运用。高校应组织其文明向上的手机文化交流活动,促使大学生提高自身的文化和思想道德修养,防止不良信息的侵蚀,树立积极向上的生活态度。

(三)建立宏观监控管理,提高手机媒体社会责任感

由于手机本身所具有的特点,使得手机所传播的信息纷繁复杂,良莠不齐,在大学生群体中手机传播的内容一部分存在极大的负面作用,对大学生的思想和行为产生不良影响。对此,相关部门就必须加强对手机媒体的监管,建立宏观监管机制已经刻不容缓。

一方面,手机媒体行业必须加强自我监督、自我管理,完善行业自查机制。手机媒体行业必须严格制定和执行行业规范,加强

自我监督、自我管理,从源头入手,清除虚假信息、黄色信息、不良信息。与手机媒体相关的各方力量,比如监察部门、运营商、代理商及手机用户,也应从技术、法律、道德等层面对手机媒体行业进行监督管理,积极贯彻执行监督管理条例,为手机媒体行业的健康发展贡献自己的一分力量。

另一方面,手机媒体的社会责任感亟待提高。政府部门必须建立健全手机媒体行政管理机制,加强手机媒体领域的社会责任意识、道德意识和法律意识。手机媒体行业则需要加强从业人员的社会道德和职业道德建设,主动接受有关部门和手机用户的监管,勇于承担净化手机媒体传播环境、维护公共信息传播秩序的责任,履行保障手机媒体安全、稳定、有序发展的社会责任和义务。

第七章　大学生思想政治教育的机制构建

一定的思想政治教育机制直接影响和制约着思想政治教育总体目标的实现。要想充分发挥大学生思想政治教育的作用，就要依托于建立健全和不断完善当代大学生思想政治教育的机制，使大学生思想政治教育更加科学有效。

第一节　大学生思想政治教育队伍机制的构建

大学生思想政治教育是高等教育的重要组成部分。它的核心是培养什么人的问题。如何使思想政治教育在整个高等教育过程中能够顺利地贯彻实施则是保障机制的核心问题。大学生思想政治教育队伍是保障机制的核心，加强大学生思想政治教育队伍有助于提高大学生思想政治教育的实效。

一、加强大学生思想政治教育队伍建设的重要意义

（一）促进高校改革与发展的基本要求

高校的改革与发展，离不开稳定的环境。思想政治教育工作者为维护高校的改革、发展和稳定，做出了重大贡献。一方面，他们能够及时了解大学生的思想状况，帮助大学生树立正确的世界观、人生观和价值观；另一方面，他们又是高校干部队伍的重要组成部分，他们的素质影响着整个高校干部队伍的素质，他们在工作中锻炼了自己，为以后的各项工作打好了基础。在新形势下，

高校的规模不断扩张,招生数量日渐增多,教育经费日益紧张,大学生的就业压力不断加大。高校出现了一些新问题、新情况。为了适应这些不断出现的新局面,势必对高校体制进行一定程度的改革。然而在改革的过程中必然会产生一系列的矛盾。因此,为了维护高校的稳定和发展,必须要加强思想政治教育队伍建设,充分发挥思想政治教育工作者对于维护高校稳定局面的巨大作用。因此,加强大学生思想政治教育队伍建设有利于高校的改革、发展与稳定。

(二)强化和改进思想政治教育的客观需要

思想政治队伍建设是关系到思想道德教育目标、内容、过程、评价、领导能否得到贯彻落实,思想政治教育工作能否取得实际效果的一个重要环节。研究思想政治教育队伍的建设规律,把握这支队伍的结构、职能和培养、管理的组织措施,是全面提高思想政治教育者的素质、搞好思想政治教育工作的组织保证。

(三)提升大学生道德成果的基本保障

大学生道德能否达到预期的效果,其价值能否实现,一要靠真理的力量,二要靠人格的力量。但无论是真理的力量还是人格的力量,都要通过大学生思想政治工作者体现出来。一方面,他们所宣传的教育内容,必须是合乎实际,反映事物的本质和社会发展的真正规律,能够正确而且深刻地体现马列主义、毛泽东思想、中国特色的社会主义理论体系以及党的路线、方针、政策的精神实质的;另一方面,他们又必须带头实践自己所宣传、提倡的东西,做到言行一致,才能起到示范带头作用。因此,只有提高思想政治教育工作者的素质和能力才能推动大学生思想政治教育工作的发展。

二、大学生思想政治教育队伍的应有结构组成

大学生思想政治教育工作队伍的结构包括四个部分:第一,

管理结构;第二,职能结构;第三,人员结构;第四,素质结构。

(一)管理结构

大学生思想政治教育工作队伍的管理结构,主要是为了更好地完成思想政治教育工作任务而必须建立科学管理的运行机制,这种运行机制要充分体现党政合力、专兼合一、齐抓共管、管教结合的指导原则。

党政合力,是指党政两个系统的力量要拧成一股绳、合成一个劲,充分体现出领导得力、工作得力、措施得力。

专兼合一,是指专职和兼职两支队伍合二为一,专职为骨干,兼职是基础,工作上一个方向、一个目标、一个步调。

齐抓共管,是指调动一切力量,发动所有人员共同管理。党、政、工、团齐心协力,紧密配合,各单位和各部门行动一致,通力合作。

管教结合,是指教育和管理紧密结合,以教育带动管理,用管理促进教育。在管理过程中要敢于管理、善于管理、严于管理,体现从严治校的原则。在教育中要进行有针对性教育、联系实际教育、全方位综合效能教育,体现教育为本的原则。

(二)职能结构

在高校中,思想政治教育工作队伍主要履行的职能有理论教育、工作管理、日常教育理论研究。因此,大学生思想政治教育工作队伍主要应该包括四个部分:负责思想政治教育工作的领导和管理干部;负责思想政治教育的理论教学人员;负责日常思想政治教育和管理的工作人员;负责思想政治教育理论的研究人员。这四部分人构成了大学生思想政治教育工作队伍的主体。

(三)人员结构

合理的人员结构主要是指大学生思想政治教育工作队伍,特别是专职队伍在年龄、职称、学历等方面进行科学的配备和充实,从而提高这支队伍的整体素质,产生最佳功效。

1.年龄结构

年龄结构是指大学生思想政治教育工作队伍人员结构中,不同年龄人员的比例构成和相互关系,主要分为老、中、青三部分。思想政治教育工作是一项具有多种职务和任务的复杂工作,有的任务需要有丰富经验的年长者来承担,有的则需要有创新意识的年轻人来完成,因此,思想政治教育工作队伍应该是一支老、中、青相结合的具有合理比例的综合体,并处于不断发展的动态平衡中。在当前,这支队伍年龄偏低的现象较为突出。特别是第一线从事日常思想政治教育和管理的干部,如政治辅导员和团干部,几乎全是近几年毕业的研究生,他们大多年龄较小,经验不足。而在思想政治教学队伍中,中青年人员所占比重也很大。这种年龄结构需要做认真合理的调整。一般来说,为了适应学生工作的需要,这支队伍应当相对年轻一些,应以 25—45 岁的人员为主,这支队伍还需要政治坚定、业务过硬、作风扎实、有较高文化水平的中青年同志,充实到大学生思想政治教育部门,以便形成老中青合理搭配的年龄结构。只有这样的年龄群体结构,才能依据人的心理特征和经验能力水平,发挥各自的最优效能,避免各自的不足。

2.职称结构

职称结构,是指专职思想政治教育工作队伍同其他业务教师一样具有合理的职称分布。合理的职称结构对于这支队伍的建设和稳定,对于提高这支队伍的素质具有重要意义。思想政治教育工作队伍的职称可以按教师系列,可以按政工系列,也可以按研究系列。合理的职称结构,一般来说助教应占 40% 左右,讲师应占 40% 左右,教授副教授占 20% 左右。由于队伍存在着年龄老化和后继乏人的情况,所以对于那些具有高级职称的同志,可以根据需要继续返聘。

3.专兼结构

专兼结构,是指大学生思想政治教育工作队伍中精干的专职与大量的兼职人员的结合。合理的专兼结构是调动广大教师和干部教书育人、管理育人、服务育人积极性和创造性的重要措施和手段。大学生思想政治教育工作队伍应由精干的专职人员和较多的兼职人员组成,以专职人员为主,以兼职人员为辅。

4.学历结构

大学生思想政治教育工作的对象是大学生群体,这就要求思想政治教育工作者必须具有较高的正规教育学历。从长远看,大学生思想政治教育工作教师应达到硕士水平,其中有的应达到博士水平,至少也应达到双学位水平或本科学位水平。同时,思想政治教育工作队伍应当由初级、中级、高级知识水平的人按一定的比例构成,这种结构一般应该是正三角形的稳态结构,即初级职称人员数量大、中级职称人员数量较大、高级职称人员数量小的结构,而且还应随着需要而不断地加以调整。只有这样,才能使具有不同知识水平的人相互配合,构成一个动态平衡的有机体。

(四)素质结构

1.政治素质

大学生思想政治教育的主要任务是以社会主义核心价值体系为指导,对大学生进行思想政治教育。大学生思想政治教育工作者要用个人魅力引导学生信仰马克思主义,并利用个人魅力使教学内容更具有说服力和感染力。为此,大学生思想政治教育队伍的政治素质显得尤为重要。

2.科学文化素质

教学包含语言表达、教学设计、课堂管理、教育机制等多种因素,它需要教师具备多方面的科学文化素质。具体来说,大学生思想政治教育队伍的科学文化素质应包括知识素质、科学素质、审美素质等。

3. 思想素质

大学生思想政治教育队伍对学生起示范、引导的作用,其言行潜移默化地影响着学生的成长,这就要求教育队伍要以身作则,具备较高的思想素质。具体来讲,大学生思想政治教育队伍的思想素质主要包括:科学的世界观、人生观;辩证唯物主义和历史唯物主义的思维方式;社会公德和家庭美德。

4. 道德素质

大学生思想政治教育者必须具备良好的道德素质,主要包括:大公无私,乐于奉献;热爱本职,忠于职守;关怀信任,平等待人;团结互助,顾全大局。

5. 身体心理素质

大学生思想政治教育队伍的身体心理素质主要包括有强健的体魄、健康的生活、正确的认知、愉快的情绪、坚忍的意志、执着的信念、合理的需要、广泛的兴趣、谦和的气质、开朗的性格、完整的人格和高尚的品质。它对大学生思想政治教育工作的顺利进行、教师自身的发展、学生个性的全面发展都有重要作用。

6. 其他能力

大学生思想政治教育者还应具备较强的宣传表达能力、社交能力、应变能力、创造能力和自学能力等,这些都是从事大学生思想政治工作所必须掌握的基本技能。根据不同高校大学生的专业特点和思想实际,大学生思想政治教育者还应该具备相应的专业知识和职业能力,这对他们开展大学生思想政治工作是十分有利的。

三、优化队伍，为大学生思想政治教育提供可靠的队伍保障

（一）坚持科学的指导思想，坚定队伍建设的正确方向

大学生思想政治教育队伍承担着宣传马克思主义理论和党的路线方针政策，传播社会主义意识形态和精神文明，用马克思主义中国化的最新理论成果武装大学生、用优秀文化培育大学生等方面的主要任务。这就要求大学生思想政治教育队伍必须具有坚定正确的政治方向，必须有坚定的理想信念。只有如此，大学生思想政治教育者才能在政治上指导和引导学生，才能培育大学生坚定的政治信仰和爱国主义情怀，才能指引大学生健康成长。

第一，大学生思想政治教育队伍必须具备坚定的政治信仰。主要是指教育者要坚定地站在无产阶级政党的立场上，维护党的利益、人民的利益，拥护党的路线、方针、政策，为党的事业而奋斗，并在大是大非问题上站稳脚跟，与违反党的原则的思想行为做斗争。

第二，大学生思想政治教育队伍必须具备坚定的理想信念。理想信念体现了一个人的政治立场和世界观，是支撑一个人精神世界发展的重要动力源泉，激励着一个人不断努力追求自己人生中的奋斗目标。坚定的理想信念，是指以坚定的共产主义信念、社会主义信念为人生目标，以中国特色社会主义共同理想作为奋斗方向。只有信念坚定，才能明确前进的方向，产生战胜各种困难和挫折的强大精神动力，才能自觉地把共产主义远大理想、有中国特色的社会主义共同理想同现阶段的任务很好地结合起来，积极投身教育事业，以高度的事业心、坚定的信心、高度的责任感和顽强的毅力做好工作。

第三，大学生思想政治教育队伍必须具备较强的政治敏锐性和较高的政治水平。教育工作者要具备较强的政治素质，必须具

有较强的政治鉴别力和政治敏锐性,在复杂多变的社会环境中,从政治的高度分析问题,保持坚定的政治信仰和政治方向,保持政治上的清醒在重大问题上不动摇、不犯错误。立场坚定地维护党的路线、方针、政策。此外,还要时刻关注国内外重大新闻,追踪时政热点,捕捉敏感话题,紧跟时代发展,善于用科学的理论思想来解析大学生关注的焦点、热点和难点问题,诠释当前的政治、经济、军事、文化形势,做好党和国家路线、方针、政策的宣传者和维护者。

(二)完善选拔和任用机制,提升思想政治教育队伍素质

大学生思想政治教育队伍的选任机制是指通过一定的方式,发现和挑选优秀人才,择优任用的机制。选拔和任用的相关制度按照一定的原则、规则进行。完善大学生思想政治教育队伍的选拔和任用机制,是推进思想政治教育队伍优化组合、优胜劣汰、提升素质的关键。具体做法主要体现在以下几个方面。

第一,确立思想政治教育选拔的标准。选任政治教育队伍必须认真贯彻"四化"方针和德才兼备标准,亦即思想政治素质标准和文化知识水平标准。此外,还要明确学历、职称等标准。

第二,完善思想政治教育队伍的选拔程序。完善思想政治教育队伍的选拔程序,就是要坚持公开、平等、竞争、择优的原则,将民主推荐和民主测评环节与笔试面试相结合,防止选任的随意性;在公开选拔、竞争上岗过程中,引入人力资源管理专家,建立高水平的考官队伍,分门别类、科学合理地确定拟选拔职务的报考资格、选拔程序、笔试、面试内容、测评方法。对于专职思想政治理论课教师的选拔要特别注重考察他们的思想政治素质和职业责任感,宁缺毋滥。

第三,完善思想政治教育队伍选任的方式和方法。公开选拔的方式方法对于提升思想政治教育队伍选任的科学性和效率具有重要作用。公开选任的方式方法多种多样,如考任制、聘任制、选任制、"三荐两考"等。现在专职的思政课教师和辅导员一般都

从高校硕士、博士毕业生中直接选拔,也应当吸收一些社会上有丰富的思想政治理论和实际工作经验的优秀人才。

(三)坚持专兼结合,促进队伍建设的专业化和职业化

专兼结合的大学生思想政治教育队伍基本结构,是我国大学生思想政治教育队伍建设的优良传统。大学生思想政治教育队伍应由精干的专职人员和兼职人员组成,其中以专职人员为主,兼职人员为辅,构建合理的专兼队伍结构。正是由于党和政府坚持专兼结合的原则,才使得大学生思想政治教育队伍不断发展壮大,结构不断优化,也才使得全员育人、全过程育人、全方位育人的工作思路在实际工作中得到贯彻落实。

在专兼结合的大学生思想政治教育队伍基本结构中,专职思想政治教育工作者是骨干力量。要实现思想政治教育工作的专业化、科学化,必须以专职人员为骨干,并且通过专业化和职业化建设,培养和造就一批思想政治教育专家。

(四)建立健全考核机制,重视对思想政治教育队伍的考核

考核是高校思想政治工作队伍管理的一项重要内容。各高等学校要进一步建立健全和完善学生思想政治工作人员的管理考核制度,加强对学生思想政治工作人员的日常管理,严格考核。主要包括以下几个方面的考核:一是素质考核与业绩考核。既全面考核思想政治工作者在工作实践中表现出来的思想政治素质和业务素质,又着重考核其具体工作业绩。二是组织考核与群众评议。既按照一定的组织程序,又坚持群众路线,对思想政治工作者进行全面了解和评定,把组织考核和群众评议结合起来,以保证考核的客观公正。三是年终考核与平时考核相结合。对思想政治工作者的素质修养和工作状况,既进行一年一度的集中考核,又结合平时工作开展经常性的检查督促,使考核工作制度化和常规化。

（五）加强师德建设，增强教师的责任感和使命感

加强教师的思想政治教育工作和职业道德教育，要认真研究新时期的工作规律、特点和方法，根据不同情况，结合教师的思想实际和教育科研工作来进行，要有针对性、实效性和生动性。避免形式主义，采取灵活多样的教育方式，特别是对中青年骨干教师应有更高的要求。把思想工作与解决教师的实际问题结合起来，既要提倡敬业奉献，又要解决教师的后顾之忧，同时要建立必要的规章制度并狠抓落实。在教师中深入开展教书育人活动，对青年教师要进行岗前培训，对骨干教师要掌握他们的思想脉搏。广泛听取他们的意见，做好他们的教学和生活保障工作，为教师创造良好的工作、生活环境，从大处着眼，小处做起，减少离心力，增强凝聚力，使教师能集中精力于教学科研工作。

第二节 大学生思想政治教育考核机制的构建

大学生思想政治教育考核机制就是对大学生思想政治教育工作成效进行评判。为了对思想政治教育工作的效能进行考核评价，对思想政治教育工作过程进行调控，对思想政治教育工作客体的信息进行及时掌握等，就需要对大学生思想政治教育工作进行考核评估。

一、大学生思想政治教育考核机制的原则

大学生思想政治教育考核机制的原则是关于大学生思想政治教育工作考核评估的具有普遍意义的客观规律认识，是指导考核评估工作正常、正确运行的基本依据。

（一）公开、公平、公正的原则

公开、公平、公正原则的价值追求，是考核评价工作的普遍

性、平等性和正当性。公开是指考核评价方式、方法、对象等的公开;公平是指考核评价起点和标准的公平;公正是指考核评价基本价值取向的正当性。

在大学生思想政治教育工作考核评价过程中,公开必须作为一项根本性的要求得到贯彻执行,同时还应该坚持多向度性和针对性。在大学生思想政治教育工作考核评价机制语境下,公开就是将需要公开的事项多向度、针对性地公开。公开内容向度若以思想政治教育工作考评本身为参考系,可以视为考核的办法、考核的对象、考核的内容等;若立足本体之外可以视为公开的对象、考核的监督主体等。公开是公平、公正的基础,没有了公开也就没有了公平和公正。

公平是大学生思想政治教育考核评价工作的重要保证。公平不是空洞的,而是包含具体内容的公平。结合大学生思想政治考核评价工作的特质,公平的内容包括起点公平、尺度公平和结果公平。起点公平,是指考核评价的基准点要公平。对于被考核评价对象而言,处在不同基准线上而用同一种考核评价方法所取得的考核评价结果是不具有可比性和普遍意义的。具体说来,起点公平就是指考核评价的项目是统一的;考核评价的对象是相同的;所设置的考核评价指标也应该是相同的。尺度公平,也称标准公平,是指在考核评价工作中所使用的考核评价标准、考核评价指标和指标体系是公平的。基于内容维度就是指标准、指标和指标体系的使用要具有公平性。结果公平,就是考核评价的结果是可以用同一种方法去度量和实证的。结果公平就是指考核评价的最终结果是按照预先设定的标准归纳和演绎出来的,它对于所有被考核评价的对象都是适用的。

公正原则是大学生思想政治考核工作的重要衡量基础,失去了公正原则将直接导致考核评价的失衡和结果的失真。公正包括对人公正、对事公正、程序公正和方法公正。对人公正就是所采用的考核评价系统对于所有被考核评价客体都是适用的,具有相当的普遍性。不因人的各种差异而存在偏私或不平衡。具体来说就是：不论被考核评价者的民族、职称、身份、出身等都是公正的；考核评价不因考核评价者的主观意愿而改变，不因被考核评价对象的差异不同而改变；对事公正就是对思想政治考核评价工作公正；要求考核评价工作的参与者要正视这项工作，不带有任何偏见和私心杂念；考核评价者应当就事论事，不与任何不相关的工作相联系；不将个人偏见带到考核评价工作之中，不能公报私仇；确保对事公正，考核评价工作人员的思想道德素质和考核评价工作人员的产生机制是重要的制约保障。

（二）乐学原则

乐学即快乐地学习。乐学原则就是在大学生思想政治教育考核评价中，要注重受教育者接受、参与思想政治教育的兴趣、态度的评判，即评判受教育者是否积极、愉悦、快乐地接受、参与思想政治教育的考核评价原则。

坚持好乐学考核评价原则的基本要求和方法如下。

第一，观察大学生思想政治教育实施的现实情况。俗语说：耳听为虚，眼见为实。考察受教育者对大学生思想政治教育是否有兴趣，是否乐于接受教育、积极地参与到教育活动中，通过观察大学生思想政治教育实施的现实情形和状况便可一目了然。因为受教育者的情绪、状态是客观存在的，而且是难以装扮的。

第二，倾听受教育者的表达。了解受教育者是否愿意，或者喜欢接受大学生思想政治教育，是否能积极地参与到大学生思想政治教育活动中，最直接、有效的方法就是到受教育者中倾听受教育者的表达。

第三，倾听教育者的施教举措。受教育者能否乐学，关键在于教育者。因为在教育活动中，教育者是领导者、组织者，具有主导的作用。或者具体说，受教育者接受教育的兴趣、动机、热情、积极性，是教育者激发、调动起来的。所以，倾听教育者的施教举措，看看他是如何激发、调动受教育者的兴趣、动机、热情、积极性的，就可以得知受教育者是否乐学。

第四,掌握充分、具体、真实的材料。考核评价的客观、正确,取决于考核评价占有的材料的程度:掌握的材料充分、具体、真实,考核评价就容易客观、正确。否则,仅是走马观花,一知半解,就很难有客观、正确的考核评价了。

(三)实效原则

实效原则即关注、强调大学生思想政治教育实际成效的原则。也就是说,在大学生思想政治教育考核评价中,切实将受教育者思想品德的提高,特别是受教育者良好的行动及其收效放在非常重要的位置予以考量的原则。

坚持好实效原则的基本要求是:

第一,确立起牢固的实效观念。毛泽东曾说:共产党是最讲认真的;我们党的思想路线的核心就是实事求是。所以,我们必须确立起牢固的实效观念,不要搞形式主义,否则,既浪费了人力、物力、财力,也会败坏党的思想政治教育以及党的形象与威望。

第二,真正以"实"检测实效。以"实"检测实效,即注重的不是听汇报,阅书面材料,看那些准备好、安排好的场景,而是以工作、生活、学习中真实的事例、现象、数据检验、测度、反映、表明实效。

第三,"实"在现实中寻找、确认。"实"在哪里?多年来,那种走马观花、形式主义的考核、考核评价使诚信进一步丧失,致使人们哀叹——现在讲实、找实很难。"道德是一种精神,但它不是一般的精神,而是一种特殊的精神,它的特殊性就存在于实践性。"[①]"实"在现实的工作、生活、学习中,"实"在群众的眼中、口中、心中。寻找、确认"实",必须在被考核评价者的现实中,必须到群众中去。

---

① 张琼.道德接受论[M].北京:中国社会科学出版社,1995,第23页.

第四,考核评价实效需要务实的作风。以"实"检测实效,在现实中寻找、确认"实",就要求考核评价者必须有务实的作风,即要脚踏实地,深入实际,深入群众,实事求是。否则,难以见实效,考核评价也就没有了意义。

(四)和谐原则

和谐原则即以和谐理念为指导与核心,坚持以融洽、协调为根本要求考核评价思想政治教育的过程及其效果的原则。

坚持考核评价的和谐原则需要遵循以下要求。

第一,以和谐理念指导考核评价。在考核评价的整个过程中,必须以和谐理念为指导,即着眼和谐,注重和谐,追求和谐,让考核评价过程成为弘扬和谐、促进和谐的过程。

第二,既注重教育结果的和谐,也关注教育过程的和谐。考核评价首先关注的是结果,因为,结果是人们追求的目标。但是,结果与过程是统一的。特别在思想政治教育方面,若没有过程的和谐,定难有结果的和谐。因此,坚持考核评价的和谐原则,必须既注重教育结果的和谐,也关注教育过程的和谐。

第三,考核评价活动的实施要和谐。考核评价能否发挥出、发挥好应有的功效——推动、促进,关键在于考核评价的实施。实施和谐考核评价取决于多方面的因素,其中主要的有:考核评价主体合理,其关系和谐;考核评价方法正确;考核评价指标适当。在坚持和谐考核评价原则时,对上面诸因素都要注意到,要处理好各因素间的关系,让它们发挥好作用。

第四,考核评价活动的效应要和谐。前面已说到,考核评价是手段而非目的。这一手段是否合目的,是否有利于目的的实现,就是考核评价的效应。考核评价效应既取决于考核评价的指导思想、考核评价实施,还取决于考核评价做出的判断是否客观、公正。因此,坚持考核评价的和谐原则,还必须确保考核评价判断的客观、公正。这样考核评价才具有促进和谐的效应。

(五)全面原则

全面原则即全面考核评价原则。就是说大学生思想政治教育考核评价要全方位、多层面考核评价,即从考核评价的两大方面看,既考核评价教育效果,又考核评价教育过程;从过程考核评价看,既考核评价教育的内容,又考核评价教育的方式、方法;从结果考核评价看,既考核评价受教育者的思想、心理,又考核评价受教育者的行为。

坚持好考核评价的全面原则需遵循以下要求。

第一,考核评价指标要全面。坚持考核评价的全面原则,首先考核评价的指标要全面。指标即规定的目标,是对思想政治教育中各项工作、活动制定的标准。有了标准才便于衡量。因之,全面考核评价就要有全面的指标,并按照各项具体指标逐一、认真地考核评价。

第二,考核评价主体要全面。人的本质是社会性,人在各种社会关系中存在;任何单位、团体也必然参与社会活动,在与个人、其他单位、团体的关系中表现自身的社会性及社会作用。因此,不论对某一受教育者抑或某一群体的思想政治教育进行考核评价,应让所有知情者——被考核评价对象的关系者成为考核评价主体,这样考核评价才全面,才有利于克服考核评价的片面性、主观性。

第三,考核评价资料要全面。资料是考核评价的依据。全面考核评价就要全面收集资料,资料越全面、详尽,考核评价就越准确、客观。全面的资料,是指既有教育活动方方面面的资料,更应有反映教育成效的资料;既有直接的资料——可以直接查获、取得的资料,还应有间接的资料——来自非教育主体的资料,这些资料有时可能更客观、真实。

第四,考核评价过程要全面。考核评价活动是作为一个过程而存在和进行的,全面的考核评价就要有全面的过程,即考核评价的方方面面的工作要做足、做实、做细,而不是走过场。如确定适宜的考核评价模式、方法、指标,全面、详细地掌握考核评价资料,对获取的资料认真、仔细地核实与查证,对考核评价中的各项工作坦诚地征询多方面的意见、建议,等等。过程的全面是全面考核评价的保证。

二、大学生思想政治教育考核机制的主要内容

(一)政策导向机制

政策导向是指为了促进考核评价对象全面发展,改进和加强思想政治教育,而在思想政治教育考核评价中制定的表彰奖励、批评处罚等引导性政策。思想政治教育考核评价的目的,不仅是对评价对象素质现状的总结和鉴定,更重要的是改进思想政治教育,提高思想政治教育工作的质量和效果。考核评价的功能,并不是随着考核评价报告的提出而结束,而是要考虑考核评价结果能够发挥的指导作用,因而,需要在考核评价中制定一系列与考核评价对象切身利益、发展前途等相关的政策,充分发挥政策在考核评价中的导向作用。政策导向涉及考核评价对象的切身利益和社会发展,应有步骤、分阶段落实。

(二)技术支撑机制

为了提高考核评价准确度,增强考核评价科学性,应充分运用先进技术,为思想政治教育考核评价的正确、高效展开提供有力支撑。

第一,组织专家进行技术指导。思想政治教育具有自己的一整套理论和专门的技术要求,在开展考核评价时,应由专门从事考核评价研究的专家、教授担任评委或顾问,给予考核评价技术性指导。

第二,组织考核评价人员进行技术培训。考核评价人员对考核评价技术掌握的熟练程度,直接影响着考核评价的进度,因此,

应有计划地为考核评价人员举办技术培训,提高他们的业务水平,从而更好地发挥他们在考核评价中的技术鉴定作用。

第三,建构数学模型。要充分发挥数学模型在考核评价中的技术支撑作用,将其应用于思想政治教育考核评价中,需建构以下三类模型:检验类数学模型、信息处理类数学模型、考核评价定义类数学模型。这些数学模型对于提高考核评价结果的准确性和正确性具有十分重要的作用。

第四,运用高新科技成果。高新技术的发展为思想政治教育考核评价的科学化提供了良好机遇。如:可以将现代技术设备与思想政治教育考核评价有机结合起来,实现"考核评价工作数字化",以保证思想政治教育考核评价的理论、实践与技术都能实现符合时代特色的科学化发展。

(三)管理调适机制

在大学生思想政治教育考核评价中,无论是考核评价者还是受评者,其情感都会对考核评价产生影响。正确的思想认识和良好的心理状态对考核评价的开展起到积极的促进作用,反之,则会对考核评价的开展起到消极的阻碍作用。所以要从多方面采取措施,管理和调适大学生思想政治教育考核评价。

第一,建立目标管理系统。只有建立在各职能部门和人员协同配合的基础知识,大学生思想政治教育考核评价工作才能顺利完成。通过推行目标管理,赋予相关部门和人员明确的、客观的工作目标,以促进考核评价效率和质量的提高。另外,通过目标管理,克服考核评价过程中的各种盲目性、随意性,改变思想政治教育考核评价中存在的软、虚等现状,使考核评价工作逐步实现规范化、制度化、科学化发展。

第二,加强大学生思想政治教育考核评价的宣传。在思想政治教育考核评价过程中,考核评价者容易产生畏难情绪、"老好人"主义、应付、关照、从众心理等问题;受考核评价者容易产生厌烦、轻视、应付、攀比等问题。针对这些问题,考核评价工作的领导者应组织开展各种考核评价工作的教育宣传活动,如召开动员会、举办专题讲座、利用各种可以使用的宣传媒介等途径,使参加考核评价的全体人员明确思想政治教育考核评价的意义和目的,从而积极配合考核评价工作的开展。

三、大学生思想政治教育考核评价机制的运行

大学生思想政治教育考核评价是严格按照程序开展的一种活动,要使高校思想政治考核评价得以理性、科学地开展,就应该充分掌握大学生思想政治教育考核评价机制的运行过程。

(一)制定合理的考核评价方案

实施大学生思想政治教育考核评价,必须要制定一套合理的考核评价方案,用以指导和调控考核评价实施的全过程。考核评价方案的制定,需要注意以下几个环节的问题。

第一,明确大学生思想政治教育考核评价的原因和目的,以及开展大学生思想政治教育考核评价的指导思想、政策依据等。

第二,设置大学生思想政治教育考核评价目标。如在方案制定前,必须要明确考核评价的目标是什么;这些目标是否发生了改变;如有变化,那么目标应该怎样调整;主次目标、主次标准如何区分;等等。在明确了这些问题后,考核评价方案的制定就有了依据。

第三,规定考核评价工作中各项具体业务的时间流程、阶段划分等,让考核评价者和受评者都能够做到心中有数,从而保证考核评价开展的扎实有序。

第四,成立考核评价小组,并具体分工,落实责任,明确各考核评价部门和人员参与、负责实施的具体考核评价工作。

第五,形成考核评价方案的书面报告,分发给全体考核评价人员。同时,考核评价工作的决策者和管理者要随着条件的变化与发展,及时修改、完善考核评价方案,反馈考核评价结果。

（二）获取有效的考核评价信息

大学生思想政治教育考核评价信息是否全面、客观、真实、准确，将直接影响考核评价的结果。而大学生思想政治教育考核评价信息按着形成和发展的时间顺序可以分为已经形成、正在形成和将要形成三种情况。因此，与之相对应，获取有效考核评价信息的方法有调查法、实践检验法和预测法。

1.调查法

它是指考核评价组通过向被调查者发放问卷，直接测试其思想政治理论水平高低、观点和立场是否正确，以此作为考核评价被考核评价单位开展思想政治教育情况的重要依据。调查法主要是抽样调查，适用于较大范围考核评价对象。

2.实践检验法

实践检验法是一种以总结经验和调查研究为主的方法。具体说来，有如下几个步骤。

第一，听取工作汇报。在考核评价的过程中，考核评价人员首先要听取被考核评价人员或单位的报告，向被考核评价人员和单位提出各种问题，考核评价对象应该根据实事求是的原则进行回答，也可以采取书面报告的方式进行汇报。

第二，实际考察。实际考察是实践检验法的重要环节和基础。考核评价者在考核评价的过程中应该深入到受教育者、深入到基层工作，详细了解他们的思想、工作、生活状况。观察人们的思想政治品德和精神面貌，听取他们的意见，并且对他们进行必要的提问和考察。

第三，抽样调查。选择思想政治教育的某一个环节或者某一个部门进行详细的调查和剖析，尽可能取得必要的准确的数据。

第四，追踪调查。就是对流动的教育对象进行跟踪式的调查。调查教育对象在不同的现代思想政治教育环境中的思想政治状况。

3. 预测法

由于大学生思想政治教育的效果具有滞后性,通过预测法可以弥补调查法和实践检验法的局限性,真实地反映大学生思想政治教育的效果和质量。预测法,就是对还未产生但将会显现的大学生思想政治教育效果进行观察和研究的方法。

(三)整理科学的考核评价信息

尽管大学生思想政治教育考核评价人员获得了大量的考核评价信息,然而这些资料如果不经过整理,就是分散、零乱、粗糙的,不能作为定性分析、定量分析的客观依据。因此,考核评价人员还要认真地对获得的信息进行审核、分类、汇总等。

1. 审核

这是一个"去伪存真,去粗取精"的过程。主要审核信息资料的以下四个方面:一是完备性,就是指检查信息资料是否有遗漏、缺陷,必要时进行补充与完善。二是真实性,是指必须以考核评价指标为参照,以客观实际为依据,从信息源、收集方法与技术、信息提供者动机等方面辨别真伪。三是准确性,是指对同一信息源提供的信息在一致性、稳定性等方面进行信度的考察。四是有用性,是指要根据考核评价指标,运用系统分析和数理统计原理进一步对信息资料进行技术加工,寻求有用的信息。

2. 分类

经过审核后的信息资料仍然是杂乱无章的,因此,思想政治教育考核评价人员要根据信息资料的来源、内容和形式上的异同等不同的标准,将其划分为若干个层次和类别,共同构成一个有机的整体,使考核评价信息的资料实现系统化、规范化。

3. 汇总

考核评价信息资料汇总,是指把经过审核、分类后的信息资料做统一处理,来获得反映考核评价对象的全部信息。信息资料汇总根据考核评价的需要,编制大量的相关图形、图表等,这些图形、图表的制作不要统一的格式。

(四)正确处理考核评价结果

为了充分发挥思想政治教育考核评价积极的功能,还必须要正确处理考核评价结果,即对考核评价结果进行反馈和修正。

1.反馈考核评价结果

反馈考核评价结果具有重要意义。首先,健全反馈系统。思想政治教育考核评价的结论有其特定性,因此,应成立专门的从事考核评价结果反馈调节的机构,这样就可以及时有效地反馈考核评价结果,为思想政治教育的正确决策、实施、改进和调节提供可靠保证。其次,畅通反馈渠道。考核评价结果的反馈全靠人来操作,因此,应建立岗位责任制,增强考核评价人员责任心,保证渠道通畅,提高反馈效率和质量。最后,做好疏导和激励工作。进行考核评价结果反馈必然会对考核评价对象造成一些影响。因此,考核评价对象对考核评价结果不满或怀疑时,应端正态度,认真核查,做好疏导工作;考核评价对象对考核评价结果产生骄傲或自满时,还必须明白考核评价只能说明过去的和当前的状态。

2.修正考核评价结果

社会科学领域内的考核评价结果,很难通过一个考核评价过程就可以结束,还必须要对它进行不断地检验和适时地修正,进而确保考核评价结果的准确无误。检验、修正的方式主要可以采取以下几种:一是由考核评价者亲自进行检验和修正。考核评价者要反复思考,周密研究,如发现不当之处,应及时加以修正。二是由他人来检验、修正。可以通过会议、个别谈话、征求意见等方式,听取专家或与考核评价对象相关人员的看法。三是由考核评价对象来检验、修正。主要是辩证地吸取他们的意见,以客观态度来修正考核评价结果。

第三节 大学生思想政治教育环境机制的构建

思想政治教育环境对大学生有着潜移默化的影响。思想政治教育环境分为宏观环境和微观环境,它们在不同程度上影响和制约着高校思想政治教育。

一、思想政治教育环境是影响思想政治教育工作成效的各种因素的外部总体

《辞海》对环境的界定有两个:一是指围绕所辖的区域;二是指围绕着人类的外部世界。英文中,被译为环境频率较高的词是environment 和 situation,通常前者指一般环境,包括自然环境和社会环境;后者指情境(或情景),特指一个人在进行某种行动时所处的社会环境。

由此可以看出,环境概念至少包含这几个方面的构成要件。

首先,环境是相对于人、事务或活动的外部条件,特指能够对人或者人参与的事务与活动产生影响的外部要素。

其次,环境是所有外部要素的总和。对人产生影响的外部要素并不是单一对人或者人参与的事务与活动产生作用的,而是共同发展与相互联系着的。因此,单一的外部事物并不能构成环境,必须是外部事物整体。

再次,环境是围绕中心项(人或者人参与的事务)而存在的。任何环境都是围绕中心项的环境,中心项在发展过程中必然有自己相应的环境体系。

因此,所谓环境,就是环绕在人的周围并给人以某种影响的客观现实,它是人类主体的活动所赖以进行的一切外部条件的总

和。思想政治教育环境不同于一般意义上的环境,它是一种特殊意义上的环境。当前来看,关于思想政治教育环境的含义,在学术界对思想政治教育环境下的定义比较准确的是陈万柏、张耀灿在 2007 年主编的《思想政治教育学原理》给出的定义:"思想政治教育环境是指对思想政治教育活动以及思想政治教育对象的思想品德的形成和发展产生影响的一切外部因素的总和。"①

(一)宏观环境

1.经济环境

所谓的经济环境,是指人们所处的社会生产方式以及这种生产方式所决定的物质生活状况环境。它是社会环境的重要组成部分,对政治环境、文化环境的状况与发展起着决定性的作用,并且从根本上对大学生的思想政治素质产生极其重要的影响。社会经济的好坏决定着高校思想政治教育的水平,良好的经济环境为思想政治教育的环境建设提供了坚实的基础,是高校思想政治教育的物质支持。列宁指出:"当问题触及剥削者的经济权力的基础的时候,触及使他们可以支配千百万工农的劳动、使地主和资本家可以发财致富的私有制的时候,再说一遍,当问题触及资本家和地主的私有制的时候,他们就把自己说过的爱祖国爱独立之类的话统统忘记了。"②列宁的这句话充分体现了经济对人的政治观点、政治立场、政治方向所反映出的人的思想政治素质的影响与制约。经济环境对高校思想政治教育的影响主要表现在三个方面:一是经济环境决定着大学生的思想政治教育水平;二是经济环境引导着高校思想政治教育的方向;三是经济环境影响着高校思想政治教育发展的运行轨迹。

---

① 陈万柏,张耀灿.思想政治教育学原理[M].北京:高等教育出版社,2007,第 96 页.

② 列宁全集(第 35 卷)[C].北京:人民出版社,1985,第 9 页.

2.政治环境

政治环境是指对大学生的思想政治教育活动以及思想意识造成影响的社会政治制度与当前的社会政治现状。大学生的思想政治教育直接指向大学生的思想观念与意识,具有鲜明的政治性与阶级性,社会的政治环境对高校思想政治教育功能的发挥有着重要的影响与制约。

社会政治制度是建立在一定的社会经济基础之上,是上层建筑的核心内容,是阶级利益的集中表现,而且它是体现人们思想关系的一种物质手段。对于思想政治教育来说,社会政治制度实际上就是指由谁当家做主并掌握思想政治教育的领导权。"政治是经济的集中表现",政治与经济之间联系紧密,二者互相渗透、融合,不可分割,对思想政治教育的影响与作用互相交织在一起。但二者之间又有很大不同。从政治环境来说,它对思想政治教育的影响主要是由不同时期、不同地域的政治体制、政体决定的,政治制度不同其对思想政治教育的重视程度与投入程度也不同,继而影响到思想政治教育的营养程度和发育程度。就目前来看,影响我国思想政治教育发展的政治环境主要包括国内政治环境与国际政治环境两方面。

3.文化环境

文化一般是指由人类创造出来,并通过学习为后人传递下去的一切物质和非物质内容,而文化环境则是社会文化系统诸要素的总和。文化又可以分为广义和狭义两个概念,广义的文化囊括了社会生活的各个层面,美国人类学家拉尔夫·林顿在界定文化时这样说道:"文化是指任何社会的全部生活方式……没有无文化的社会,甚至没有无文化的个人。"[①]狭义的文化则是指人类社

---

① C·恩伯,M·恩伯.文化的变异[M].沈阳:辽宁人民出版社,1988,第29页.

会实践活动的精神产物,如"三个代表"重要思想中的先进文化建设。文化环境不仅有工具、器具和物品等表现形式,还表现为社会生活中重要的文化产业和文化产品的发展更新。在现实生活中,文化环境具有鲜明的实体性,如展览馆、博物馆、纪念碑等,在这些实体性的文化建筑中,更多的承载着一种精神文化的寄托,不仅可以美化市容市貌,还能使人们的身心发展处于一个积极健康的文化环境中,有助于人们陶冶情操,培养心智,教化心灵。

(二)微观环境

1. 校园环境

大学生思想政治教育校园环境是指对高校的思想政治教育和大学生的思想品德形成和发展产生影响的一切内、外部因素的总和,从范围上来看有校园内环境和校园周边环境,从构成要素看,包括物质环境和精神环境两个方面。校园物质环境主要是指校园的物质设计,包括教学、生活设施等。例如学生宿舍、操场、教学楼,等等。这些物质文化设施既是教学活动所必须依存的,又能体现出一个学校的文化面貌,它以自己独有的风格和内涵,影响着在校师生的观念和行为。校园精神环境是校园环境中重要的组成部分,包括校风、学风、教风、管理制度、师生关系以及学生的社团活动等方面。校园精神环境是校园环境构成的核心部分,它充分体现了高校软实力的强弱。通过精神环境建设,可以对学生的思想产生积极健康的影响。因为营造健康的精神环境没有学生的积极参与和创造实践是不可能的。而在这种参与和实践中,学生的身心都能得到陶冶和锻炼,有助于实现大学生思想政治教育的目标。

2. 家庭环境

大学生有很长一段时间是在家庭中成长的,一个人的家庭经济状况、社会地位、家庭结构、家庭成员关系、家教观念、父母的思想品质及其教育态度与方式、家庭邻里关系等都对其有重要的影响。家庭环境对大学生的成长成才有着至关重要的地位。

3.社区环境

"社区"是一个社会学概念,是现代社会学中一个通用的范畴。社区是指若干社会群体(家庭、氏族)或社会组织(机关、团体)聚集在某一地域里,形成的在生活上相互关联的大集体。一般的社区,作为一个社会实体,其特点主要有以下方面:一是社区是由一定的社会关系为纽带而组织起来的、共同生活的人群。对于人口数量则没有什么具体的规定。二是社区是具有一定的地域界限,而对于地域面积的大小则没有明确的标准。三是要有一套相适应的生活制度和相应的管理机构。四是要有完善的生活服务设施。五是基于其经济、社会发发展水平和社区文化,社会成员对所属社区有心理上的认同感和归属感。六是形成了具有一定特点的行为规范和生活方式。

一般说来,每个社区都应具备以上六个方面的特征。但是,社会的不断发展,现代城市使得社区在结构上变得复杂,范围大小更是不同,因此在判断是否为一个独立的社区时,要对成员间相互关系的特点特别注意。因为这关系到社区成员是否具有对社区有认同感。

一般说来,一切社会实践活动都在一定的具体的社区内进行,社会普遍存在的一些现象都可以在某一社区内反映出来。社区是社会活动的场所,社会学家可以从这里观察到千变万化的社会现象,倾听到生活浪潮发出的细微呼声。而教育工作者可以从这里观察到学生发生变化的蛛丝马迹,可以倾听到社会对教育的要求与呼声。

社区环境具有思想政治教育的特点与功能,在进行大学生思想政治教育全面实施时需要社区在其中发挥作用,它对大学生思想的形成和发展有着潜移默化、润物无声的作用。

二、大学生思想政治教育要顺应国际国内的宏观环境

（一）充分发挥党和政府的主导作用，创建和谐稳定的社会环境

政府是社会改造的组织主体，理所当然也应是优化思想政治教育环境的主体。20 世纪德国著名社会学家诺贝特·埃利亚斯认为："国家削平了人与人之间的多样性。……虽然国家机器以这样的方式将单个个人置入一种规范网络中，这种网络总的说来对所有的国家公民都一视同仁，但现代国家并不是将人当作姐妹或叔伯，当作某个家庭组织或其他前国家整合形式的成员来对待的——现代国家这种组织形式考虑的是其成员的国家公民的权利和义务，因此，毋宁说，乃是把人当作单个者，当作个体人来对待的。在这个迄今最近的发展阶段上，此种国家的发展进程以它自己的方式推动了一种大众个体化的到来。"①可见，政府是构建思想政治教育社会大环境的主体，政府对社会环境的调控和改造对大学生思想政治教育工作意义重大。

要放眼世界，开展国际间的交流与合作，构建资源整合的三角模式。思想政治教育环境不是单一的、封闭的，而是多维的、开放的。思想政治教育工作者可以利用改革开放、市场经济等有利环境，加强国际间的交流与合作。当前很多国家基本上都采取政府、社会组织和个体三者间双向连接的三角形模式，实现对个人社会角色的管理。当然这种三角模式的三级并非固定，也可以设计为国际组织、国内组织、个体，等等。例如，最早源于 20 世纪 70 年代创立的欧洲青年中心和欧洲青年基金会，该机构定期召开国际研讨会和工作会议，设立常设机构，督促各国青年思想政治教育工作的规划和具体落实，是一种国际组织、国内组织、个体之间

---

① （德）诺贝特·埃利亚斯. 个体的社会［M］. 南京：译林出版社，2003，第 208—209 页.

的三角模式。又如 2000 年由英国、美国、丹麦、瑞典、日本、巴西等国家的十几所著名大学及德国青年研究中心发起的以青年群体为中心,研究不同群体与个体的思想和行为问题,优化组合环境资源的国际研讨会议,以整合环境资源,影响受教育者,以形成一种政府、研究组织、个人之间的三角模式,等等。构建资源整合的三角模式,可以开阔视野、增长见识,更好地把握国际环境、了解国外思潮、深化环境认识,为更好地整合各种环境资源,为受教育者的角色自觉创造更加开放、多元、有利的环境条件。

(二)大力发展文化事业,优化文化大环境

优化文化大环境,就是要引导人们去寻找与建立同经济体制改革、政治体制改革相适应的新的思想观念和新的文化观念,将价值观教育持久地渗透到文化活动载体之中。要用科学的理论武装人,用优秀的作品鼓舞人,努力繁荣文学艺术事业,大力发展哲学社会科学事业和其他文化事业,坚持各类博物馆、纪念馆、展览馆、烈士陵园等爱国主义教育基地的构建,培养学生的爱国情操。在进行参观的过程中,要对全社会进行开放,针对学生集体参观,应实行免票制度;如果是学生个人进行参观的情况,应实行半价制度。此外,处于不同地位的各级政府和企事业单位,要专门拨出一定的人力和物力,对大学生的公益性文化活动进行全面支持。

为发展国内的文化事业,国家颁布了《中共中央国务院关于进一步加强和改进未成年人思想道德建设的若干意见》和《中共中央国务院关于进一步加强和改进大学生思想政治教育的意见》等文件。要依法加强对学校周边的文化、娱乐、商业经营活动的管理,在校园 200 米范围内,不得建设有经营性质的娱乐场所,同时也不得设置网吧和电子游戏经营场所。对于学校周围设置的,或是已经对学校的正常教学秩序和生活秩序产生影响的娱乐性场所,要及时组织力量,坚决予以打击,为学生的学习创建一个安全、健康、文明的校园环境。

三、大学生思想政治教育要不断优化家庭、学校和社区环境

思想政治教育环境是一个由众多子环境构成的大系统,其中与人的日常生活、生产联系较为紧密的是家庭环境、学校环境、社区环境。在人思想品德的形成和发展过程中,这三种子系统发挥着重要的影响作用。因而,思想政治教育环境优化要求充分发挥这三种子环境的积极作用,坚持三位一体,形成强大合力,推动人的思想品德水平不断提高。

(一)优化校园环境,为大学生思想政治教育工作提供健康的内部环境

1.重视校容校貌等物质建设

校容校貌建设包括学校的建筑风格、绿化美化的程度、自然风景特色、环境整洁水平、设备现代化层次等。校园内应有与本校相关的大家、名师的雕像,主题文化广场,校友捐赠的奇石,校园的花草树木,学校的文明标志牌等。校容校貌建设这种物质文化一方面能够通过治学前辈的名言在精神上激励大学生进一步前行,另一方面能够通过包括学校格局在内的各种"艺术精品"培养大学生的审美情趣,强化大学生辨别美的能力。

2.注重校园人文环境建设

校园人文环境是一个大学生对自己学校最为值得自豪和骄傲的内容。"大学之大,非大楼之大,乃大师之大。"大师之大总起来说就是校园的人文环境建设,大师的精神传递要通过校史、板报、宣传窗、校训标志、电子标语等方式向学生进行传播。所以校园的人文环境建设能够起到对师生的人文情趣的引导作用。

3.优化校园周边环境

校园周边环境存在的一些问题对大学生的成长成才产生不利的影响,需要加大对校园周边不良环境的治理,这可以从以下方面入手:第一,对校园周边经营网点摊主进行思想教育及管理工作。可以通过宣传教育,让经营主们知法守法,遵循经营规范。第二,各职能部门要加大对校园周边环境的监督和治理。对于一些不利于大学生成长发展的服务项目要查处,坚决要求他们停业整改可关闭,建立一些优化高校周边环境的规章制度,有利于促进执法部门的办事效率,进而促进校园周边环境的建设。第三,可以适当奖励一些配合政府、高校教学工作的经营网点,充分发挥榜样的作用,促进高校周边从根本上清除不利于大学生发展的不良环境。

(二)优化家庭环境,为大学生思想政治教育工作寻求有利的家庭支持

家庭教育具有影响性和感染性,这是因为,家庭成员之间具有特殊的血缘、依赖和亲情关系,其对青少年教育的人格形成和发展具有重要的影响作用,甚至会影响孩子的一生。家庭这种微观环境对教育对象具有启蒙奠基、潜移默化、连续不断的特点。从家庭教育的特殊性来看,其既是一种启蒙教育,是青少年最先接触的"老师",同时也是一种终身教育,是孩子的"终身教师"。优化家庭教育环境,学校要保持与家长的沟通和联系,对家长进行思想政治、教育学、心理学等方面的理论教育,从整体上让家长认识到家庭环境在子女成长过程中所承担的重要责任,实现子女教育的科学性。家长在对孩子进行教育的过程中,还要不断提高自身的思想素质,为子女的教育起到良好的榜样作用,为孩子的教育创造一个和谐、民族、进取的家庭环境。家长要在促进青年大学生健康成长中充分发挥好作用,促使教育效果的实现。

（三）重视社区环境，为大学生思想政治教育工作提供良好的社区环境

社区环境与家庭环境和学校环境相比，有很大的不同之处，社区犹如社会的一个缩影，成分复杂、良莠不齐。良好的社区环境既可以为家庭生活、学校工作提供必要的物质和精神保障，也可以成为家庭教育和学校教育的有益补充。著名教育家苏霍姆林斯基就曾经说过，"单单在儿童上学和回家的路途上，他们受到的思想教育就比在学校里待几个小时所受的教育都强烈鲜明得多"，其原因"就在于这些思想是包含在形象里，包含在生活的各种画面和现实中的"。由此可以看出，社区环境在大学生思想政治教育过程中起着不可替代的作用。

1. 树立正确的舆论导向，创建优秀的社区文化

在为大学生思想政治教育创造优秀社会文化的过程中，应充分发挥大众媒体和社区宣传栏等媒体的宣传作用，树立正面典型，宣传先进人物、先进事迹，创造积极健康的良好的社会氛围，引导大学生树立正确的思想观念、价值取向、行为方式、生活情趣。

2. 以优化社区的文化环境为中心

社区环境中对大学生影响最大的是社区文化环境，因此，必须切实加强社区文化环境的建设和管理，为全面实施思想政治教育创造条件。对社区内已经存在的文化设施要不断进行完善，同时还要不断增加新的文化设施，保证社会环境的新鲜性、趣味性与教育性的相结合，提高娱乐活动的质量，丰富人们的精神文化生活，使社区文化真正起到教育、调节当代大学生身心健康的良好作用。还要加强社区文化设施的管理，维护社区正常的文化环境，从而保证社区文化设施发挥良好的教育作用。

3.加强大学生的安全教育,远离社区中的不良环境

社区毕竟是社会环境的小缩影,有很多方面高校是无法调控的,因此,要想为学生创造出一个良好的周边环境,就必须要对学校内部加强管理。对大学生的教育不能只是文化教育,同时还要对其进行安全教育、法制教育和大学生自我保护教育,提高大学生的自我保护能力,促使学生能够自觉地抵制不良文化制品的侵害,尽量远离非法网吧、酒吧和歌舞厅。

需要注意的是,在对学生进行自我保护教育的过程中,还应当充分发挥教师的指导作用,主要表现在三方面。第一,教师要教育学生不要接触不良网络和录像,防止暴力和色情对大学生的精神进行荼毒;第二,教师要告诫学生远离对身心健康发展有害的娱乐场所,从而有效地避免大学生的思想或是身体受到侵害;第三,教师应与学生之间建立良好的师生关系,对学生进行教育,经常与学生沟通,帮助学生解决生活或是学习上的难题,教育学生要珍爱生命、关爱他人。

参考文献

[1]陈少平.高校德育创新与文化建设[M].北京:中国文史出版社,2015.

[2]房灵敏,扎西.民族特色视野下的高校德育创新[M].北京:中国文史出版,2015.

[3]孙绍斌.铸魂育警:大学生思想政治工作的理论与实践[M].北京:中国文史出版社,2015.

[4]玉素萍.至善之道与大学生思想政治教育[M].北京:科学出版社,2015.

[5]张志军,沈威,高飞.构建高校发展型学生工作体系的理论与实践[M].北京:中国书籍出版社,2015.

[6]程刚.大学生思想政治教育质量提升模式研究[M].北京:中国书籍出版社,2015.

[7]李东,孙海涛.在大学生中培育和践行社会主义核心价值观研究[M].北京:中国书籍出版社,2015.

[8]黄蓉生.改革开放以来大学生思想政治教育论纲[M].北京:人民出版社,2014.

[9]黄蓉生.大学生党团建设[M].北京:高等教育出版社,2013.

[10]郭亚莉,林宏彬,许晓平,刘晓云.高校思想政治理论教育科学化水平研究[M].北京:知识产权出版社,2014.

[11]忻平.高校思想政治理论课改革发展研究[M].上海:上海大学出版社,2015.

[12]谢守成,王长华.国际化视野下大学生思想政治教育创新发展研究[M].北京:人民出版社,2014.

[13]林建华.21 世纪高校思想政治理论课教学改革研究[M].北京:知识产权出版社,2014.

[14]孙正林.当代大学生主题教育研究[M].北京:人民出版社,2014.

[15]熊建生.思想政治教育内容的结构论[M].北京:中国社会科学出版社,2012.

[16]刘雪峰.高校思想政治教育与校园文化建设创新研究[M].哈尔滨:黑龙江大学出版社,2014.

[17]李丽娜,李久林.大学生思想政治教育整合与创新研究[M].北京:首都经济贸易大学出版社,2013.

[18]谢晓娟,王东红.多学科视角下的思想政治教育研究[M].北京:中国书籍出版社,2015.

[19]方鸿志,李洪军.高校思想政治理论课教学管理创新研究[M].沈阳:辽宁大学出版社,2013.

[20]李伟,王汝秀,杨芳.承载与失落:高校道德建设研究[M].北京:中国社会科学出版社,2010.

[21]梁金霞.大学生思想政治教育热点问题研究[M].济南:山东大学出版社,2006.

[22]陈福生,方益权,牟德刚等.大学生思想政治教育新论[M].杭州:浙江大学出版社,2008.

[23]姜正国,范大平,杨国辉.全球化背景下的高校思想政治教育创新研究[M].长沙:湖南人民出版社,2011.

[24]孙庆珠.高校校园文化概论[M].济南:山东大学出版社,2008.

[25]李维昌,盛美真.增强高校思想政治教育实效性的多维透视[M].昆明:云南人民出版社,2010.

[26]滕建勇.新时期高校思想政治教育探微[M].上海:上海交通大学出版社,2011.

[27]苏振芳.思想政治教育学[M].北京:社会科学文献出版社,2006.

[28]方世南.高校马克思主义思想政治理论课程改革创新研究[M].北京:人民出版社,2007.

[29]赵君.高校思想政治教育管理队伍建设论[M].北京:中国社会科学出版社,2008.

[30]方宏建,张宇.高校学生工作概论[M].济南:山东大学出版社,2009.

[31]杜玉银.高校党建理论研究与实践探索[M].昆明:云南大学出版社,2008.

[32]张静.新时期高校校园文化建设的新探索[M].天津:南开大学出版社,2010.

[33]高鸣.网络文化与大学生思想政治教育新论[M].镇江:江苏大学出版社,2007.

[34]教育部社科研究与思政工作司.思想政治教育学原理[M].北京:高等教育出版社,2009.

[35]马润海,戚本超.公民的道德建设评价体系[M].北京:学习出版社,2003.

[36]阮俊华.大学生从社会实践走向成功[M].杭州:浙江大学出版社,2009.

[37]牛晓玉.新形势下高校德育的实现路径[J].天中学刊,2015(3).

[38]李康海,秦宏毅.高校德育网络平台的开发和管理模式构建[J].科教导刊,2015(4).

[39]王晓芳,毛永强.网络背景下的当代大学生思想政治教育[J].品牌,2015(2).

[40]邱杰.大学生党员思想政治教育实效性研究[J].长春教育学院学报,2015(10).